播音与主持艺术专业
"十四五"规划教材·实训系列

公众有声语言表达实训教程

师 杰 编著

中国传媒大学出版社
·北京·

图书在版编目(CIP)数据

公众有声语言表达实训教程 / 师杰编著. -- 北京 : 中国传媒大学出版社, 2025.3
ISBN 978-7-5657-3239-3

Ⅰ.①公… Ⅱ.①师… Ⅲ.①语言表达—教材 Ⅳ.①H0

中国版本图书馆CIP数据核字(2022)第131182号

公众有声语言表达实训教程
GONGZHONG YOUSHENG YUYAN BIAODA SHIXUN JIAOCHENG

编　　著	师　杰
策划编辑	李水仙
责任编辑	李水仙　李明远
责任印制	李志鹏
封面设计	风得信设计·阿东

出版发行	中国传媒大学出版社
社　　址	北京市朝阳区定福庄东街1号　　邮　编　100024
电　　话	86-10-65450528　65450532　　传　真　65779405
网　　址	http://cucp.cuc.edu.cn
经　　销	全国新华书店
印　　刷	艺堂印刷（天津）有限公司
开　　本	787mm×1092mm　1/16
印　　张	13.5
字　　数	260千字
版　　次	2025年3月第1版
印　　次	2025年3月第1次印刷
书　　号	ISBN 978-7-5657-3239-3　　　　定　价　59.00元

本社法律顾问：北京嘉润律师事务所　郭建平

前　言

融媒时代，各类媒介、各种形式的信息传递和获取都呈爆发性增长的趋势，科学技术的进步改变着人们的生活形态，社会分工日益细化，系统的有机性和复杂性不断升级，团队的重要性越发凸显。人际交往、个性展现、目标、凝聚、效率、共识、共享成为公众人际交往的硬核；公众形象也成了衡量成功人士的重要指标；发布会、展示会、访谈传播、团队活动等各类仪式层出不穷，各类娱乐、竞技活动灿若星河，这对公众人物（或者称之为演讲者、主持人）的口语表达提出了更高的要求。

然而，相对于传统的、较为完备的播音技能教学的理论建设和教学实践而言，主持人技能教学的理论建设和教学实践存在三个脱节现象：

一是社会实际需求与主持人技能教学理论之间的脱节；

二是主持人教学理论研究与教学实践之间的脱节；

三是主持人教学实践与社会实际需求之间的脱节。

从 1977 年恢复高考，北京广播学院招收第一届播音本科专业到后来的媒体大发展，播音专业逐渐被社会认可。随着改革开放的深入、文化的繁荣和广播电视的商业化运作，播音与主持艺术专业毕业生成为热门需求，一些综合性大学纷纷开办"播音与主持艺术"本科专业。在原有的播音专业后面添加"主持"两个字，意味着办学方向已经不仅仅是"播音"这个领域。文艺节目、娱乐节目受港台文化的影响，成了文化娱乐的主体，过去正统严谨的以新闻播报为主的播音员的培养方向，已经不能满足社会的需求，因此培养娱乐节目主持人成为一些学校培养方向的一部分。语言类节目主持人紧随其后成为媒体的一大需求，一些院校的教学方向又开始向口语表达技能与训练的方向倾斜。这样看来，似乎学科理论及教学方法一直滞后于社会文化的需求变化。

目前，新媒体、融媒体、智媒体以迅雷不及掩耳之势扑面而来，年轻人不会再守在电视机前等待主持人的出现，广播也往往只在人们开车时才会被打开，手机甚至成为催眠伴侣。新媒体对传统媒体的冲击不言而喻。新华社的"3D 版 AI 合成主播"、日本的"艾丽卡"机器人新闻女主播的出现,引发了社会各界尤其是播音主持界的热议。阳光文化集团首席执行官吴征说:"相对于旧媒体,新媒体的第一个特点是它的消解力量——消解传统媒体(电视、广播、报纸、通信)之间的边界,消解国家之间、社群之间、产业之间的边界,消解信息发送者与接收者之间的边界。"[①]像抖音、电竞解说等的出现,使得民间个体的信息传递变得随意且独具特色。传统媒体的式微及就业岗位的饱和,新媒体平台对各类型主播的需求,使得播音与主持艺术专业的毕业生在择业时面临严峻考验。与此同时,广播电视业对播音与主持艺术专业毕业生的需求锐减,然而全国两百多所高等院校开办的播音与主持艺术专业每年有超万名毕业生,残酷的就业环境和严重的就业压力,是摆在教育者面前的现实——播音与主持艺术专业正经历着"大破大立"的时代。

那么,我们的传统教学就不重要了吗?

不是的。我国幅员辽阔,南北方言差异很大,单论福建省,就有闽南话、客家话、福州话、莆田话等。《中华人民共和国教育法》第十二条规定:"国家通用语言文字为学校及其他教育机构的基本教育教学语言文字,学校及其他教育机构应当使用国家通用语言文字进行教育教学。"从法理上讲,教学生说好标准的普通话,教师责无旁贷。所以说,传统的、有根基的、已经成为体系的普通话教学不能丢。

除此之外,播音与主持艺术教学更应该与快速发展的社会需求相适应,与语言自身演变规律相符合。语言的魅力不能仅仅停留在传统的吐字发声、播音创作基础上停滞不前,语言更应该成为表达思想、人际交流的工具,贯穿在社会生活的各个层面,这就迫使教育工作者必须进行更深入的思考:我们应该为社会培养什么样的学生和人才?

回答毋庸置疑,当然是能够适应这个时代、能施展语言才干、能力卓越的人才。无论是在直播间、新闻现场、娱乐性节目、语言类节目,还是在新闻发布、会议主持、婚庆司仪、开业庆典、游戏解说、直播带货等语境中,他们都能够发挥自己的才能。甚至在跨度极大的建筑业、咨询业、新型销售业等岗位,超强的语言能力也能为他们的职业发展助力。我曾经问过银行的高管:"你们怎么会在我们这个专业招收员工呢?我们的学生又不懂金融业务。"他们的回答是:"任何金融人都必须终生学习,包括金融专业的业内人士。不懂金融业务我们可以培训,但你们专业的学生所具有的沟通能力、人际交往能力、好听的声音、得体的仪态都是金融专业学生所不具备的。我们的事业发展和竞争需要这样的人才,需要跨学科领域的复合型人才。"

[①] 新媒体环境下"交流的无奈"[EB/OL].(2017-08-01)[2022-08-23]. http://media.people.com.cn/n1/2017/0801/c413602-29442452.html.

在这样的形势下，学校应该对播音与主持艺术专业的教学体系进行与时俱进的修正、补充，应该及时地充实、调整教学内容和训练方法。我们的教学内容、教学范围以及与之相适应的教学理论，不应该局限在话筒前和镜头前，不应该局限于传统媒体的范畴之内，而应该投射到更广阔的公众有声语言的研究和教学中去。公众有声语言，简单地讲就是公众语境下的话语表达。

白岩松在第三届中国主持传播论坛上关于《新媒体时代需要什么样的主持人》的发言中说："大学只有围绕着自身核心力量的建设才能够从容应对一轮又一轮新的挑战。我们今天要思考这样一个问题，当主持是技术、人是内容的时候，我们在教育的过程中，要多大比例关注技术、多大比例关注内容。"[①] 由此可见，他也同样思考着这样的问题。

怎样在融媒体时代承担起时代赋予我们教育工作者的责任，怎么能够让播音与主持艺术这一门学科不在未来的发展中被淘汰？但愿本教材能成为播音与主持艺术专业高年级学习阶段的一本参考书，同时也希望其能够成为社会上有需求人士提高口语表达能力的参考辅助教材。

本教材的第一章为基础知识。播音与主持艺术专业的学生，在大一、大二阶段有过系统的语音发声和普通话基础训练，可以不将其作为学习重点。但对有声语言爱好者来说，第一章能够起到快速改善语音发声的作用，对此类学习者来说，这一章的学习是必不可少的。

第二章到第六章，从叙述性语言的训练、情感性语言的训练、议论性语言的训练，再到演讲的训练、主持训练，口语表达训练由浅入深，这五个章节是我们学习的重点。第七章主要从行为模式上对表达主体的当众表达进行规范，这是对表达主体的形象提出的更高要求。因此，在教学中也应引起重视。

本教材的部分练习内容，我们录制了音频，供学习者参考。参与音频录制的有：李立宏、李修平、师杰、姚科、立强、牧野、诺薇、张弛等，在此一并表示感谢。

在教材的写作过程中，我们选用了多位作者的作品，并多方与作者取得联系，获得了他们的大力支持。在此，我们表示衷心的感谢。但是仍有部分作品无法与作者取得联系。这些作品的版权归原作者所有，所有作品素材仅作为教学之需，如有侵权请联系我们删除。

---

① 新媒体时代需要什么样的主持人？白岩松发言于第三届中国主持传播论坛 [EB/OL]．（2020-02-27）[2022-08-23]．https://www.sohu.com/a/376224924_100261310.

目 录

扫码获取本书课件

第一章　打造声音的魅力 / 1
　　第一节　了解自己的声音 / 1
　　第二节　打造好的声音 / 2
　　第三节　改变普通话语音面貌 / 7
　　第四节　分项练习 / 17

第二章　叙述性语言的训练 / 47
　　第一节　讲述自我 / 47
　　第二节　播读与讲述的不同 / 50
　　第三节　叙述性语言的语境 / 54
　　第四节　播读的对象感和讲述的交流推动 / 57

第三章　情感性语言的训练 / 63
　　第一节　情感集成和表达 / 63
　　第二节　真情实感的生成 / 73
　　第三节　情感如何萃取 / 77
　　第四节　情感表达的分寸感 / 83

第四章　议论性语言的训练 / 93
　　第一节　倾听的能力 / 95
　　第二节　提问的能力 / 100
　　第三节　语言概括的能力 / 111
　　第四节　发表观点的能力 / 112

第五节　交流的能力　/ 114
第六节　辩论的能力　/ 118

第五章　演讲的训练　/ 123

第六章　各类主持的训练　/ 132
第一节　媒体主持　/ 132
第二节　仪式类主持　/ 135
第三节　解说类主持　/ 148
第四节　会议主持　/ 153

第七章　肢体语言在交流中的作用　/ 160
第一节　穿着打扮　/ 161
第二节　眼神和表情　/ 162
第三节　姿态　/ 163
第四节　生活中的礼仪　/ 168

第八章　综合练习　/ 174

第一章　打造声音的魅力

声音在一定程度上是人与人之间交流的一张名片。那么，什么样的声音是有魅力的声音呢？它包含两个方面：一方面是表象方面的，即音质好；另一方面是深层次的，即语言效果好、说话逻辑强、思想表达深刻等。本章主要从声音的表象方面来谈谈如何打造一个让人感到舒适、满意的声音形象。

第一节　了解自己的声音

人的声音千差万别：有的人声音圆润，有的人声音暗哑；有的人声音清澈透亮，有的人声音含混不清。

我们可以借助录音设备，来认识自己的声音，了解自己声音的特质。目前，录音设备多种多样，比如录音机、手机录音软件等，绝大多数人第一次听到自己的声音都表示非常不喜欢，觉得自己的声音和设备上的声音相差好多。奇怪的是几乎每一个第一次听到自己声音的人都会说："这个录音机太不保真了，这哪儿像我说话的声音！"我们可以做一个小实验，捂住你的耳朵直到你几乎听不到面前的人说话，但你用比他小的声音说话却能够很清楚地听到自己在说什么。我们都曾经有过这样的经历：在嘈杂的环境里小声背诵英语单词，小声练习唱歌或背诵课文等。所以人在听自己说话的声音时，听到的是空气传导与骨传导相结合的效果，而通过设备录制出来的声音则只经过了空气传导。

通过空气传播的声音受环境影响，能量会大量衰减，音色也会产生变化。在到达听者的耳朵时，音波要通过外耳、耳膜、中耳，最后进入内耳，这个过程也会对声音的能量和音色产生影响。听自己的声音是通过头骨传播的，声音是经过喉管与耳朵之间的骨头直接到达内耳的，声音的能量和音色的衰减相对很小。所以不要觉得我们自己的声音很奇怪，接受它，认识它，我们才能有欲望改善它，挖掘出它的特质。我们可以通过训练改变固有的声音,以达到最佳的声音效果。

> ▌**课堂练习**
>
> 1. 捂住耳朵小声说一段话,倾听只经过骨传导的自己的声音,记住此时的感觉。
>
> 2. 录一段30秒的自我介绍(录音前可以试讲一遍,在不用麦克风的前提下让在座的同学都能都听到)。
>
> 3. 朗读下面的文章并录出来(也可以自选或使用老师指定的稿件)。
>
>
>
> **无怨的青春**[①]
>
> 席慕容
>
>
>
> 在年轻的时候,如果你爱上了一个人,请你,请你一定要温柔地对待他。
>
> 不管你们相爱的时间有多长或多短,若你们能始终温柔地相待,那么,所有的时刻都将是一种无瑕的美丽。
>
> 若不得不分离,也要好好地说声再见,也要在心里存着感谢,感谢他给了你一份记忆。
>
> 长大了以后,你才会知道,在蓦然回首的刹那,没有怨恨的青春才会了无遗憾,如山冈上那轮静静的满月。
>
> 4. 回放录音,大家一起分享,并分析自己的声音。
>
> **学习目的**:认识自己的声音。学习者和老师一起分析自己声音的特质和优缺点,寻找双方认可的提升空间,找到优化声音面貌的最佳途径和开发进程。

第二节　打造好的声音

一、发声原理

在第一节中,我们主要是了解自己的声音特质。在这一节中,我们的主要目标是如何开发声音,如何改变声音面貌。

[①] 席慕容. 席慕容作品集[M]. 北京:中国工人出版社,2002:365.

在第一节的录音练习中，你是否注意到自己说话的时候，"气息"是如何出来的，是从哪儿呼出来的？

其实我们的声音从口腔发出来的同时，"气息"是声音的推动力，也就相当于汽车的"发动机"。我们需要掌握发声原理，人之所以能发出声音，是三个系统共同作用的结果：

第一是呼吸系统。呼吸系统由呼吸器官、喉头和声带、口腔和鼻腔、咬字器官（唇、舌）等构成。

第二是发声系统。发声系统由呼吸系统控制。我们所呼出的气息是人体发声的动力，人的声音的强、弱、高、低、长、短以及共鸣状况都与呼出气流的速度、流量和压力的大小有直接关系。

第三是共鸣系统。人的共鸣腔主要包括口腔、咽腔、鼻腔、头腔和胸腔。

吸气的原理是：胸腔的肌肉群扩大，肺内气压小于体外气压，从而吸入气体。

呼气的原理是：胸腔的肌肉群缩小，肺内气压高于体外气压，从而使气体呼出。

呼吸，自然是以肺功能为基础，"气流"一进一出形成的自主不间断的运动过程。生活状态下的呼吸，尤其是人在睡眠时的呼吸，多数是腹式呼吸，这时人的胸廓没有明显的活动，主要靠膈肌升降来完成呼吸运动。腹式呼吸也叫深呼吸。另一种呼吸方式有明显的胸廓和抬动肩膀的活动，比如短跑运动员，他们需要快速呼吸以调整步伐，这种胸式呼吸方法则叫浅呼吸。很多女孩子也常用胸式呼吸。这种呼吸方式膈肌基本不参加呼吸运动，吸入和呼出的气流量少，呼气发声时呼出气流较弱且强度变化小。

播音主持应采用胸腹联合呼吸的方式。主持人、歌唱演员、戏曲演员等艺术语言发声都不提倡胸式呼吸。我们经常听专业人士说，胸腹联合式呼吸的要点是"气沉丹田，呼吸自如"，"丹田"的正确位置在哪里？《难经·六十六难》说："丹田者，人之根本也。"又说："脐下动气者，人之生命也。"脐下就是指丹田，丹田是生命的大本营，是气的工厂和仓库，是人体"气"的营运供应中心。

人的发声不是机械的1+2+3的简单过程，它是一个整体，不分先后顺序，其调动几乎是同时进行的。在以往的学习中，初学者大多存在憋气的情况，还有人在朗诵之前、坐在话筒前喘不上来气等现象，这是他们机械地理解用气发声的原理，被动地调动呼吸的结果。这种错误方法如果不改变，不但不能起到用气发声、改善音质的效果，而且还会伤害身体。方法得当的训练能够使我们的发声器官得到开发，最大限度地运用好我们的发声器官，达到各个腔体都起到发声共鸣的效果。这个过程完成得好，我们的声音质量就会有所提升。就如同制作小提琴、制作钢琴，讲究的是使用什么材质让发声腔体达到最佳效果，因为材质跟音色有直接的关系。人也一样，整个人体的构造就是发声体，它会使每个人的声音有自己独特的质地。

生活中，我们会遇到这样的情况，有些人的声音听着很浑厚，给人感觉很舒服；有些人的声音很尖利，听着很刺耳，像刮地板一样"滋滋啦啦"；有些人的声音听起来很吃力，可能是他声带磨损很严重；有的人声音沙哑，这样不但会给他的声带带来负担，易产生疲劳感，还会给别人的听觉带来不适感。有些男性喜好抽烟，长期抽烟以后，声带会出现毛糙的边缘，所以声音才会出现"毛玻璃"的质感。这里对不同声音的描述，只是让大家建立一个对声音好坏的判断，有了判断，才能够准确地建立自我训练声音的标准。

二、胸腹联合式呼吸的方法

胸腹联合式呼吸不是一种特殊的技巧，每一个人都有意无意地在使用。当我们进行剧烈运动，机体急需大量氧气补充，大口喘息时，胸廓急剧扩张，呼吸频率加快，空气进出效率加大，压强极大提高，此时我们所使用的便是胸式呼吸。而当我们进入睡眠状态时，呼吸频率变慢，所谓深呼吸、慢呼吸、睡眠呼吸就是如此。胸腹联合式呼吸是一种工作呼吸状态，我们的训练就是要通过对比和综合运用，明确地感知它的作用，为改善声音面貌打下坚实的声音动力基础。

第一，我们先坐着训练。坐姿要正确，坐椅子的前半部分，两脚平行踩在地面，腰部挺直。然后慢慢地吹一口气，就像吹蜡烛一样，气息尽力绵长，持续时间较长，或者心里想着"把这个蜡烛放得远一点，我也一样可以吹灭它"。体会到气息是从丹田被用力推出来的，并且一口气吹灭了蜡烛，这就说明你用到丹田气了；如果是急于吹灭蜡烛，肩膀抖动，可能吹几口气也吹不灭，这说明你用的是"胸式呼吸"。

从吸气到把气全部呼出来，这个过程就是我们上面说的呼吸全过程，也是气息的路径走向，也就是"丹田气"用力以后，从肚脐下方把气息送出来的着力方式。将气"送"出来要有主动性，也就是肚脐下方要用力。如果说气息是"拽"出来的，就不准确了，"拽"是由上至下的力量，"拽"的感觉说明你的腰部没有用力；气息也不是"顶"出来的，"顶"是用了蛮劲。正确的方式是，气息缓缓地推动小腹，"送"出来的。

我们下面用"说话"来做练习，即说一句话或朗诵一首短诗，看气息和发声能否有机配合。

白～日～依～山～尽～

黄～河～入～海～流～

欲～穷～千～里～目～

更～上～一～层～楼～

一句一口气，一句读完再换一口气，体会一下气息运用。

第二，我们再尝试着站立训练。站立发声和坐着发声的原理相同。如果站立训练体会不明显，可以一边扎马步，一边发"a"的长音，体会腰部用力的感觉，这就是丹田气用力后发出的稳健的长音。当然，我们也可以用"推墙"的动作来体会腰部用力的感觉。

第三，体会了说话时气息的路径，我们再用唱歌的方式来体会一下气息的运动状态。我们可以用《草原夜色美》来练习一下。德德玛的音色圆润、豪放悠扬，更重要的是她中音区的用声饱满、气息稳健，运用的是实声不是虚声，丹田气运用得很好。她的唱歌方式是我们说话、朗诵、用气发声最好的借鉴。当然我们也可以用其他的歌曲来做练习，但不建议用高音和假声区较多的曲子做练习。

草原夜色美

白洁　作词　王和声　作曲

草原夜色美

琴曲悠扬笛声脆

晚风吹送天河的星啊

汇入毡房闪银辉

啊～哈～呵～～～

晚风吹送天河的星啊

汇入毡房闪银辉

草原夜色美

九天明月总相随

晚风轻拂绿色的梦啊

牛羊如云落边陲

啊～哈～呵～～～

晚风轻拂绿色的梦啊

牛羊如云落边陲

草原夜色美

未举金杯人已醉

晚风唱着甜蜜的歌啊

轻骑踏月不忍归

啊～～哈～～呵～～～～

晚风唱着甜蜜的歌啊

轻骑踏月不忍归

轻骑踏月不忍归

轻骑踏月不忍归

在学习的初级阶段，大家练习的时间要多一些，因为只有通过反复练习，才能逐渐掌握、巩固正确的用声方法，从一开始的刻意过程转变为自主过程。在练习的时候，我们要循序渐进，先从单音节字词练起，尤其是"a"音节，然后再逐渐练习双音节、三音节、四音节字词。我们的练习最终是为说话服务的，因此还要通过练习成段的作品仔细体会静态练习和动态练习的区别。在训练时间上，我们应该至少经过半个月时间的反复练习才会渐有成效。

三、共鸣的开掘

气流经过声带振动发出的声音是很小的，也是缺乏色彩的。人类语言声音的千姿百态、和谐悦耳是通过发声机体共同的作用，经过共振放大才得以实现的。改善声音面貌很重要的环节是共鸣的开掘。人类的发声共鸣腔以咽腔为发端，以口腔为主，联动胸腔，辅以鼻腔，扩展至头腔。

▎课堂练习

1.双唇微闭，尽量打开口腔空间使其饱满，用中等稍弱的音量在中低音域发长音"m"。体会声音和气流从身体深处缓缓而上，在咽腔、口腔、胸腔、鼻腔产生的联动共振。

注意：没有空腔就没有共鸣，没有适度的松弛就没有空腔。不要只用双唇发音，也不能只用嗓子发声，而是要用气息推动，打通上下，调动共鸣。当稳定地获得共鸣感受后，逐渐地加大音量和声音强度，强化共鸣感知，追求共鸣的有效性。共鸣感觉稳定后，声音从中音域逐渐向高音域滑动，体会高音域在鼻腔、头腔共鸣的位置和效率。反向由中音域向低音域滑落，体会胸腔共鸣的位置和效率。整个过程要保持同等声音强度。

2. 双唇微闭，关闭口腔，用中低音域发长音"n"，感受没有口腔共鸣的其他共鸣腔的作用。稳定后从中音域逐渐向高音域滑动，体会在没有口腔共鸣的辅助下，高音域在鼻腔、头腔共鸣的位置和效率。反向由中音域向低音域滑落，体会没有口腔共鸣辅助，胸腔共鸣的位置和效率。这一过程要保持同等声音强度。

3. 从"n"过渡到"m"，使口腔共鸣极大化，然后张嘴，直接过渡到"a"。寻找开口元音（韵母）的共鸣效率。然后配合韵母练习，使共鸣支撑愈加坚实灵动和饱满。贯通、持续、稳定、松弛、追求效率、整体配合是这一练习的要领。

第三节　改变普通话语音面貌

普通话语音面貌主要体现在声、韵、调上。本节按照韵母、声母和声调的顺序，逐项进行练习。

一、韵母的练习：开发音色质量

在汉语中，韵母是构成音节的重要组成部分，除了声母和声调外，韵母承载了汉字的基本发音特征。

普通话的韵母有 39 个。这 39 个韵母可以分为单韵母、复韵母和鼻韵母三类。其中鼻韵母又可分为前鼻韵母和后鼻韵母。单韵母 10 个，即 a、o、e、ê、i、u、ü、-i（前）、-i（后）、er。复韵母 13 个，即 ai、ei、ao、ou、ia、ie、ua、uo、üe、iao、iou、uai、uei。鼻韵母 16 个，即 an、en、in、ün、ian、uan、üan、uen、ang、eng、ing、ong、iang、uang、ueng、iong。

1. 单元音的练习

我们用 a、o、e、i、u、ü 这 6 个单元音来练习。这 6 个单元音练习的是从"a"音（开口最大）到"ü"音（开口最小）口腔控制过程的稳定性。在反复练习这 6 个单元音时，仔细体会它们的口腔开度、唇形变化。如果这 6 个单元音都能发好，就可以为接下来的复韵母、鼻韵母练习打下基础。6 个单元音可用拉长音的方式来练习，在音量大小保持一致的情况下，气息稳定，最好能够保持 30 秒左右。

比如：a～～～

o～～～

e～～～

i～～～

u～～～

ü～～～

练习过程中要注意保持气息的稳定性和持久性。在此基础上，再进行高低音域和四声调值的变化训练。

> **课堂练习**
>
> 1. 6个单元音依次进行拓展练习。以自如音域为基准，逐渐向低音域拓展，降至最低音域后，再逐渐回到自如音域；逐渐向高音域拓展，升至最高音域后，再逐渐回到自如音域。
>
> 2. 6个单元音依次进行四声练习，如ā、á、ǎ、à，体会气息随调值变化而变化的状态。

2. 复韵母的练习

复韵母是由两个或三个元音结合而成的一种新的固定的音组。

这些元音不是简单叠加，而是形成了与单韵母不同的独特的发音结构。普通话中共包含13个复韵母，分别是 ai、ei、ao、ou、ia、ie、ua、uo、üe、iao、iou、uai、uei。

复韵母的发音过程有一个连续的动程，中间不能有间断。在一个复韵母中，通常有一个主元音，即韵腹，它的开口度大、响度大且清晰；而主元音前后的元音则发音较轻、短促，它们分别称为韵头和韵尾。

例如，发"ai"音时，先发"a"的音然后滑向"i"，气流不中断，"a"占音程的2/3，"i"占音程的1/3；在发"iao"音时，则是先发"i"的音，再经过"a"最后滑向"o"，"a"音的音程最长，"i"是韵头，"o"是韵尾，韵头、韵尾和韵腹相比，发音都很短促。学习者只有通过持续练习才能够熟练掌握这些复杂的变化。

掌握好复韵母的发音和使用，是我们提高语言流畅度和准确性的关键步骤。

3. 鼻韵母的练习

在普通话中，鼻韵母扮演着重要的角色。它们使语言更有韵味，丰富了语音的表达。鼻韵母是在一个或两个元音后接鼻辅音而构成的，发音时气流全部或部分通过鼻腔，产生鼻音效果。

鼻韵母可以分为前鼻韵母和后鼻韵母两大类。

前鼻韵母以"n"作为结尾，如 an、en、in、ün、ian、uan、üan、uen。

后鼻韵母则以"ng"结尾，如 ang、eng、ing、ong、iang、uang、ueng、iong。

（1）前鼻韵母的发音通常开始于一个清晰的元音，然后舌尖或舌面逐渐向上齿龈或硬腭移动，不留缝隙，气流从鼻腔通过，最后发出"n"音。

例如，发"an"时，先清晰发出"a"的音，然后舌面向上齿龈移动，最终通过鼻腔发声。

（2）后鼻韵母的发音是舌根在运动，张开嘴后，舌根部抬起来（不是卷起来）抵住软腭，气流同样是从鼻腔通过，舌头无须太用力，发出"ng"的声音。

例如，发"ang"时，起始于"a"音，然后舌头后缩，舌根抵住软腭，气流从鼻腔通过产生鼻音。

正确的鼻韵母发音是提高普通话水平不可忽视的重要环节。由于鼻韵母的发音气流通过鼻腔，而许多南方方言中并不区分前后鼻音，因此鼻韵母的发音对于南方人来说可能较为困难。在学习中，我们要多听、多模仿标准发音，以便更好地掌握鼻韵母。

> **课堂练习**
>
> 1. 含 an 的单字
> 安 丹 探 南 刊 盘 满 蓝 敢 赞 餐 三 山 站 产
> 2. 含 an、ian、üan、uan 的两字词
> 安全 按钮 香烟 沿海 演员 环境 欢快 缓慢 涣散
> 期刊 砍伐 俯瞰 盘踞 盼望 满足 快慢 温暖 健康
> 剪刀 千里 前方 先生 闲散 显示 现在 赞美 咱们
> 攒钱 暂停 三十 散漫 散发 三山 闪烁 善良 沾染
> 展览 站立 产品 缠绕 馋虫 弯道 玩耍 晚上 万达
> 3. 含 en 的单字
> 恩 奔 喷 门 纷 嫩 跟 肯 很 怎 岑 森 真 陈 神 人
> 4. 含 en、uen（un）的两字词
> 恩情 奔跑 喷射 门槛 郁闷 分数 粉色 愤怒 嫩绿
> 根源 肯定 很好 可恨 怎么 参差 森林 沉闷 衬衣
> 身体 神秘 人民 忍受 任务 文化 文身 稳重 问话
> 矛盾 吞咽 囤积 伦敦 论证 尊重 村子 存在 尺寸
> 子孙 损失 准备 春节 唇齿 愚蠢 吮吸 瞬间
> 5. 含 in 的单字
> 斌 贫 民 您 林 斤 亲 新 因

6. 含 in 的两字词

宾馆　缤纷　贫民　拼搏　品质　聘请　民谣　敏捷　闽江
您好　树林　邻居　吝啬　金银　公斤　进入　尽量　钦差
亲戚　钢琴　新鲜　信心　银行　姻缘　隐忍　饮料　印章

7. 含 ün 的单字

军　俊　群　熏　寻　讯　晕　运

8. 含 ün 的两字词

军队　竣工　群居　寻找　教训　熏香　眩晕　云朵　孕妇

9. 含 ang 的单字

帮　忙　方　当　汤　狼　刚　康　夯　江　张　商　让　苍

10. 含 ang、iang、uang 的两字词

帮忙　榜样　方向　访问　放下　挡驾　糖浆　朗诵　浪子
刚强　慷慨　抗拒　夯筑　巷道　江南　演讲　倔强　强盛
抢夺　想象　向阳　张扬　章程　商行　让步　肮脏　藏族
苍茫　丧葬　嗓子　阳光　养育　荡漾　汪洋　惘然　盼望

11. 含 eng 的单字

蹦　彭　萌　风　灯　疼　能　冷　耕　坑　哼　整
成　生　扔　增　层　僧

12. 含 eng 的两字词

澎湃　碰瓷　萌生　猛烈　丰盛　缝合　讽刺　灯火　等待
藤蔓　疼痛　能耐　冷风　愣神　耕耘　坑道　横亘　整治
政工　乘机　诚挚　生动　剩饭　扔掉　仍然　增长　层叠

13. 含 ing 的单字

兵　平　明　定　听　宁　铃　经　清　行　应

14. 含 ing 的两字词

士兵　饼干　病毒　平静　明确　命令　叮嘱　鼎力　定制
听从　挺拔　宁静　宁可　经常　敬礼　清晨　晴朗　请假
庆贺　行动　清醒　性质　高兴　应该　影响　电影　放映

15. 含 ong 的单字

东　通　农　龙　工　空　红　肿　冲　荣　宗　从　松

16. 含 ong、iong 的两字词

东方　懂事　通用　同志　统帅　痛苦　农民　捉弄　龙舟
笼罩　工程　巩固　贡献　空间　孔子　恐龙　控制　红肿

哄骗　哄抢　兄长　熊掌　中国　重量　冲锋　崇拜　宠爱
荣誉　容忍　榕树　宗族　总结　聪明　从容　怂恿　送别
提示：我们最好在老师的指导下练习。不正确的方法和错误的理解都会造成发音不准确或者声音不好听。

二、声母的练习：打造清晰的字音

普通话的声母在发音时十分重要，它是音节最初发出的声音。普通话中共有22个辅音声母，即 b、p、m、f、d、t、n、l、g、k、h、j、q、x、zh、ch、sh、r、z、c、s 和零声母。

每个声母在发出声音时，舌头在口腔里的位置、形状，以及舌头与牙齿、嘴唇之间接触的部位不同，由此形成了不同的发声特点。这些部位如果把握不准确，就会造成普通话发音的含糊不清。

我们按照发音方法和发音部位把普通话声母分成这样几组：双唇音、唇齿音、舌尖音、舌根音、舌面音以及零声母。

1. 双唇音：b、p、m

这3个音发音时，双唇闭合，形成阻碍，阻塞气流。发 b、p 时，气流不通过鼻腔，直接从双唇发出急促的声音。发 m 时，双唇闭合，气流从鼻腔通过。

2. 唇齿音：f

f 发音时下唇贴近上齿门牙，留有窄缝，气流从唇齿间摩擦出来。

3. 舌尖音

这类声母分为舌尖前音、舌尖中音和舌尖后音。

舌尖前音 z、c、s，发这3个音时，舌面需要伸直舒展，舌尖轻触下齿背，随着气流的送出发出声音。

舌尖中音 d、t、n、l，发这4个音时，舌尖上翘与上齿龈轻轻碰触后发出声音。l 音比较特别，发音时气流是从舌头两边送出的，所以又叫"舌边音"。

舌尖后音 zh、ch、sh、r，这4个音的发音位置是，舌尖翘起，比发 d、t、n、l 时更靠后，舌尖朝向上牙龈的后边，轻触或接近硬腭，气流送出时发出声音。特别提醒：在整个发声过程中，舌尖不能始终抵住上腭，这样发出的声音生硬混浊。r 音发声位置要更靠后一些。

4. 舌根音：g、k、h

发这3个音时，舌根碰触软腭，舌面后部上抬。发 h 音时特别注意，舌根与软腭间,留出窄缝,气流从窄缝中摩擦出声。如不留缝隙,会发出类似"呵"的喉音,妨碍声音的清晰度。

5. 舌面音:j、q、x

发这 3 个音时,舌尖轻触下齿背或下齿龈,舌头中后部贴近软腭,气流不走鼻腔,直接从舌面出来。特别提醒:发声过程中,舌尖不是始终抵住下齿背或下齿龈不动,而是要微微下移,不然就会出现"大舌头"的声音。例如把"学校"发成"渠叫"。

6. 零声母

零声母指的是在普通话发音中,有些音节不是以前面提到的那些辅音声母开头的,而是直接从元音开始发音。

例如:"爱"(ài)、"安"(ān)等。音节完全由韵母组成。

零声母音节主要通过韵母和声调来进行区分。零声母音节在开始发音时会带有一个类似辅音的声音成分,以增加发音的清晰度。

声母练习以绕口令为主,不同的绕口令可帮助学习者体会声母的发音部位、发音方法,改善部分唇舌无力的问题。

> **▌ 课堂练习**
>
> 1. 声母 b、p、m 的绕口令练习
>
> 八百标兵奔北坡,炮兵并排北边跑。
> 炮兵怕把标兵碰,标兵怕碰炮兵炮。
>
> 一平盆面,烙一平盆饼;
> 饼碰盆,盆碰饼。
>
> 爸爸抱宝宝,跑到布铺买布做长袍。
> 宝宝穿了长袍不会跑,跑了八步就拉破了布长袍。
> 布长袍破了还要用布补,再跑到布铺买布补长袍。
>
> 白猫黑鼻子,黑猫白鼻子。
> 黑猫的白鼻子,碰破了白猫的黑鼻子。
> 白猫的黑鼻子破了,剥个秕谷壳儿补鼻子。
> 黑猫的白鼻子没破,就不必剥秕谷壳儿补鼻子。
>
> 2. 声母 f、h 的绕口令练习
> 粉红墙上画凤凰,凤凰画在粉红墙。

红凤凰、粉凤凰、粉红凤凰、花凤凰。

红饭碗，黄饭碗；
蓝饭碗，绿饭碗；
红饭碗盛满碗饭，
黄饭碗盛半碗饭，
蓝饭碗饭里放菜，
绿饭碗饭里放汤又放菜，
四碗饭四个样不能乱。

3. 声母 d、t、n、l 的绕口令练习
墙上一根钉，钉上挂条绳，绳下吊个瓶，瓶下放盏灯。
掉下墙上钉，脱掉钉上绳。滑落绳下瓶，打碎瓶下灯。
瓶打灯，灯打瓶，瓶说灯，灯骂绳，瓶说绳，绳说钉，
叮叮当当，乒乒乓乓。

调到敌岛打特盗，
特盗太刁投短刀，
挡推顶打短刀掉，
踏盗得刀盗打倒。

东洞庭，西洞庭，
洞庭山上一条藤，
藤条顶上挂铜铃，
风吹藤动铜铃响，
风停藤定铜铃静。

老唐端蛋汤，踏凳登宝塔，
只因凳太滑，汤洒汤烫塔。

楼头倒吊短单刀，单刀刀倒楼头吊，
盗贼楼头盗单刀，对对单刀掉到道。

有个面铺面朝南，门上挂着蓝布棉门帘。
摘了蓝布棉门帘，面铺它是面朝南。
挂上蓝布棉门帘，面铺还是面朝南。

4. 声母 g、k 的绕口令练习

哥拷瓜筐过宽沟，赶快过沟看怪狗。
光看怪狗瓜筐扣，瓜滚筐空哥怪狗。

可可口渴要喝水，哥哥喝水口不渴。
可可要喝哥哥的水，哥哥水给可可喝。
可可喝水解了渴，谢谢哥哥给水喝。

5. 声母 j、q、x 的绕口令练习

新针纫新线，新线纫新针。
针纫线，线纫针，新针新线心情新。

稀奇稀奇真稀奇，麻雀踩死老母鸡，
蚂蚁身长三尺六，八十岁的老头躺在摇篮里。

七巷一个漆匠，西巷一个锡匠，
七巷漆匠用了西巷锡匠的锡，
西巷锡匠拿了七巷漆匠的漆；
七巷漆匠气西巷锡匠用了漆，
西巷锡匠讥七巷漆匠拿了锡。

生身亲母亲，谨请您就寝，
请您心宁静，身心很要紧。
新星伴明月，银光澄清清，
尽是清静境，警铃不要惊。
您醒我进来，进来敬母亲。

6. 声母 zh、ch、sh、z、c、s 的绕口令练习

史老师讲时事，常学时事长知识。
时事学习看报纸，报纸登的是时事。
常看报纸要多思，心里装着天下事。

四是四，十是十，
十四是十四，四十是四十。
谁说十四是四十，就打谁十四，
谁说四十是十四，就打谁四十。

> 三山撑四水，四水绕三山。
> 三山四水春常在，四水三山四时春。
>
> 隔着窗户撕字纸，一次撕下横字纸，一次撕下竖字纸。
> 是字纸你就撕字纸，不是字纸不要胡乱撕一地纸。
>
> 知之为知之，不知为不知，
> 不以不知为知之，不以知之为不知，
> 唯此才能求真知。

三、声调的练习

声调是汉语音节所固有的，可以区别意义的声音的高低、升降、曲直、长短的变化。由于汉语的一个音节基本上就是一个汉字，所以声调又称字调。汉语普通话语音正是因为有了声调，才有了高、低、抑、扬，才有了起伏变化和律动的美。

普通话共有 4 个声调，即阴平、阳平、上声和去声。

调值是描述声调的数值表示方法，即声调的实际读法，也叫调型，指声音高低、升降、曲直、长短的形式。调值常采用五度标记法标记。如图 1-1 所示。

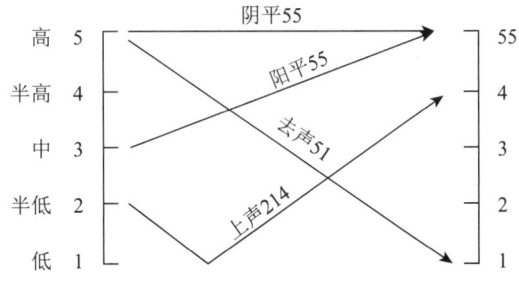

图 1-1 五度标记法

普通话各调值容易出现的问题主要有：

阴平调，调值 55。声调保持又高又平的平稳状态。常见问题主要是，整体不够高或前高后低，调值发成 33 或 44 或 53 调。

阳平调，调值 35。调头起于中位 3 度，渐渐地直线上升，升到最高点 5 度。发好阳平的关键是声调升高时从 3 度直接上升，不要拐弯上升。常见问题主要有二：一是收音不到位，只收到 4 度，即发成 34；二是调型"拐弯"。

上（shǎng）声调，是个曲折的调子，形成前低后高中间拐弯的调值即 214。上声是普通话4个声调中最难掌握的,也是在语流中变化较多的一个声调,先掌握好本调的发音是最关键的。常见问题有三:一是尾音带拐弯;二是尾音拖甩,调值不到4;三是中间的弯儿没拐就直奔4度而去。

去声调,调值51。由5度下降到1度。发好去声的关键在于干脆,不能拖沓。常见的问题是:收音不到位,收到53;尾音拖甩。

普通话声调练习,应结合气息、共鸣的控制同步进行。

■ 课堂练习

1. 按普通话四声的调值念下面的音节

一 姨 乙 艺 yī yí yǐ yì

辉 回 毁 惠 huī huí huǐ huì

风 冯 讽 奉 fēng féng fěng fèng

飞 肥 匪 费 fēi féi fěi fèi

通 同 桶 痛 tōng tóng tǒng tòng

迂 于 雨 遇 yū yú yǔ yù

2. 声调混合练习

(1) 阴+阴

今天 鲜花 江山 书包 春天 播音 家乡 高升 中专 新疆

(2) 阴+阳

宣传 欢迎 中华 规则 通俗 青年 支持 观摩 私营 新闻

(3) 阴+上

单曲 生理 歌舞 说起 清楚 欢喜 翻脸 钟表 山谷 喝水

(4) 阴+去

灾害 失败 相遇 希望 方向 师范 尊重 心率 商务 安逸

(5) 阳+阴

崇高 回家 蓝天 平安 除非 爬山 同乡 红花 航空 时光

(6) 阳+阳

提前 凉茶 桥梁 学习 儿童 徒劳 时常 烛台 田螺 华南

(7) 阳+上

描写 全体 罚款 旋转 来访 离谱 白虎 洪水 甜美 红酒

(8) 阳+去

雄厚 罹难 妨碍 华夏 节奏 抬杠 局势 强大 陈酿 圆润

(9) 上+阴
指标　解说　普通　雨衣　上声　统一　展开　北京　每天　抢修
(10) 上+阳
果园　改革　坦白　远洋　普及　敏捷　反常　指南　谴责　久别
(11) 上+上
舞蹈　导演　想法　鼓舞　鲁莽　总理　口渴　躲闪　小丑　理想
(12) 上+去
稿件　请假　统治　理论　苦难　左右　主要　广阔　感受　领会
(13) 去+阴
特征　列车　录音　唱歌　认真　办公　象征　自发　外观　电灯
(14) 去+阳
问题　地图　配合　调查　自然　报名　电台　到达　上游　热情
(15) 去+上
汉语　幻想　默写　下雪　创举　记者　剧本　驾驶　问好　并且
(16) 去+去
按键　败退　灿烂　驾驭　岁月　再现　大会　要素　复制　电视

关于普通话的声母、韵母和声调的学习，本书只是粗浅地给大家做了归纳整理，这里不做更加翔实的介绍。如果有需求，可以参看中国传媒大学播音主持艺术学院编著的《播音主持语音与发声》一书。

第四节　分项练习

分项练习是让我们在前几节练习的基础上，将字词、绕口令等和气息结合起来，继而用大量的练习来达到融会贯通的目的。

一、歌唱练习

我们练习唱歌是为练习说话服务的，是为用气发声服务的，所以练习唱歌的过程尽量用实声，不用虚声，也不提倡追求高音区的假声。材料可以选用中音歌手演唱的歌曲进行练习，比如：《鸿雁》《我和我的祖国》《呼伦贝尔大草原》《草原夜色美》《父亲的草原母亲的河》《我从草原来》《天上的风》《天边》等。

歌唱练习要求：用实声演唱，字音饱满，字腹能够拉开；有旋律感；气息流畅，能够掌控高低强弱。之所以推荐内蒙古草原的歌曲来练习，是因为它们那悠扬的旋律。这是劳动人民在辽阔的草原环境下为了有效地交流思想感情而形成的。它们特别适合我们练习如何控制口腔的开度、力度、保持度，如何有效地控制气息，如何用最舒服、通畅的状态将声音完美地送出来。但是如果练习者只会用虚声或假声练习这几首草原风格的歌曲，是达不到学习效果的。音乐专业人士经常评价播音与主持艺术专业的人唱歌是念歌，原因往往是其咬字过于用力，韵母部分的发音又做不到悠扬，这就导致虽然每个字很清楚，但缺少歌唱的韵律。很多教师从多年的教学中体会到，用歌曲来练习发声是学生最容易找到正确发音位置和控制气息强弱的训练方式之一。

二、字词练习

1. 前后鼻韵词语对比练习

（1）an—ang 辨音对比训练

搬家—帮助　　盘绕—旁边　　隐瞒—很忙　　帆船—方正
担心—当然　　海滩—鸡汤　　江南—气囊　　兰花—郎中
寒冷—杭州　　看见—康健　　赞颂—葬送　　施展—师长

（2）en—eng 辨音对比训练

陈旧—成就　　深沉—生成　　深耕—生根　　分针—风筝
清真—清蒸　　诊治—整治　　粉刺—讽刺　　瓜分—刮风
木盆—木棚　　人参—人生　　真理—争理　　沉积—乘机

（3）in—ing 辨音对比训练

亲近—清静　　红心—红星　　人民—人名　　信服—幸福
金质—精致　　印象—映象　　亲生—轻声　　金鱼—鲸鱼
贫民—平民　　弹琴—谈情　　进攻—静功　　寝室—请示

2. 平翘舌对比练习

（1）z—zh

佐证 zuǒ zhèng　　　　诅咒 zǔ zhòu　　　　　资质 zī zhì
知足 zhī zú　　　　　　正宗 zhèng zōng　　　侄子 zhí zi
尊重 zūn zhòng　　　　奏章 zòu zhāng　　　　自治 zì zhì

（2）c—ch

财产 cái chǎn　　　　　操场 cāo chǎng　　　　餐车 cān chē

辞呈 cí chéng　　磁场 cí chǎng　　促成 cù chéng
纯粹 chún cuì　　冲刺 chōng cì　　测查 cè chá

（3）s—sh
世俗 shì sú　　上诉 shàng sù　　绳索 shéng suǒ
石笋 shí sǔn　　疏散 shū sàn　　深思 shēn sī
三山 sān shān　　松鼠 sōng shǔ　　宿舍 sù shè

3. 方言区平翘舌和前后鼻韵字词练习

（1）两字词

生日 shēng rì　　厅长 tīng zhǎng　　双手 shuāng shǒu
心安 xīn ān　　文章 wén zhāng　　星空 xīng kōng
衡量 héng liáng　　东方 dōng fāng　　门槛儿 mén kǎnr
出发 chū fā　　北京 běi jīng　　天津 tiān jīn
上海 shàng hǎi　　深圳 shēn zhèn　　火热 huǒ rè
吃饭 chī fàn　　夸奖 kuā jiǎng　　服务 fú wù
四十 sì shí　　然而 rán ér　　装扮 zhuāng bàn
榕城 róng chéng　　灵魂 líng hún　　杀（沙）场 shā chǎng
底蕴 dǐ yùn　　桑蚕 sāng cán　　促膝 cù xī
俸禄 fèng lù　　邻居 lín jū　　图腾 tú téng
滋润 zī rùn　　登山 dēng shān　　心情 xīn qíng
吵闹 chǎo nào　　认真 rèn zhēn　　实事 shí shì
港湾 gǎng wān　　绳索 shéng suǒ　　军人 jūn rén
人民 rén mín　　任命 rèn mìng　　前途 qián tú
大声 dà shēng　　身边 shēn biān　　生命 shēng mìng
事业 shì yè　　巧云 qiǎo yún　　正大 zhèng dà
光明 guāng míng　　忍耐 rěn nài　　允许 yǔn xǔ
永远 yǒng yuǎn　　心底 xīn dǐ　　清水 qīng shuǐ
想象 xiǎng xiàng　　明天 míng tiān　　沉睡 chén shuì
做操 zuò cāo　　建议 jiàn yì　　拒载 jù zài
二十 èr shí　　神圣 shén shèng　　本能 běn néng
人称 rén chēng　　忍痛 rěn tòng　　真正 zhēn zhèng
民警 mín jǐng　　心灵 xīn líng　　阴影 yīn yǐng
登顶 dēng dǐng　　腾龙 téng lóng　　文科 wén kē

音乐 yīn yuè	愤懑 fèn mèn	脑筋 nǎo jīn
分析 fēn xī	担心 dān xīn	气愤 qì fèn
成绩 chéng jì	商科 shāng kē	乒乓 pīng pāng
聘请 pìn qǐng	屏风 píng fēng	清明 qīng míng
情景 qíng jǐng	请示 qǐng shì	庆功 qìng gōng
肺炎 fèi yán	抗体 kàng tǐ	状态 zhuàng tài
疫情 yì qíng	中心 zhōng xīn	死亡 sǐ wáng
联防 lián fáng	治愈 zhì yù	空气 kōng qì
稳定 wěn dìng	经济 jīng jì	信心 xìn xīn
较量 jiào liàng	强化 qiáng huà	场所 chǎng suǒ
强大 qiáng dà	活动 huó dòng	批准 pī zhǔn
连续 lián xù	进行 jìn xíng	真正 zhēn zhèng
最近 zuì jìn	粮饷 liáng xiǎng	蔬菜 shū cài

（2）三字词

共产党	东方红	晒太阳	三十三	天安门	迎上前	静悄悄	急匆匆
白兰地	读不成	政治局	连贯性	好声音	马克思	展览馆	俄罗斯
脚手架	护身符	国庆节	寄生虫	不景气	辩证法	研究生	常委会
主持人	办公室	抗生素	流水线	科学性	想象力	地平线	梅花针

（3）四字词

津津有味	死记硬背	多思多想	披星戴月	耳濡目染	花好月圆
龙飞凤舞	赴汤蹈火	天灾人祸	异曲同工	思前想后	风调雨顺
冰清玉洁	融会贯通	文质彬彬	喜笑颜开	悠然自得	能言善辩
勃然大怒	神采飞扬	语惊四座	铁杵成针	深情厚谊	肝胆相照

4. 常见的轻声读音词语

我们	你们	他们	什么	回来	园子	院子	母亲	父亲	帐篷
您的	好的	站着	喉咙	家里	风筝	笑话	妻子	丈夫	孩子
吃了	走了	杯子	鼻子	裤子	筷子	萝卜	豆腐	衣服	告诉
明白	喜欢	商量	听着						
高个子	怎么了	知道了	迟到了	睡觉了	上班了	朋友们	同学们
老师们	呼喊着	凝视着	好好地	琢磨着	期待着	等等吧
严严实实	慢慢腾腾	糊里糊涂	傻里傻气	客客气气	马马虎虎

5. 儿化音练习

花儿　一会儿　一块儿　去哪儿　在这儿　没门儿　名牌儿　鞋带儿
小孩儿　花边儿　心眼儿　仙气儿　烟卷儿　收摊儿　加塞儿　差点儿
牙签儿　聊天儿　照片儿　小辫儿　露馅儿　饭馆儿　小院儿　人缘儿
手绢儿　花盆儿　哥们儿　纳闷儿　大婶儿　钢镚儿　冰棍儿　瓜子儿
玩意儿　眼镜儿　饭盒儿　果冻儿　老头儿　小偷儿　竹竿儿　饭碗儿
悠着点儿　小心眼儿　儿媳妇儿

训练提示：轻声、儿化音还有很多，生活中要留意。对生活在北方的学生来说，轻声、儿化音可能不是什么问题，南方同学就要多加练习了。

6. 方言区平翘舌、前后鼻韵综合绕口短句练习

（1）早晨早早起，早起出操早。

（2）他促成了我们这件事。

（3）她从沼泽地里走出来。

（4）边防哨所里的哨兵在站岗。

（5）这些都是什么玩意儿。

（6）嘉兴著名特产肉粽是全国最正宗的肉粽。

（7）他用机枪扫射着冲上来的匪兵。

（8）他从广西壮族自治区的宾阳县来。

（9）中国制作的产品叫中国制造。

（10）张厂长去北京看望郑厅长。

（11）歌剧院的阮院长去参加中国戏剧节了。

（12）防护服是用来防护病菌侵入人体的。

（13）新世界、新跨越、新生活，未来永远属于新青年。

（14）操场前有33棵枣树，操场后有44棵桑树，教室里有66位新学生。

（15）今年的考生数量增长了22.22%。

（16）他深沉从容地跟我谈着生与死的哲学。

（17）振作哪有闲时？少时壮时老年时，时时需努力！

（18）明天是晴天还是阴天？明天是晴转多云。

（19）林晓晴获得了一枚精致的金质奖章。

（20）透过船舱里的窗户我看到了北斗七星。

（21）放风筝的小女孩和打篮球的小男孩不认识。

（22）出租车司机孙师傅每天都来接有骨质疏松症的李大爷。

（23）人民！只有人民才是创造世界历史的动力。

（24）轻轻的我走了，正如我轻轻的来；我轻轻的招手，作别西天的云彩。

（25）正是上班的高峰期，舅舅去永辉超市帮我买了肉脯干和运动鞋。

（26）花非花，雾非雾。夜半来，天明去。来如春梦几多时？去似朝云无觅处。

三、绕口令练习

（1）八了百了标了兵了奔了北了坡，炮了兵了并了排了北了边了跑。炮了兵了怕了把了标了兵了碰，标了兵了怕了碰了炮了兵了炮。

（2）山上五棵树，架上五壶醋，林中五只鹿，箱里五条裤。伐了山上树，搬下架上醋，射死林中鹿，取出箱中裤。

（3）扁担长，板凳宽，扁担没有板凳宽，板凳没有扁担长，扁担想要绑在板凳上，板凳不让扁担绑在板凳上，扁担偏要绑在板凳上。

（4）天上七颗星，地上七块冰，台上七盏灯，树上七只莺，墙上七枚钉。

（5）有个小孩儿叫小兰儿，挑着水桶上庙台儿，摔了个跟头捡了个钱儿，又打醋又买盐儿，还买了一个小饭碗儿，小饭碗儿真好玩儿，红花儿绿叶儿镶金边儿，中间儿还有个小红点儿。

（6）进了门儿，倒杯水儿，喝了两口儿运运气儿，顺手儿拿起小唱本儿，唱一曲儿，又一曲儿，练完了嗓子我练嘴皮儿，绕口令儿，练字音儿，还有单弦牌子曲儿，小快板儿，大鼓词儿，越说越唱我越带劲儿。

（7）一个老头儿，上山头儿，砍木头，砍了这头儿砍那头儿。对面儿来了个小丫头儿，给老头儿送来一盘儿小馒头儿，没留神儿撞上一块儿大木头，栽了一个小跟头儿，撒了一地小馒头儿。

（8）出东门，过大桥，大桥底下一树枣儿。拿着竿子去打枣儿，青的多，红的少，一个枣、两个枣、三个枣、四个枣、五个枣、六个枣、七个枣、八个枣、九个枣、十个枣，十个枣、九个枣、八个枣、七个枣、六个枣、五个枣、四个枣、三个枣、两个枣、一个枣，这是一个绕口令，一口气说完才算好。

四、片段朗读

（1）天空的霞光渐渐地淡下去了，深红的颜色变成了绯红，绯红又变为浅红。最后，当这一切红光都消失了的时候，那突然显得高而远了的天空，则呈现出一片肃穆的神色。最早出现的启明星,在这深蓝色的天幕上闪烁起来了。它是那么大,那么亮,整个广漠的天幕上只有它在那里放射着令人注目的光辉,活像一盏悬挂在高空的明灯。

——峻青《海滨仲夏夜》

(2)盼望着,盼望着,东风来了,春天的脚步近了。

一切都像刚睡醒的样子,欣欣然张开了眼。山朗润起来了,水涨起来了,太阳的脸红起来了。

小草偷偷地从土里钻出来,嫩嫩的,绿绿的。园子里,田野里,瞧去,一大片一大片满是的。坐着,躺着,打两个滚,踢几脚球,赛几趟跑,捉几回迷藏。风轻悄悄的,草软绵绵的。

——朱自清《春》

(3)这屋子很小很黑,靠墙的板铺上,她的妈妈闭着眼平躺着,大约是睡着了,被头上有斑斑的血痕,她的脸向里侧着,只看见她脸上的乱发,和脑后的一个大髻。门边一个小炭炉,上面放着一个小砂锅,微微地冒着热气。这小姑娘把炉前的小凳子让我坐了,她自己就蹲在我旁边,不住地打量我。我轻轻地问:"大夫来过了吗?"她说:"来过了,给妈妈打了一针……她现在很好。"她又像安慰我似的说:"你放心,大夫明早还要来的。"我问:"她吃过东西吗?这锅里是什么?"她笑说:"红薯稀饭——我们的年夜饭。"我想起了我带来的橘子,就拿出来放在床边的小矮桌上。她没有作声,只伸手拿过一个最大的橘子来,用小刀削去上面的一段皮,又用两只手把底下的一大半轻轻地揉捏着。

——冰心《小橘灯》

(4)汽车发疯似的向前飞跑。吴老太爷向前看。天哪!几百个亮着灯光的窗洞像几百只怪眼睛,高耸碧霄的摩天建筑,排山倒海般地扑到吴老太爷眼前,忽地又没有了;光秃秃的平地拔立的路灯杆,无穷无尽地,一杆接一杆地,向吴老太爷眼前打来,忽地又没有了;长蛇阵似的一串黑怪物,头上都有一对大眼睛放射出叫人目眩的强光,啵——啵——地吼着,闪电似的冲将过来,准对着吴老太爷坐的小箱子冲将过来!近了!近了!吴老太爷闭了眼睛,全身都抖了。他觉得他的头颅仿佛是在颈脖子上旋转;他眼前是红的、黄的、绿的、黑的、发光的、立方体的、圆锥形的,——混杂的一团,在那里跳,在那里转;他耳朵里灌满了轰,轰!轧,轧,轧!啵,啵,啵!猛烈嘈杂的声浪会叫人心跳出腔子似的。

——茅盾《子夜》

（5）你向着那丝看，冬天的太阳照满了屋内，窗明几净，每朵含苞的，开透的，半开的梅花在那里挺秀吐香，情绪不禁迷茫缥缈地充溢心胸，在那刹那的时间中振荡。同蛛丝一样的细弱，和不必需，思想开始抛引出去；由过去牵到将来，意识的，非意识的，由门框梅花牵出宇宙，浮云沧波踪迹不定。是人性，艺术，还是哲学，你也无暇计较，你不能制止你情绪的充溢，思想的驰骋，蛛丝梅花竟然是瞬息可以千里！

——林徽因《蛛丝和梅花》

（6）冬天的百草园比较的无味；雪一下，可就两样了。拍雪人（将自己的全形印在雪上）和塑雪罗汉需要人们鉴赏，这是荒园，人迹罕至，所以不相宜，只好来捕鸟。薄薄的雪，是不行的；总须积雪盖了地面一两天，鸟雀们久已无处觅食的时候才好。扫开一块雪，露出地面，用一枝短棒支起一面大的竹筛来，下面撒些秕谷，棒上系一条长绳，人远远地牵着，看鸟雀下来啄食，走到竹筛底下的时候，将绳子一拉，便罩住了。但所得的是麻雀居多，也有白颊的"张飞鸟"，性子很躁，养不过夜的。

——鲁迅《从百草园到三味书屋》

（7）在埃及不能问路。不是埃及人态度不好，而是太好。我们至少已经试过十几次了吧，每次都一样。你不管问谁，他总是立即站住，表情诚恳，开始讲话。他首先会说到你问的那个地方的所属区域，这你会觉得说在点子上，耐心听下去；但他语气一转说到了那个区域的风土特征和城建规划，你就会开始不耐烦，等他拐回来；然而他"一言既出，驷马难追"，已经在介绍开罗的历史和最近一次总统选举，你决定逃离，但他的手已按在你的肩上，一再说埃及与中国是好兄弟……最后你以大动作强调事情的紧迫性，逼问那个地方究竟怎么走，他支吾几下终于表示，根本不知道。你举起手腕看表，被他整整讲掉了半个小时。

——余秋雨《千年一叹》

（8）可是，我真爱北平。这个爱几乎是要说而说不出的。我爱我的母亲。怎样爱？我说不出。在我想做一件事讨她老人家喜欢的时候，我独自微微地笑着；在我想到她的健康而不放心的时候，我欲落泪。言语是不够表现我的心情的，只有独自微笑或落泪才足以把内心揭露在外面一些来。我之爱北平也近乎这个。夸奖这个古城的某一点是容易的，可是那就把北平看得太小了。我所爱的北平不是枝枝节节的一些什么，而是整个儿与我的心灵相黏合的一段历史，一大块地方，多少风景名胜，从雨后什刹海的蜻蜓一直到我梦里的玉泉山的塔影，都积凑到一块，每一小的事件中有个我，我的每一思念中有个北平，这只有说不出而已。

——老舍《想北平》

（9）我开始欣赏鸟，是在四川。黎明时，窗外是一片鸟啭，不是叽叽喳喳的麻雀，不是呱呱噪啼的乌鸦，那一片声音是清脆的，是嘹亮的，有的一声长叫，包括着六七个音阶，有的只是一个声音，圆润而不觉其单调，有时是独奏，有时是合唱，简直是一派和谐的交响乐。不知有多少个春天的早晨，这样的鸟声把我从梦境唤起。等到旭日高升，市声鼎沸，鸟就沉默了，不知到哪里去了。一直等到夜晚，才又听到杜鹃叫，由远叫到近，由近叫到远，一声急似一声，竟是凄绝的哀乐。客夜闻此，说不出的酸楚！

——梁实秋《鸟》

（10）在朝鲜的每一天，我都被一些东西感动着；我的思想感情的潮水，在放纵奔流着；我想把一切东西都告诉给我祖国的朋友们。但我最急于告诉你们的，是我思想感情的一段重要经历，这就是：我越来越深刻地感觉到谁是我们最可爱的人！

谁是我们最可爱的人呢？我们的战士，我感到他们是最可爱的人。

也许还有人心里隐隐约约地说：你说的就是那些"兵"吗？他们看来是很平凡、很简单的哩，既看不出他们有什么高深的知识，又看不出他们有什么丰富的感情。可是，我要说，这是由于他跟我们的战士接触太少，还没有了解我们的战士：他们的品质是那样的纯洁和高尚，他们的意志是那样的坚韧和刚强，他们的气质是那样的淳朴和谦逊，他们的胸怀是那样的美丽和宽广！

——魏巍《谁是最可爱的人》

五、诗歌

咏　柳

〔唐〕　贺知章

碧玉妆成一树高，万条垂下绿丝绦。

不知细叶谁裁出，二月春风似剪刀。

浪淘沙·北戴河

毛泽东

大雨落幽燕，白浪滔天，秦皇岛外打鱼船。一片汪洋都不见，知向谁边？

往事越千年,魏武挥鞭,东临碣石有遗篇。萧瑟秋风今又是,换了人间。

七律·长征
毛泽东

红军不怕远征难,万水千山只等闲。五岭逶迤腾细浪,乌蒙磅礴走泥丸。金沙水拍云崖暖,大渡桥横铁索寒。更喜岷山千里雪,三军过后尽开颜。

乡　愁[①]
余光中

小时候
乡愁是一枚小小的邮票
我在这头
母亲在那头

长大后
乡愁是一张窄窄的船票
我在这头
新娘在那头

后来啊
乡愁是一方矮矮的坟墓
我在外头
母亲在里头

而现在
乡愁是一湾浅浅的海峡
我在这头
大陆在那头

走向远方[②]
汪国真

是男儿总要走向远方
走向远方是为了让生命更辉煌

[①] 余光中.风筝怨[M].南京:江苏凤凰文艺出版社,2017:41.
[②] 汪国真.没有比脚更长的路,没有比人更高的山:汪国真诗歌自选集[M].济南:山东文艺出版社,2020:47-49.

走在崎岖不平的路上
年轻的眼眸里装着梦更装着思想
不论是孤独地走着还是结伴同行
让每一个脚印都坚实而有重量

我们学着承受痛苦
学着把眼泪像珍珠一样收藏
把眼泪都贮存在成功的那一天流
那一天
哪怕流他个大海汪洋

我们学着对待误解
学着把生活的苦酒当成饮料一样慢慢品尝
不论生命经过多少委屈和艰辛
我们总是以一个朝气蓬勃的面孔
醒来在每一个早上

我们学着对待流言
学着从容而冷静地面对世事沧桑
"猝然临之而不惊
无故加之而不怒"
这便是我们的大勇
我们的修养

我们学着只争朝夕
人生苦短
道路漫长
我们走向并珍爱每一处风光
我们不停地走着
不停地走着的我们也成了一处风光
走向远方
从少年到青年
从青年到老年
我们从星星走成了夕阳……

雨 巷[①]

戴望舒

撑着油纸伞，独自
彷徨在悠长，悠长
又寂寥的雨巷，
我希望逢着
一个丁香一样地
结着愁怨的姑娘

她是有
丁香一样的颜色，
丁香一样的芬芳，
丁香一样的忧愁，
在雨中哀怨，
哀怨又彷徨。

她彷徨在这寂寥的雨巷，
撑着油纸伞
像我一样，
像我一样地
默默彳亍着
冷漠，凄清，又惆怅。

她静默地走近
走近，又投出
太息一般的眼光，
她飘过
像梦一般地，
像梦一般地凄婉迷茫。

像梦中飘过
一枝丁香地，
我身旁飘过这女郎；

[①] 戴望舒. 戴望舒诗选[M]. 杭州：浙江文艺出版社，2021：25-26.

她静默地远了，远了
到了颓圮的篱墙，
走尽这雨巷。

在雨的哀曲里，
消了她的颜色，
散了她的芬芳，
消散了，甚至她的
太息般的眼光，
丁香般的惆怅。

撑着油纸伞，独自
彷徨在悠长，悠长
又寂寥的雨巷，
我希望飘过
一个丁香一样地
结着愁怨的姑娘。

一 切①

北 岛

一切都是命运

一切都是烟云

一切都是没有结局的开始

一切都是稍纵即逝的追寻

一切欢乐都没有微笑

一切苦难都没有泪痕

一切语言都是重复

一切交往都是初逢

一切爱情都在心里

一切往事都在梦中

一切希望都带着注释

一切信仰都带着呻吟

一切爆发都有片刻的宁静

---

① 北岛.北岛诗选：第2版[M].广州：新世纪出版社，1987：29.

一切死亡都有冗长的回声

这也是一切[①]

舒 婷

——答一位青年朋友的《一切》

不是一切大树
　　都被暴风折断；
不是一切种子
　　都找不到生根的土壤；
不是一切真情
　　都流失在人心的沙漠里；
不是一切梦想
　　都甘愿被折掉翅膀。

不，不是一切
　　都像你说的那样！
不是一切火焰，
　　都只燃烧自己
　　而不把别人照亮；
不是一切星星，
　　都仅指示黑夜
　　而不报告曙光；
不是一切歌声，
　　都只掠过耳旁
　　而不留在心上。

不，不是一切
　　都像你说的那样！

不是一切呼吁都没有回响；
不是一切损失都无法补偿；
不是一切深渊都是灭亡；
不是一切灭亡都覆盖在弱者头上；

[①] 舒婷.舒婷精选集[M].北京：北京燕山出版社，2006：7-8.

不是一切心灵
　　都可以踩在脚下，烂在泥里；
不是一切后果
　　都是眼泪血印，而不展现欢容。

一切的现在都孕育着未来，
未来的一切都生长于它的昨天。
希望，而且为它斗争，
请把这一切放在你的肩上。

我骄傲，我是中国人①
王怀让

在无数蓝色的眼睛和褐色的眼睛之中，
我有着一双宝石般的黑色的眼睛，
我骄傲，我是中国人！

在无数白色的皮肤和黑色的皮肤之中，
我有着大地般黄色的皮肤，
我骄傲，我是中国人！

我是中国人——
黄土高原是我挺起的胸脯，
黄河流水是我沸腾的热血，
长城是我扬起的手臂，
泰山是我站立的脚跟。

我是中国人——
我的祖先最早走出森林，
我的祖先最早开始耕耘。
我是指南针、印刷术的后裔，
我是圆周率、地动仪的子孙。

我是中国人——
在我的民族中，

---

① 罗莉，王明军.文艺作品演播选[M].北京：中国传媒大学出版社，2009：20-22.

不光有史册上万古不朽的
孔夫子、司马迁、李自成、孙中山，
还有那文学史上万古不朽的
花木兰、林黛玉、孙悟空、鲁智深。
我骄傲，我是中国人！

我是中国人——
在我的国土上
不光有雷电轰不倒的长白雪山、黄山劲松，
还有那风雨不灭的井冈传统、延安精神！

我是中国人——
我那黄河一样粗犷的声音，
不光响在联合国的大厦里，
大声发表着中国的议论，
也响在奥林匹克的赛场上，
大声高喊着"中国得分"！
当掌声把五星红旗送上蓝天，
我骄傲，我是中国人！

我是中国人——
我那长城一样的巨大手臂，
不光把采油钻杆
钻进外国人预言打不出石油的地心，
也把通信卫星
送上祖先们梦里也没有到过的白云。
当五大洲倾听东方声音的时候，
我骄傲，我是中国人！

我是中国人——
我是莫高窟壁画的传人，
让翩翩欲飞的壁画与我们同往。
我就是飞天，
飞天就是我们。
我骄傲，

我是中——国——人!

面朝大海,春暖花开[①]

海 子

从明天起,做一个幸福的人

喂马,劈柴,周游世界

从明天起,关心粮食和蔬菜

我有一所房子,面朝大海,春暖花开

从明天起,和每一个亲人通信

告诉他们我的幸福

那幸福的闪电告诉我的

我将告诉每一个人

给每一条河每一座山取一个温暖的名字

陌生人,我也为你祝福

愿你有一个灿烂的前程

愿你有情人终成眷属

愿你在尘世获得幸福

我只愿面朝大海,春暖花开

六、文稿综合练习

家是什么?

家是什么?家是中国人几千年赖以生存的条件。家是每个人的安全伞、保护罩,当你什么都没有了,只要还有家就不至于一无所有。在年轻的时候都只想着离开父母,走得越远越好,不知不觉就走出很远,跟他们隔着千山万水。你觉得父母理所当然都应该为你考虑,你的未来是你自己的,从不会为父母考虑,从来不去关心他们的感受,可他们也是人哪,当他们的需求跟你的发生冲突时,你要求他们一切为你着想,是不是太自私了呢?有一天你猛一回头,发现不管走了多远,始终有一根线连着你和他们,那时候父母已经变老,腿脚不再利索。于是,你才折回头,重回他们身边,跟过去不同的是,你变

[①] 上海辞书出版社文学鉴赏辞典编纂中心.文学经典鉴赏:新诗三百首[M].上海:上海辞书出版社,2021:372-373.

成大人,他们变成了孩子。所有人都是这种轨迹,离开、再回来、分离、再团聚。儿女的人生是一艘船,掌舵的应该是有经验的水手,就是父母。父母的爱就是湿棉袄,穿上难受,脱了冷。这就是——家。

奋斗(陆涛在生日会上的一段独白)

既然我们来到这个世界上,就不能太客气了,人在哪里我们就混在哪里。上学的时候老师教育我们说,我们来到这个世界上,也不是为了拿走什么,而是要努力为这个世界增添光彩。那时候我同意,现在我也同意。可是怎样才能做到呢?我相信这一点他们也不清楚,就是清楚,他们也不一定能做到,他们告诉我们的只是他们的梦想。好吧,我们听他们的。把他们的梦想当成我们的,我们像他们一样,为了梦想去奋斗。可是,梦想是艰难的。因为那梦想就是我们所有人的人生,就是我们的爱情、我们的事业、我们的幸福。可是,当我们把那抽象的梦想变成一件件具体的事情的时候,我发觉我们离那梦想很遥远,特别遥远。但是,我们不会放弃!我们会努力做好每一件事!

在这个世界上,我们会碰到很多好事儿,也会碰到很多坏事儿。今天以前,它们都过去了。明天,它们还会跟我们迎头相撞。我们的态度是,我们谁也不怵事儿!

大明宫词(武则天的一段独白)

感情!!!太平,我如果没有感情就不会容忍你丈夫竟敢用一个佣人的尸体充当慧娘,明目张胆地欺骗我的眼睛;如果没有感情就不会容忍他一生下来就已经成为罪犯的儿子充当你的什么义子;如果没有感情就不会容忍他的妹妹在长安的一个角落里,用最恶毒的语言诅咒自己的皇后!感情?我想,这一切的根源就在于我对你太有感情,太想满足你的心愿……所以,请你不要这样对我讲话,你毕竟还是我的女儿!太平,我已经为你的幸福尽了我最大的努力,结果不尽如人意,只得怪人生无常,你和他没有缘分,我始终遵循着一个母亲最简单的逻辑,你爱上了一个人,我帮你找到他;你要嫁给他,我让他娶你。在满足女儿心愿上,我与天下其他母亲一样。唯一的区别是,我有能力做得更有效率。

大明宫词(太平公主的一段独白)

母后,这不公平!凭什么仅仅因为我是您的女儿,反倒没了游览自己皇都的权利?母亲为什么不问问我今天的收获是什么?感受到了什么?母亲可知道女儿今天有多么快活，如果今天没有韦姐姐冒死带我出去，我怎么会真正体会到自己生活在一个多么伟大富足的国家，怎么能够意识到自己拥有多么善良聪慧的人民，难道母亲以为我聪明到仅从那些象牙塔的故纸堆里、圣人们晦涩干瘪的教诲中就能获得这些发自内心的骄傲吗？母亲，您常跟我提起您儿时在乡野嬉戏的乐趣，但您是否想到我在聆听时内心倾慕而悲哀的感受？如果母亲治韦姐姐的罪，就等于夺走了女儿唯一的知心伙伴。如果母亲要杀了他们，就等于为女儿安上了杀人犯的罪名，而我，何罪之有？

大明宫词（太平公主的一段独白）

儿子的孝顺

紫　林

憋了一肚子怨气的环卫工沈洋，拖着疲惫的身体刚下班儿回家，刚进门，一向不大懂事的儿子，居然懂得了孝顺。"爸，请喝茶！"望着眼前这杯热气腾腾的茶，沈洋突然有种想哭的冲动。瞧，儿子才十岁，就会孝顺父母了。一瞬间，满肚子的怨气消失得无影无踪。他颤抖着接过茶，迷蒙的热气里，一股清香沁人肺腑，再轻轻抿上一口，哇，真是从嘴里一直香到脚心。他感动得一把抱住儿子："儿子，说，想要什么，老爸买给你！"

儿子的孝顺

儿子也显得有些兴奋："爸，明天我们班去春游，我想多买点东西。"

"没问题！"沈洋大力拍着儿子的肩："说吧，要多少钱？"儿子小心地伸出了五根手指："50块！"

冬去春来，儿子上高中了。

这天，儿子兴冲冲地跑回家，"爸，快，快换件衣服，我请你去看电影。"沈洋挺纳闷的，儿子知道他不是一向不爱看电影吗？儿子解释道："爸，这部电影可是国际大片儿，不看的话，可是终身遗憾的。"看到儿子一本正经的模样，沈洋明白了。得，原来儿子是孝顺他，那他又怎能不去呢？

电影散场，走在回家的路上，儿子突然揽住沈洋的肩："爸，找你商量个事儿！"

"什么事？你说吧！"

"爸，我想买一部手机，我们班好多同学都有……"

"缺钱，对不对？说吧，要多少？"

"就3000块！"几天后，儿子多了部崭新的新款手机，沈洋却吃了一个月的白饭。

转眼，儿子成了一名大学生。

大二刚开学，有一天，儿子神神秘秘摆了一桌子酒菜。儿子端起酒杯，欲言又止。沈洋突如其来打了个寒战,他小心翼翼地问:"呃……儿子,有事吗?"

"爸,我要做课题,想买台好一点儿的电脑……"这顿饭吃掉了沈洋7000块。

终于,儿子工作了。有一天,已经半年没回来的儿子突然回家了。沈洋高兴得手忙脚乱,儿子却一把拉住他的手,递给他一张机票:"爸,我是特地回来请您去旅游的!您瞧,我连机票都买好了!"

听了这话,沈洋的手停了一下。"只是……"儿子继续往下说,却听见"扑通"一声,沈洋已直直地躺倒在地上。

幸　福
马未都

当你屡次三番地求爱,终于得到对方同意的时刻;当你正为贫困发愁,瞬间获得巨额头彩的时刻;当你身陷囹圄,法官判你无罪的时刻;当你罹患绝症,医生告诉你诊断错误的时刻;当你饥肠辘辘,可以饱餐一顿的时候;当你冻得瑟瑟发抖,被允许进入一间暖和房屋的时候;当你孤独不爽,亲朋好友打来慰问电话的时候;当你身处震区,接到矿泉水、方便面的时候。

这些大幸福、小幸福每个人都会遇上,尤其小幸福,每天飘然而至,令人不能察觉。没有苦难的时候,没有人懂得幸福。其实,我们每天生活在小幸福之中,只是浑然不觉。

记得1985年冬天,一天夜里我被叫去看古董,回来时已是下半夜了。我骑着自行车,又累又冷又饿,远远看见路灯下一卤煮火烧摊,冒着诱人的蒸气,我迫不及待地过去,支上车,坐在条凳上,等待那碗至今想起来仍很诱人的北京名吃。摊主上了年纪,看着比我父亲还大。他冻得通红的手熟练地切着火烧,笑呵呵地问我:"要一个火烧还是两个?"

那天夜里,在北京的马路边儿,再未遇见一个路人,只有我们爷儿俩,他做我吃,边吃边聊。我知道了他半夜出摊儿仅为替儿子结婚筹款,四个儿子,就剩老小,结上婚老爷子就幸福啦!那天聊的什么差不多都忘了,但有一句,我记得清楚,老爷子告诉我:"人哪,只有享不了的福,没有受不了的罪。"

祖母是一片不知愁的落叶(节选)
朱成玉

怀念祖母,是从一片秋叶开始的,秋天里金色的叶子。

在我的记忆里,祖母总是拿着扫把,在秋天里扫那满院子散落的金黄色的树叶。祖母还会在那些落叶里不停地翻捡,把中意的握在手心。

祖母喜欢看书，她的书里总是夹着各种各样的落叶，仿佛是她为自己的青春留下的标记。每一段青春，都是一片叶子，那些青春的遗骸、无法言说的时光，成了书签，夹在记忆里。

祖母是一片不知愁的落叶（节选）

我从来没有见过自己的祖父。父亲告诉我，祖父结婚一年后就从军了，再也没有回来。祖母习惯在那些叶子上面写字，一句半句的，大多是哀婉的宋词。我想那是祖母在用她自己的方式怀念着祖父吧。每年清明的时候，我就会看到祖母去祖父的坟前，把那些写了字的叶子铺满坟头，景象灿烂而华丽。

祖母是在秋天离世的，那一天刮了很大的风，院子里的那棵老梧桐树稀里哗啦地掉落了所有的叶子。在叶子的生命中，风似乎明白叶子的心思。我想，如果祖母是落叶，那么风一定是祖父。秋叶只和风窃窃私语。

统帅绕道

当第二次世界大战正在激烈地进行，欧洲战场打得异常惨烈。兵不厌诈，战场上的情况真是变幻莫测。

有一天，大雪纷飞，滴水成冰，盟军最高统帅艾森豪威尔将军乘车回总部参加紧急军事会议。

统帅绕道

忽然，将军看到一对法国老夫妇坐在马路旁边，冻得瑟瑟发抖。他立即命令身边的翻译官下车了解详情，一位参谋急忙阻止说："我们得按时赶到总部开会，这种事还是交给当地的警方处理吧！"

艾森豪威尔坚持说："等到警方赶到的时候，这对老夫妇可能早已冻死啦！"

原来，这对老夫妇准备去巴黎投奔自己的儿子，但因为车子抛锚，前不着村儿，后不着店，正不知如何是好。

于是，艾森豪威尔立即把这对老夫妇请上车，特地绕道将这对老夫妇送到家后，才风驰电掣般地赶去参加紧急军事会议。

艾森豪威尔的善心义举得到了意想不到的巨大回报。原来，那天几个德国纳粹狙击手虎视眈眈地埋伏在艾森豪威尔必须经过的那条路上，如果不是因为行善而改变了行车路线，将军恐怕就很难躲过那场劫难。

也许，第二次世界大战的历史都会改写。

奋斗（米莱的一段独白1）

其实我恨你！我不能装作不恨你。我因为陆涛恨你，我恨你的运气！你又穷又漂亮又有志气，那都是陆涛所要的，有些时候我恨不得变成你！可我只能当米莱，我恨当米莱！

奋斗（米莱的一段独白1）

这么长时间我才明白，陆涛的反叛，不是想从穷人变成富人，从失败走向成功,也不是坚持失败,他反叛的是他自己,他想变成一个自己满意的人。

你,因为跟他一样穷,占了大便宜,他经常回到他原来的立场上看问题。而你,总是和他站在相同的立场上,所以他总是认为你对、你好、你优秀。而我,无论怎么做都得不到他的认同。怎么做都不成。

他一定认为我什么都有了,所以他要拉着你的手往前走,带你去看看前面是什么。他从来都没有想到,我也需要他拉着我的手往前走,我离不开的是他对我的那份感情。没有那份感情,前面无论是什么,我都不想看,我什么都不想看!

满满一车的孝心

满满一车的孝心

56 岁的老魏,已是当姥爷的人了。这一天,他的母亲恳求老魏说:"你爸想开车自驾游,来一次说走就走的旅行。"老魏一听,紧张起来,"这个岁数了还自驾?要去哪儿?"母亲说:"想回老家看看,都 80 岁了,再不走一次,以后就开不动车啦!"老魏刚要反驳,母亲又小声贴近儿子的耳朵说:"他更想去看看你大连的爷爷,你爸他,想爸爸啦!"老魏啥话都说不出来了。想爸爸了?80 岁的爸爸,也会想爸爸?就这样,老魏办理了年假,带着 80 岁的父母和自己的女儿、外孙子一起驱车从西安去大连,看望他们 105 岁的父亲,老魏的爷爷。

这是怎样的一次旅行啊!这一车四代人的年龄,加起来 200 多岁。这满满一车的孝心,该是怎样沉甸甸的爱呀!他们又是多么令人羡慕啊,羡慕世上能有几个家庭可以五世同堂,可以在 80 岁的时候,还能去看望爸爸。他们更令人敬佩,这样的旅行可能会遇到的困难,他们不会没有想过,但依然乐观地踏上这两千多公里的旅程,岂不令人肃然起敬?这一家人更令人赞叹,赞叹他们的勇敢,他们可以放下眼前的事物,为这次家族旅行倾注全力。无论遇到什么困难,他们勇往直前。

旅行成功的见证,就是那张五世同堂的全家福照片。返回途中,他们从大连上船,人车一起,轮渡到天津。老魏在甲板上,一个人静静地看着闪烁的星斗,感慨万千。工作大半辈子,忙碌大半辈子,陪伴父母的时间少得可怜,更是没有几次闲暇顾得上遥望夜空满天的星斗,抒怀感叹。然而,这次父亲的驾车远途,才是让自己抚慰心灵,一辈子都不会后悔的旅行。两千多公里的往返路程,虽然父亲只开了 300 多公里,但是,老魏完成了一件很少有人能够完成的伟大旅行。一位父亲带着父亲去看望父亲的父亲。那首著名的歌曲《我的老父亲》轻轻地从老魏的心底滑向海上的夜空。

奋斗（米莱的一段独白2）

你们问我，你快乐吗？我告诉你们，我一点儿也不快乐。你们问我，对未来有信心吗？我告诉你们，我连信心是什么东西我都不知道。你们问我，为什么喝了这么多酒？我告诉你们，我很矛盾，我很不开心。

奋斗（米莱的一段独白2）

有一件事儿我一直弄不明白，我很奇怪，那就是，为什么生来我什么都有，却得不到自己最想要的？我尝试去美国，尝试干事业，我努力投入积极的生活，我不想放弃希望，去为那些重要的事情而奋斗，但最后，一切都失败。

有时候我想，要是我是夏琳，那有多好。你知道我会怎么做吗？我要你去找挣钱少、清闲的工作，我们天天泡在一起，看电影、去迪厅、看展览，接着过学校的生活。

你知道吗？我有的时候听杨晓芸向我报怨她跟向南的事儿，我有多羡慕。不管有什么恩恩怨怨，他们天天都能在一起，天天都能！

好了！不说了，我们干杯，干杯！干！

卖火柴的小女孩（节选）

安徒生

这是一年的最后一天。

可怜的小女孩儿，她又冷又饿，哆哆嗦嗦，赤着脚走在大街上。雪花落在她金黄的长头发上，她看到每个窗子里都透出灯光来，街上飘着一股烤鹅的香味儿，因为这是大年夜呀！

卖火柴的小女孩（节选）

她不敢回家，因为她没卖掉一根火柴，没挣到一个铜板。她的一双小手几乎冻僵了。啊，哪怕一根小小的火柴，对她也是有好处的！她多想从一大把火柴里抽出一小根，在墙上擦着了，来暖和暖和自己的小手。她终于抽出了一根。哧！火柴燃起来了，冒出火焰来了！她把小手拢在火焰上。多么温暖多么明亮的火焰啊，简直像一支小小的蜡烛。这是一道奇异的火光！小女孩觉得自己好像坐在一个大火炉前面，火烧得旺旺的，暖烘烘的，多么舒服啊！

哎？她刚把脚伸出去，想让脚也暖和一下，火柴灭了，火炉不见了。她坐在那儿，手里只有一根烧过了的火柴梗。

她在墙上又擦着了一根火柴。这一回，火柴把周围全照亮了。奶奶出现在亮光里，是那么温和，那么慈爱。"奶奶，啊，请把我带走吧！我知道，火柴一灭，您就会不见的，像那暖和的火炉、喷香的烤鹅、美丽的圣诞树一样，就会不见了！"

第二天清晨，这个坐在墙角里，两腮通红，嘴上带着微笑被冻僵的小女孩儿——她死了!

谁也不知道她曾经看到过多么美丽的东西,她曾经多么幸福,跟着她的奶奶一起走向新年的幸福中去了。

悬崖上的留言

悬崖上的留言

一支地质勘探队翻山越岭,已经走了几天了。山里的路特别难走,悬崖陡峭,河流湍急。开始时,他们是用马匹驮着设备和食物,但后来的路,马已经无法通过了,队员们只好把马留下了,把所有的行李都背到了自己的肩上。

最后,他们来到一处悬崖下,举目四望,四周峭壁林立,已经无路可走。队员们筋疲力尽,不知如何是好。

这时,年轻的巴沙仔细地观察了一下周围的情况后说:"我觉得这儿可以走。"但大家都觉得眼前这座山根本无法翻越。于是巴沙决定自己先试一试,队长勉强同意了。

巴沙一个人往山上艰难地爬。过了一会,上面传来了他兴奋的喊声:"你们都上来吧!上面的石头上有留言,有人从这里经过。"

所有的人都兴奋了起来。

大家开始努力地往山上爬,等众人都上来了,巴沙指着一块石头说:"你们看,石头上有留言。"

大家一看,有一块大石头上果然写着短短的一句话:"8月15日到此。"

这才是五天前的事儿。可到底是谁到这儿来了呢?他为什么要到这儿来呢?不得而知。但不管怎么样,队员们看到石头上的留言都很高兴,信心倍增。最后大家都胜利地登上了山顶。

几个小时后,勘探队终于到达了一个小村庄。队员们吃了晚饭,休息了一会儿,然后开始回忆这一天艰苦的行程。

大家又讨论起了这个问题:"悬崖上的留言到底是谁写的呢?"

这时巴沙不好意思地坦白说:"留言是我写的。我想让大家都能轻松地翻过那座山。"

最好的收藏是欣赏

崔修建

去欧洲的旅途上,我有幸结识了一位著名的古玩鉴赏家。与其闲聊收藏时,我提了一个问题:"最好的收藏是什么呢?"

鉴赏家掷地有声地回答:"最好的收藏是欣赏。"

"为什么是欣赏?"我面露困惑。"没错,面对世间无数的奇珍异宝,你只需学会欣赏,便足够了。只有懂得欣赏的人,才真正明白收藏的真谛不是占有,而是分享。"鉴赏家回答。

最好的收藏是欣赏

我不禁想起了"中国民间文化守望者"、台湾著名杂志《汉声》的创办人黄永松。他曾当过摄影师,做过导演,但从1971年开始,为了弘扬中国的民间文化,他走遍无数的乡野和村落。他曾见识过许多民间的珍藏,但从不收藏,只是欣赏。

原来,每一件与生命息息相关的物品,其实都是有灵魂的。面对那些有灵魂的珍品,我们每个人都应该心存敬畏地欣赏,而不是占有性地收藏。

细细想来,能够以一种欣赏的情怀去对待世间的万事万物,去和熟悉的或陌生的人相处,那该有多好——看到美丽的景物,停下脚步,慢慢地欣赏,可以欢呼雀跃,也可以细细地品味,可以存于相机里,也可以留在画布上;遇见罕见的珍品,不妨好好地品鉴一番,把玩一番,把赞叹留下来,把欣赏刻在心头;碰到知心的人,与之谈笑风生,把由衷的欢喜留下,把难忘的记忆带走……

如果你执意要收藏一些东西,就学会收藏一些美丽的灵魂吧。譬如,收藏那些时聚时散的云朵,那些有情有义的落花流水,那些至亲至爱的亲情,那些一尘不染的友情,那些纯洁无瑕的爱情……只要你有一颗愿意欣赏的心,再加上一双欣赏的眼睛,你就一定会收藏到这个世界上最珍贵的东西。

把心放低

一个学僧到法堂请示禅师:"禅师,我常常打坐,时时念经,早起早睡,心无杂念,自忖在您座下没有一个人比我更用功了,为什么就是无法开悟呢?"禅师拿了一个葫芦、一把粗盐,交给学僧说道:"你去将葫芦装满水,再把盐倒进去,使它立刻溶化,你就会开悟了。"学僧遵示照办,过不多久,跑回来说道:"葫芦口太小,我把盐块装进去,它不化,伸进筷子又搅不动,我还是无法开悟。"

把心放低

禅师拿起葫芦倒掉了一些水,只摇了几下,盐块就溶化了。禅师慈祥地说道:"一天到晚用功,不留一些平常心,就如同装满水的葫芦,摇不动,搅不得,如何能化盐,又如何能开悟?"

学僧问道:"难道不用功可以开悟吗?"

禅师说:"行如弹琴,弦太紧会断,弦太松弹不出声音,只有平常心才是悟道之本。"

世间事本来就是如此,不管做什么都应给自己留一个空间,让自己可以转身;

留一点时间,让自己可以思考。不冒进,不颓废,不紧张,不松懈。拥有一颗平常心,也就是把自己的心态放低一些,在得到时不沾沾自喜,在失去时也能正确对待,这也就具备了成功所需的平常心了。

低处的温暖

2009年的8月31日,是英国前王妃戴安娜12周年忌日。马格丽丝,一个普通的英国女子,决定和丈夫、儿子一起驱车赶往戴安娜的墓地祭奠。

1978年,17岁的戴安娜中学毕业后做起了小保姆——为汉普郡的一个律师照看两岁的女儿。在这里,戴安娜遇见了在另一个家庭做保姆的马格丽丝,并且和她成了好朋友。

马格丽丝和戴安娜同岁,是一个贫民家庭的小女儿。只要是晴好的天气,两人会带上各自照顾的孩子在街心花园儿碰面,她们有许多共同话题。

马格丽丝悄悄告诉戴安娜,她正在和一个酷爱开车的男孩儿恋爱。男孩儿家境一般,但是他会吹口哨,还会采好吃的野草莓给她。马格丽丝幸福地说,等他们赚到举行婚礼的钱就结婚。

一年之后,戴安娜去一所幼儿园做生活老师,离开了马格丽丝。后来,她遇到查尔斯王子,上演了灰姑娘的故事,成为所有女人艳羡的对象。

马格丽丝却在乡下安了家。她开了一间洗衣房,她的丈夫跑运输。一年后,他们的孩子出生,一家三口其乐融融。

闲暇时,马格丽丝也会回忆起和戴安娜相处的时光。丈夫有时会调侃她:"跟我这个穷光蛋在一起,你不羡慕她吗?"马格丽丝总是若有所思地摇摇头。

1992年,戴安娜和查尔斯正式分居。1996年,双方解除婚约。马格丽丝伤感地问丈夫:"要是戴安娜当初没有嫁入皇室,她现在会过怎样的生活呢?"丈夫不无调侃地说:"当然是跟你一样,陪着一个粗糙的男人,生一窝孩子,天天忙着洗衣做饭了。"马格丽丝撇撇嘴:"那也不错呀,总比她现在这样凄凉孤寂好得多。"这是她的真心话,每当电视上出现戴安娜强颜欢笑出席各种宴会时,她不正和丈夫、儿子吃着晚饭,享受着人生最朴实的幸福吗?

马格丽丝没有想到,昔日的女伴儿会在1997年8月死于非命。惊闻噩耗,她失声痛哭。

人世间,有的人像流星,高踞天宇,光耀尘世,可是他们只能瞬间划过,被别人观赏指点,没人懂得他们的凄凉和隐痛;有的人像普通的灯盏,蜗居于某个屋檐下,却能温暖和照亮整个房间,被人珍视。

轮　回

多年前,每到清晨,妈妈要送儿子去幼儿园前,儿子总是哭着对妈妈恳求:"妈妈,我在家听话,我不惹你生气,求您别送我去幼儿园,我想和您在一起。"

急匆匆忙着要上班的妈妈,好像没听见似的,从不理会儿子在说什么。

儿子也知道妈妈不会答应他,因而每天都是嘟着嘴边哭边喊着:"我不要去幼儿园……我不要去……"边乖乖地跟在她身后下楼。

多年后,妈妈年岁渐老,且患上老年痴呆症。儿子在为生计奔波打拼,没时间照顾她,更不放心让她一个人待在家里。思虑再三,儿子想到了一个地方。

在做出抉择的前夜,望着儿子进进出出、欲言又止的样子,妈妈的神志似乎清醒了许多:"儿啊,妈不惹你生气,妈不要你照顾,不要送妈去养老院,我想和你在一起……"

哀求的声音像是从遥远的地方传来,变得越来越弱,最后变成了哽咽。

儿子沉默了又沉默,反复寻找说服她的理由。最终,俩人的身影还是出现在了市郊那座养老院里。

办完了手续,做了交接后,儿子对妈妈说:

"妈,我……我要走了!"

妈妈微微点头,张着没有牙的嘴说着:

"儿啊,记住早点来接我啊……"

那一霎,他霍然记起,当年在幼儿园门口,自己也是这样含泪乞求:"妈妈,记住早点儿来接我啊……"

此刻,泪眼婆婆的儿子,别有一番滋味涌上心头。

借　钱
李德霞

老大的双胞胎儿子考上了大学,光学费就一万多。老大东跑西颠儿,跑细了腿,也没把钱凑够。为这事儿,老大吃不香,睡不安,愁起满嘴的燎泡。

媳妇儿说:"该借的都借了。实在不行,你跟老二张个口吧!"老大一听,咧了嘴。

老大说:"前年,老二盖鸡场鸭场,跟咱借两千块,可咱连百十块都没借给他。这个时候找他,我咋张得开口?"

"那……咱儿子的大学就不上啦？"

老大点支烟，狠狠地抽几口，烟雾缭绕，罩着老大那张愁苦的脸。这时，有人敲门。老大开门一看，呀，竟是老二！老二左手一只鸡，右手一只鸭，风尘仆仆地站在门口儿。

把老二让进屋，老大说："老二，你咋来啦？"

老二放下鸡，放下鸭，抹一把头上的汗说："听说俩侄子考上了大学，担心哥凑不够学费，就给哥送三千块……"说着，老二从口袋里掏出厚厚一沓钱，放在面前的桌子上。

老大羞愧难当，一张脸涨成了红高粱。老大说："老二，哥对不起你……前年你盖鸡场鸭场，跟哥借两千块钱，可我……"

老二摆摆手说："哥的家境我知道，嫂子有病，俩侄儿要上学，你打工挣不了几个钱……再说，你前年不是还借给我五百块吗？"

"五百块？"老大一头雾水。

"对呀！"老二说，"哥，你忘了吗？那五百块，还是你托咱娘捎给我的啊……"

眷恋那棵老柿树

赵宏欣

我临窗而坐，列车经过十几个小时的行驶，这会儿，已从南国秀丽的山川进入了一片丘陵地带。窗外古朴的山峦，在旭阳的铺盖下，呈现出一片醒目的土黄。

突然，旁边那位从未说话的少尉说话了："请你跟我换换座位好吗？列车就要经过我的家乡了，我想好好看看。"

换过座位，我问他："看样子，你很久没回过家乡了吧？"他点点头，说："三年了。本来部队这几天要安排我探家的，我把电报都打回家了，可突然来了任务……"他说着，把脸扭向窗外，深情地注视着窗外的世界。不一会儿，他扭过头来满脸振奋的样子："你看到那道山峦了吗？最高处的那道。"

我点点头。我看到的是一道非常普通而贫瘠的黄色山峦，"那就是我的家乡。从这儿可以看到山脊上我们村子的那颗老柿子树。"他的表情欣喜、自豪极了。

我指着窗外的一段山峦说："这儿离你们村子很近了吧？"

"很近了，很近了。我小时候割草，总跑到这儿来，这山上的草肥极了，不一会儿就能割上一大篮子。"他兴致勃勃。我被他的情绪感染了，于是，我眼睛一眨不眨地望着那道山脊。此刻，我非常想看一看那棵老柿子树。因为这道长长的山脊上，几乎没有什么高大的树。

看着看着，窗外最高的那道山峦，在不断地延伸中，出现了一棵孤独的老柿子树。远远的柿子树下站着一位老人，隐约还能看到她拄着的拐杖和那花白的头发。她一动不动地站在那里，秋阳里宛如雕塑一般。

少尉没有说话。这时候，我发现他哭了。

"你怎么哭了？"我不知道怎么安慰他。

他忙抹掉眼眶里的泪水，说："你看到那棵老柿子树下站着的那位老人了吗？那是我娘。"

阳光路十七号
王虹莲

她和他新婚不到一个月，他就出去打工了。她在家里种地、养猪、赡养老人，等待着他从远方来的信和寄来的钱。

每个月，他都会给家里寄钱，或多或少。收到他寄来的钱的时候，她就像个孩子一样，跑到储蓄所存起来，舍不得花掉一分钱。

收到他信的时候，她一个字一个字地读。他们文化都不高，仅仅能写一封信而已。他的字丑陋，可是她喜欢！那字里行间，满是对她的牵挂和惦念。

她也写回信，羞涩地表达着想念和惦记。他的地址她早就背下来了，阳光路十七号。

阳光路，多好听的名字。在那个繁华的大城市，这条阳光路一定是铺满了金灿灿的阳光。于是她对阳光路十七号充满了向往，她喜欢听他描述外面的世界。所以，等待着阳光路十七号的来信成了她最大的快乐。当然，她还听他说起过麦当劳。他在信里说："什么时候来了，我带你去吃。"

丈夫离开家快两年了，她想他想得快发疯了。毕竟是新婚离开的呀！于是新娘准备动身去找他，想给他一个惊喜。

坐了三天三夜的火车，又坐了两个小时的汽车，她又一路打听着阳光路，终于看到一个破工棚上有一个牌子写着：阳光路十七号。

她哭了。站在那简陋的房子前，想起他说过春节没回家是去了海南旅游，想起他说带她去麦当劳。她终于明白了，他为了攒钱从来没有离开过这里，他从来没有去吃过麦当劳，说去海南旅游也是骗她，因为春节没发工钱。

一个月后，丈夫带着大包小包回了家，整整一夜，他给她讲外面的世界。他一直赞美阳光路十七号，她听着在黑暗中流下眼泪。最后，新娘握着丈夫的手说："因为有你，那条路应该叫阳光路。"

她一直没有说，她去过阳光路十七号。

最大的炫耀

最大的炫耀

一老头儿骑着三轮车正经过一个缓坡，满车的货物高过他的头顶，他吃力地左右摆动着，稍一松懈三轮车就会向后滑去。

前方路窄，路边又停了一辆高级轿车"路虎"，老人意识到情况不好，屁股使劲儿往外一拐，想躲开"路虎"，可是，已经为时太晚，就听到"刺啦"一声，三轮车的后车板蹭在了"路虎"的后车门上，重重地划了一道痕迹。老人一身大汗，慌了手脚，急忙停下车，走向"路虎"，看着那深深的一道白色划痕，愁眉苦脸不知所措。

发生的这一切，正好被路边打电话的年轻人看见了，他先是皱了皱眉头，迟疑了一下，随后走过来对老人家说："老人家，您没事吧？"

老人说："我是没事！可是把人家的车弄坏了，这可咋办哪？"

年轻人问："赔得起吗？"

老人说："赔不起！要是赔得起我还蹬什么三轮车呀？！还要给人送货！"

年轻人说："赔不起？您还不跑，还等人家来找你啊！"

老头儿欲言又止："这，这合适吗？万一……万一……唉！"最终还是一步三回头地走了！

这时，这位年轻人拿出钥匙，打开了路虎的车门，目送着远去的老人，开着车走了。

人一生当中，最大的炫耀，不是你的财富，也不是你的精明，更不是你的手段，而是一种简单的理解和体谅！

本章思考题

1. 普通话的特点是什么？

2. 你所在的地区属于什么方言区？你所在地区方言的特点有哪些？你认为你学习普通话的难点在哪里？

3. 通过歌唱式练习，你能否体会到气息运动支点（支撑点）的变化？

4. 在普通话学习中，最难纠正的是平翘舌和前后鼻韵，你是怎么做到准确发音的？

第二章　叙述性语言的训练

我们可以用以下七个标准来评判一下自己是否"会说话":

1. 言之有物——有知识,有思想,有内容。
2. 言之有序——有逻辑性,条理清晰。
3. 言之有理——有道理,让人信服。
4. 言之有礼——有礼节,有涵养,言语不尖酸刻薄。
5. 言之有文——措辞讲究,有文采。
6. 言之有情——有感染力,有真情实感。
7. 言之有趣——有幽默感,幽默是语言的一种境界。

从本章开始,我们需要让大脑和嘴巴相互配合,学习如何提高语言表述能力。

我们的学习,先从讲述小的事情开始,看我们能不能把一件熟悉的事情说清楚;然后再来分析,哪一部分是可以删除的无意义内容,哪些是重点内容,哪些是不够清楚需要补充的内容。当一个人能够把他所想的讲出来,他就开启了语言沟通的大门。卡耐基曾经说过:"一个人的成功,15% 是靠他的专业知识技能,85% 是靠他的口才和交际能力。"

第一节　讲述自我

为什么要从讲述自我开始训练呢?因为自己对自己是最了解的,也最明白自己想传达的内容,讲述自我能够更直接地表达自我。

讲述自我先从自我介绍开起。第一章中要求大家用 30 秒钟的时间做自我介绍,目的是让大家认识自己的声音,对于说什么并没有具体的要求。

本节我们要做的是:用 1 分钟的时间进行言之有物的自我介绍。

一提"自我介绍",大多数人会从自己的姓名、年龄、职业、籍贯和兴趣爱好开始讲述自己。这种千篇一律、空泛的自我介绍,不会给人留下深刻的印象,再说听者不会认真对待这样的讲述。

我们向别人介绍自己时的愿望是要对方记住自己,吸引听者的注意力,所以,讲述自我之前,要对自己进行一个全新的、完整的认识:我都做过什么?我最喜欢什么?大家对我的称呼是什么?大家对我的评价是什么?我最想告诉别人什么?我最想突出表达什么?我与众不同的地方是什么?我用什么表达方式能表现得与众不同?

自我介绍没有一定之规,最直接的目的是让大家知道你是谁,你有什么特点,你喜欢思考什么,你最想做什么,你的理想是什么……不必面面俱到,根据对象的不同,突出某一或某几个方面即可。

自我介绍也可以从对名人名言的感悟说起,还可以从和你家乡有关的风土人情、特色小吃等入手,表现出你的性格特点和文化修养。

自我介绍不是自我检讨书。介绍自己的过程一定是让人懂你、接纳你、了解你、喜欢你的过程。

自我介绍的内容和表达方式确定之后,需要做一个时长测算。正常语速情况下,1分钟可以说200—300个音节。语速较快的新闻播报可以达到300个音节左右,一般人多为250个音节左右。

下面为1分钟自我介绍例稿。

【例稿1】

各位老师好,我叫陈××,来自美丽的有福之州,福州。提起林徽因、冰心,大家都不陌生。是的,她们都是现当代雅致、聪慧、美丽女性的典范,也是我们家乡的名片。我希望南国的四月天也能滋养出我们的气质。我喜欢唱歌,因为我喜欢美妙的旋律。我热爱舞蹈,因为它能让我感到释然。但我最钟爱的还是阅读,书里有诗,更有远方,诗伴我在脑海,远方让我树立理想。我喜欢龙洋,她将所读的诗书都内化于心,正所谓腹有诗书气自华。我希望有一天我也能像她一样,站在舞台上,优雅而端庄,向大家传递所思所想。接下来的路,我要靠自己的努力。愿我能勇往直前不负青春,只长年龄不长怠意;愿我能踏出半生,归来仍是少年。

【例稿2】

各位老师好,我来自林则徐的家乡——福州。我叫林××。福州的三坊七巷是中国近代史的摇篮,这里我们熟知的名人就有100多个。林则徐、严复、沈葆桢、林觉民、林徽因、冰心都曾生活在这里,这是一个名人辈出的地方。每当我背着吉他穿梭在悠长的三坊七巷,沿着石板路,踏着名人的足迹,我不禁浮想联翩:我也姓林,林则徐是我什么人?林觉民和我有什么关系?我仿佛穿越时空与他们对话。林姓让我自豪,我身上应该有正气,应该有"海纳百川,有容乃大"的豪迈,应该有那份"先天下之忧而忧"的担当。我希望我可以拥有一个舞台,来传播我们的民族正能量。国家兴亡,匹夫有责。可能我的力量微小,但我有义务献上一份绵薄之力。

【例稿3】

大家好!我叫×××,是一个经营食品网店的小老板。对一个生意人而言,最好的形象,当然是诚信。

有一个著名的企业家,在他年轻做小生意的时候开始,他就明白,一个人的名声是永远的财富。

马云曾说:"生存下来的第一个想法是做好,而不是做大。"我想这就是告诉我们,一个生意人要想做大,首先要做好。诚信就是做好的开始。虽然目前我还处于生存阶段,但我的每一分钱都是用真诚挣来的。请大家相信,也请大家见证,我是一个用诚信做事、用诚信从业的人。

【例稿4】

大家好!老师好!我叫×××,是大四即将毕业的学生。

在一部纪录片里,以下画面让我记忆犹新:在河床上悠闲吃草的野牛突然遭到猎豹的袭击,它们四处奔逃,一个个被猎豹扑倒在地。一头健壮的野公牛在狂奔,后面紧追的是狂暴的猎豹,就在这千钧一发之际,公牛突然回转身来暴戾地叫着,用头上的尖角将猛扑上来的猎豹挑到空中,打败了对手。

自然界物竞天择,职场的挑战亦是如此。弱者逃跑似乎是一条规律,但不会是成功的道路。以前我怯懦,害怕挑战,现在通过实习我有了新的思考,趁年轻要勇敢突破自己,就算不像猎豹那样勇猛,也不应该成为任人宰割的牛羊。我们应该像那只公牛一样在人生的道路上,敢于挑战自我,因为没有挑战就不会有成功。

■ **课堂练习**

请你以300字为限,做1分钟的自我介绍。

第二节 播读与讲述的不同

"播读"是指说话的人把文稿读给听者，如传达上一级的文件精神、播报新闻、播读故事等。播读的特点是简明、扼要，较少带有主观情感和色彩。"讲述"是指把已知的事件或故事转述给听者，核心意思准确，过程中带有转述人的理解和态度。

很多学生在刚接触即兴口语训练时，往往会先写出一个文稿，然后按照文稿背出来。在背诵文稿的过程中，训练者一旦"卡壳"、一有迟疑，都会影响口语表达的连续性和流畅性，比如不熟悉文稿中的地名、数字，或者某句话中哪个词语在前、哪个词语在后。训练者停下来思考的时候往往会出现短暂的大脑空白，这时候他的表情、眼神都会显得呆滞僵硬。这是背诵式讲述最容易出现的问题。

本章所要训练的讲述，不是机械地背诵，而是理解之后的重新表述。讲述需要根据具体语境、表述的对象随时进行调整。

背诵文稿和讲述事件的思维过程完全不一样。背诵是训练者启动大脑记忆库中的记忆功能以后，调动口舌、气息相互配合，来完成口语表达的思维过程。它属于机械记忆。讲述是训练者大脑启动理解功能之后的思维整理过程，在整理的过程中积极地组织语言的口语表达思维过程。它属于理解记忆。

一、播读能力训练

播读的要求是，准确无差错，意思表达完整，能够清晰转达文稿所要表达的意思。比如，新闻播报、文件传达、通知发布等。播读下面例稿，体会播读的时候我们的注意力应在什么地方。

【例稿1】

本报北京3月27日电（记者白剑峰）国家卫生健康委日前印发《关于加强助产服务管理的通知》，要求确保助产服务可及性，提高助产服务质量，切实保障母婴安全。

助产服务是基本医疗服务，关系母婴安全健康，事关千家万户幸福。通知强调，公立医疗机构要承担产科服务兜底责任，并对加强助产服务提出具体要求：一是强化助产服务规划布局，确保助产服务供给，有效满足孕产妇需求；二是主动公布助产机构名单，主动接受社会监督，方便群众有序就医；三是强化助产服务质量管理，全面提升质量安全水平；四是开展生育友好医院建设，优化孕产期保健服务，促进安全舒适分娩；五是规范助产服务资源调整，明确调整程序，确保助产服务可及性；六是健全完善政策保障机制，构建促进产科高质量发展的政策保障机制，调动产科医务人员积极性。

通知要求，各级卫生健康行政部门要对本行政区域内助产服务资源进行规划布局，确保助产服务供给，有效满足孕产妇需求。推动省级和市级妇幼保健机构达到三级妇幼保健院标准，人口30万以上的县（市、区）原则上至少有2家公立医疗机构能够开展助产服务，人口30万以下的县（市、区）原则上至少有1家公立医疗机构能够开展助产服务，地广人稀、交通不便的地区要保障相关基层医疗卫生机构具备助产服务能力。

——《人民日报》（2024年3月28日第13版）

【例稿2】

"如今，看展由小部分专业爱好者的行为变成'大众探店'，尤其越来越多年轻人愿意走进博物馆，对传扬中华民族故事有非常好的推动作用。"全国政协委员、民族文化宫副主任们发延受访时表示，今年将就更好发挥文物古籍作用、讲好中华民族故事提案。

他说，许多文物是打动人心的历史见证。如宋代一枚小小的喀喇汗王朝桃花石可汗铜币，就能让观众眼前一亮。"桃花石"意指中国，是古代中亚人对中国和中国人的称谓。而新疆出土的喀喇汗王朝桃花石可汗铜币上，也有意为"桃花石可汗"的铭文，说明喀喇汗王朝认可自己是中国的一部分；西域虽远离中原，但这里的王国在宋代便有中国一体意识。

再如，民族文化宫相关主题展中展出的继承发展唐三彩的辽代三彩器、明代藏文抄本古籍与历代达赖、班禅敬献中央政府的礼品等，都是各民族水乳交融的历史见证和中华文化的代表性物证，"其对外展示和传播中华文化的作用不可取代"。

在近年"博物馆热"和国家日益重视文物保护利用的双重推动下，全国各地积极探索"让文物说话"。们发延指出，当前对文物古籍内涵挖掘阐释力度不足、展示传播形式有待丰富创新。

为此，他今年提案倡议，整合全国专家资源，协助各博物馆梳理反映中华民族共同体的文物古籍"家底"，为讲好中华民族共同体故事提供坚实历史支撑。同时，加强历史文物与现代科技的深度融合，提供沉浸式体验、虚拟展厅等服务，增强中华民族故事的吸引力、感染力、影响力。

采访中，们发延热情鼓励民众走进博物馆听文物"讲故事"，并推介了民族文化宫正展出的"铸牢中华民族共同体意识文物古籍展"，其中就展出有前述桃花石可汗铜币。他表示，除了1 500余件呈现中华民族共同体形成发展史的珍贵文物，还有取意"瓣瓣不同，瓣瓣同心"的"花瓣古籍墙"、用各民族乐器精心打造的"乐器墙"等，定能带给观众视觉震撼与感动。

——中国新闻网，2024年3月4日

【例稿3】

3月28日，记者从南京大学获悉，该校物理学院杜灵杰教授领衔的国际团队利用极端条件下的偏振光散射技术，在砷化镓量子阱中对分数量子霍尔效应的集体激发进行了测量，在世界上首次观察到引力子激发，即引力子在凝聚态物质中的新奇准粒子。相关研究发表于3月28日的国际学术期刊《自然》。

——环球网，2024年3月28日

> ▌**课堂练习**
>
> 依照例稿练习播读，体会播读时的状态。

二、讲述能力的培养

讲述不需要死记硬背。训练者看完故事或文章之后，将留存在脑海中的信息讲述给没有看过这个故事或文章的人，能讲多少讲多少。注意，不要把注意力放在具体数字和生僻的字词上，记住核心内容最重要。

我们以下面的文稿为例，大家看完之后，思考5分钟，再把故事讲给身边的人听，讲得越风趣幽默越好。

【例稿4】

朋友的烦恼

约翰在街上碰到他的好朋友麦克，对麦克说："我遇到一件很麻烦的事，真不知该怎么办。"

"什么事？我们是好朋友，你有什么麻烦事就该对我说，也许我能帮你。"

"我正在热恋中。"

"这是好事，你怎么会觉得麻烦呢？"麦克不解地问。

"我同时爱上了两个姑娘,她们一个长得漂亮,但没钱;另一个长得不漂亮,但很有钱。你看我应该选择谁?"

"当然是长得漂亮的那个。这年头,钱算得了什么?"麦克坚决地回答。

"对!"约翰说,"谢谢你的好主意,再见。"说完转身就走。

"等一下,约翰。"麦克叫住约翰,"你能不能把那位有钱的姑娘的住址告诉我?"

【例稿 5】

迷路的小女孩

小孩一个人在大街上玩,不知不觉迷失了方向,不知道怎样才能回到家,便大声哭起来。警察过来说:"好孩子,你哭什么,回家去吧!"小女孩哭着说:"我迷路了,找不到家。"

"你家在什么地方?"警察问。

"在楼上。"小女孩说。

"你爸爸叫什么?"

"亲爱的!"

"你妈妈叫什么?"

"宝贝!"

"你家里还有谁?"

"还有我。"

"你叫什么?"

"我叫乖乖!"小女孩一脸稚气地望着警察。

三、讲述的条理性训练

条理性是指在讲述过程中,先讲什么后讲什么;讲述的内容一共有几点,重点在哪里,最能出彩的部分是什么。这一切在脑海里比较明晰之后,讲述的内容才不会杂乱无序。

例稿 6 这篇文章和例稿 4、例稿 5 两篇文章相比增加了难度。看完例稿 6 这篇文章之后,先把故事的次序梳理清楚,找出它们之间的逻辑关系;再思考该文章讲述了一件什么事情,作者想要说明什么。故事的逻辑链条清晰了、表述重点明确了,讲述时就不会乱了。

【例稿6】

男女差异

究竟什么才是男女间的差异呢,众说纷纭。下面就有这样一对情侣,同样是一天内写的日记,差距怎么就这么大呢?

女孩的日记:

昨天晚上他真的是非常非常古怪。我们本来约好了一起去一个餐厅吃晚饭,但是我白天和我好朋友去购物了,结果就去晚了一会儿,可能让他不高兴了。他一直不理睬我,气氛僵极了。

后来我主动让步,说我们都退一步,好好交流一下吧。他虽然同意了,但还是继续沉默,一副无精打采、心不在焉的样子。我问他到底怎么了?他只说"没事"。后来我就问他,是不是我惹他生气了?他说,这不关我的事,让我不要管。在回家的路上我对他说,我爱他。但他只是继续开车,一点反应也没有。

我真的不明白啊,我不知道他为什么不再说"我也爱你"了?我们到家的时候我感觉,我可能要失去他了,因为他已经不想跟我有什么关系了,他不想理我了。他坐在那儿什么也不说,就只是闷着头看电视,继续发呆,继续无精打采。后来我只好自己上床睡去了。10分钟以后他爬到床上来了,他一直都在想别的什么。他的心思根本不在我这里!这真的太让我心痛了!

我决定跟他好好谈一谈,但是他居然睡着了!我只好躺在他身边默默流泪,后来哭着哭着自己就也睡着了。我现在非常确定,他肯定是不爱我了。这真的像天塌下来了一样。

男孩的日记:

不可思议!今天意大利队居然输了!

课堂练习

1. 讲述例稿4、例稿5、例稿6,要求条理清晰,幽默风趣。
2. 自己寻找材料,将之讲述给别人听。

第三节 叙述性语言的语境

"语境"从字面意义来看,就是"语言环境"。但现在人们已经把一些非语言因素纳入了语境的范畴,由此语境产生了狭义和广义两种含义。

狭义的语境专指在语言交际活动中,话语出现或处在的环境;广义的语境指所要考察的事件(非语言的)所出现的环境。我们也可以称前者为"小语境",称后者为"大语境"。

语言环境指说话时,人所处的状况和状态。语言环境有多种,一般来说,有自然语言环境、局部语言环境和自我营造的人工语言环境。自然语言环境是人与人语言交流过程中最自然的交流场所。人与人之间的社会角色,以及交流双方或多方之间的情感关系和内心彼此接纳的程度是由自然语言环境营造的。局部语言环境是指小环境,比如在开大会的现场,两个人之间的窃窃私语。人工语言环境是指人为营造的环境,比如话剧舞台、配音现场、电视电影的拍摄现场,都属于人为营造的环境。

不同语言环境下的用语状态会导致不一样的结果,即不同语境下的语言态度揭示了人的内心本质。

换句话说,要改变用语态度、表达方式,应该从改变心态开始。

思考一下,以下例稿中的场景你遇到过吗?如果你是其中的角色之一,你当时的体会是什么?

【例稿1】

甲:(幽默地说)欧洲旅行吃得不可口,回国以后我们去成都玩几天,好好吃吃,补回来。

乙:为什么是成都?

丙:是呀?为什么是成都?

(乙来自广州,丙来自杭州。乙的意思是"广州才是美食天堂",丙的意思是"杭帮菜才是天下第一")

乙:哦!你爱吃辣,我不吃辣!

丙:我也不吃辣。

(幽默进行不下去了)

【例稿2】

旅游景点的清晨,甲被喷薄而出的日出所吸引,坐在草坪的椅子上静静地欣赏着。

乙从远处喊甲的名字并走过来……

乙:你在这儿呀?听说你下山去了。房门钥匙给我,我行李还没拿呢,还要退

房……（责备的语气）

甲：……

（甲的情绪被破坏）

【例稿3】

甲：我口渴，想喝啤酒……

乙：我告诉你，喝啤酒会得痛风，尤其是吃海鲜的时候，最好别喝啤酒。

甲：我只是说说的。

乙：说说，证明你有这企图……

甲：……

（乙以责备当幽默）

【例稿4】

甲：团长说把今天的住址发到群里来。

乙：昨天不是发过去了吗？

甲：团长说再发一次，行吗？（命令的口吻）

乙：已发过去。

（甲不会用委婉的话语，导致乙内心不满）

【例稿5】

甲：乙姐，你喜欢的锅。我在集市上看见了，给你带了一个。

乙：谢谢，谢谢！锅架子买了吗？

甲：哎呀，没买。我觉着架子不太实用，回国也不好拿，就没买。

乙：没有架子，那怎么用呀？

甲：我觉得用不着架子，我自己也没买。

乙：没有架子还成锅吗？我就得有架子。哎，老公，咱们得去买架子，不然锅有什么用呀？

甲：（不知该说什么）

（乙没礼貌，贪得无厌。甲的好意没有得到好报）

【例稿6】

甲（女）：你老公腰不好，你可要把他照顾好。（对一位几年未见面的同学的妻子乙说，其实乙已经照顾老公一个多月了）

乙：你怎么知道我没有照顾好他？（乙听出甲话中带着挑衅）
甲：我这是提醒你。
乙：谢谢你的关心！（其实乙很想说，"关你啥事！"）
丙：(凑到乙跟前低声说）面对居高临下、自以为是的女人，就不要客气。不然，她会变本加厉。
（总以为自己最了不起的人，很令人厌烦）

人们的语言态度折射出的身份认知和角色定位也直接影响着语言环境。换言之，身份认知和角色定位也是语境的构成因素，这是我们可以调适和把握的人工语言环境。

▌课堂练习

1. 每位同学谈谈关于语境与语言表达的关系。
2. 大家可以提供一些更精彩的段子，与同学一起分享。
3. 大家可以分组讨论，然后选出一位同学综合发表本组的讨论意见。每位同学都要积极参与讨论，因为这既是一次叙述过程的训练，也是一次"脱口秀"的初级体验。

第四节　播读的对象感和讲述的交流推动

播读和讲述是语言的不同表达方式，它们与播报、宣读、朗诵都属于有声语言的表达范畴，它们之间既有共同点，也有区别。其中，播读与讲述之间的差异是比较难把握的。

一、播读和讲述创作表达的共同点

播读和讲述都要求创作者具备良好的语言表达能力，能够清晰、准确地传达语言信息。语言创作者需要把握内容的节奏，使信息的传递既有张力又不失平稳。

尽管播读通常更正式，讲述可能更随意自由，但二者都强调创作者与听众之间要有主动交流的意识。

二、播读与讲述创作表达的区别

播读时，语言规整简练，流畅自如。如：播读式新闻在表达上既保留了播报式新闻的振奋、准确和简洁的特点，又保留了语言表达的自如状态，使得整个表达既正式又自然。

播读在广播电视新闻中非常常见，是广播电视新闻的代表性语言样态。播读适用于社会新闻和知识性、趣味性节目，因其播音亲切、自然，一般用声变化不大，吐字规整灵巧，使得听众能够更容易地接收和理解传者所表述的信息。

播读这种语言表达样态常见于广播电视新闻中，尤其适用于社会性、知识性、趣味性等新闻的有声语言创作。随着应用场景的多样化，播读的应用范围也日益扩大，比如广播剧、有声书等。播读时，一般用声变化不大，吐字规整灵巧，基调亲切、自然。

此外，随着人工智能技术的发展，AI 播读技术也越来越成熟，效果也越来越生动，极大地丰富了人们的文化生活。

讲述常常通过故事来传递信息或分享感情，并达到一种情感共鸣。讲述的语言风格较为口语化，多应用于小说、故事、散文等文体中。讲述者在讲述过程中往往会投入自己的情感，通过语音、语调和情感的综合运用，起到感染、打动听众的目的。

讲述艺术强调讲述者与听众之间的互动交流，语言具有丰富的感染力，讲述过程更加生动有趣。这需要讲述者具备一定的应变能力和沟通能力，讲述者自身的艺术修养也有助于充分展现自己的艺术魅力。

讲述艺术要求讲述者能够运用声音语言，生动描绘场景，刻画人物形象，让听众能够在脑海中形成具体的画面。讲述要能让听众在欣赏故事的同时，还能得到美的享受。

讲述作为一种信息传递和故事分享的方式，非常重视交流对象的感受，我们要学会通过各种方式与听众建立情感联系和互动，以达到更好的交流表达效果。

【例稿 1】

被人相信的幸福

一艘货轮在大西洋上行驶。

一个在船尾搞勤杂的黑人小孩不慎掉进了波涛滚滚的大西洋。孩子大喊救命，无奈风大浪急，船上的人谁也没有听见。

船越来越远，孩子力气也快用完，实在游不动了。"放弃吧！"他对自己说。这时候，他想起了老船长那张慈祥的脸和友善的眼神。"不，船长知道我掉进海里后，一定会来救我的！"想到这里，孩子鼓足勇气用生命最后的力量又朝前游去……

船长终于发现那黑人孩子失踪了，当他断定孩子是掉进海里后，下令返航，回去找。这时，有人规劝："这么长时间了，就是没有被淹死，也让鲨鱼吃了……"船长犹豫了一下，还是决定回去找。又有人说："为一个黑人孩子，值吗？"船长大喝一声："住嘴！"

终于，在那孩子就要沉下去的最后一刻，船长赶到了，救起了孩子。

当孩子苏醒过来后，跪在地上感谢船长的救命之恩时，船长扶起孩子问："孩子，你怎么能坚持这么长时间？"孩子回答："我知道您会来救我的，一定会的！""你怎么知道我一定会来救你的？""因为我知道您是那样的人！"

听到这里，白发苍苍的船长扑通一声跪在黑人孩子面前，泪流满面："孩子，不是我救了你，而是你救了我啊！我为我在那一刻的犹豫而感到耻辱……"

一个人能被他人相信是一种幸福。他人在绝望时想起你，相信你会给予救助，更是一种幸福！

▎课堂练习

根据问题的提示，进行记忆、叙述训练：

1. 先把这篇文章播读一遍。（要有情感）
2. 再用简洁的语言概括这个故事的主要内容。
3. 请揣摩老船长"犹豫了一下"（第四自然段）时的心理活动，并把它描述出来。
4. 本来是老船长救了孩子，可是老船长为什么说是孩子救了自己？

【例稿2】

钱学森的故事

我国著名科学家和火箭专家钱学森于1955年从美国回祖国时，在机场说出了一句万分感慨的话："我一直相信，我一定能够回到祖国的！今天，我终于回来了！"

1949年10月1日，第一面五星红旗飘扬在天安门广场上空。就在此时，钱学森心中萌发出一个强烈的愿望：早日回归祖国，用自己的专长为国家建设服务。

正当此时，朝鲜大地燃起了战争的烽火。美国正在阻挠许多旅居美国的中国人返回中国，其中就包括钱学森。当时美国海军次长丹尼·金布尔声称：钱学森无论走到哪里，都抵得上五个师的兵力。

也正因为如此，美国政府才百般阻拦。

1955年6月的一天，钱学森摆脱特务监视，在寄给比利时亲戚的信中，夹带了一封书写在香烟纸上、给全国人大常委会副委员长陈叔通的信，请求祖国帮助他早日回国。冲破美国当局阻挠回到祖国的钱学森，面对哈尔滨军事工程学院院长陈赓大将的提问"中国人能不能搞导弹"时，钱学森说："外国人能干的，中国人为什么不能干？难道中国人比外国人矮一截？！"

钱学森从此开始了中国国防的高科技研究。在酒泉发射场，钱学森和普通科技人员一样，睡帐篷、吃粗粮，组织导弹试验的测试、计算、分析、研究。在苏联突然撤走全部专家的困难条件下，他带领着中国科学家攻克了一道道难关，于1960年11月5日，成功进行了我国第一枚导弹飞行试验。几十年过去了，钱老对中国火箭、导弹技术、航天技术乃至整个国防高科技事业的奠基性贡献，为我军武器装备现代化建设写下了精彩绚丽的篇章。

> ▌**课堂练习**
>
> 根据问题的提示，进行记忆、叙述训练：
> 1. 先把这篇文章播读一遍。（要有情感）
> 2.《钱学森的故事》中的时间顺序是怎样的？
> 3. 在生活中哪些方面你会因为自己是中国人而自豪？钱学森的故事在哪些方面会让你产生自豪感？

【例稿3】

杨利伟的故事

李 智

中国太空第一人杨利伟，在"神舟五号"飞船顺利升空后对地面祖国报告说："飞船飞行正常。我感觉良好。我为祖国骄傲。"那是他对研制飞船的航天人的赞扬，也是表达对祖国的爱。

1992年夏，杨利伟所在部队来到新疆某机场执行训练任务。那天，他驾驶着战鹰在吐鲁番艾丁湖上空做超低空飞行。突然，飞机发出一声巨响，霎时间仪表显示汽缸温度骤然升高，发动机转速急剧下降！杨利伟明白，自己碰上了严重的"空中停车"故障，飞机的一个发动机不工作了！紧急关头，杨利伟异常冷静：一定要把新研制的飞机开回去！

他稳稳地握住操纵杆，慢慢地收油门，驾驶着只剩一个发动机的战机一点点往上爬升。500米、1000米、1500米，飞机越过天山山脉，向着机场飞去。快接近跑道时，剩下的一个发动机也不工作了。他果断采取应急措施放起落架，顺利地将完全失去动力的战机紧急降落在跑道上。

杨利伟是航天人的骄傲，更是我们青年人学习的榜样。当您为了理想而去奋斗的时候，当您决定为祖国奉献自己的时候，您早已经将自己的利益抛到脑后了，取而代之的，是您为祖国而奋斗的满腔热血。您的名字早已是家喻户晓了，无论谁提起您，总要竖起大拇指称赞道："好样的，航天事业的英雄，中国人民的骄傲！"千言万语成一句——谢谢您，是您给中国与航天成功之间铺上了一座坚固的桥梁。

▍课堂练习

根据问题的提示，进行记忆、叙述训练：
1. 先把这篇文章，播读一遍。（要有情感）
2. 讲述杨利伟遇到的"空中停车"及其处置过程。
3. 杨利伟的伟大之处在哪里？

现场报道是记者直达现场，把自己亲眼看到的场景和事件发生情况以及目前事态解决的状况，直观地讲述给受众的一种形式。现场报道从话语样态而言，属口语，多描述，和播读时书面、规范的话语样态差别较大。现场报道的话语样态要有现场感，让受众有身临其境的感受。

【例稿4】

（1）为加强道路交通秩序整治，从严查处酒后驾驶等交通违法行为，确保元旦期间全市道路交通安全畅通，12月24至26日，兰州市公安局交警支队出动500名交警，联合省武警总队警备司令部、甘肃省军区警备司令部，在全市范围内组织开展了"零点行动"，统一集中整治交通秩序。

当晚10时30分，城关交警大队交警在南关什字将一辆由北向南行驶的车辆拦停后，发现司机存在酒后驾驶的嫌疑，遂对其进行酒精浓度检查。10分钟后，结果显示该司机的酒精浓度为每100毫升21毫克，属于酒后驾驶违法行为。城关交警大队依法对违法车辆进行暂扣，并对驾驶员的证件予以查扣。

（2）观众朋友们，自12月12日开始，中国北京、天津、河北华北多地以及新疆等地出现大范围降雪，多条高速公路和多架次机场航班受影响。

我现在位于河北石家庄市高速路入口处。受降雪影响，全省大部分高速公路虽主路畅通，但沿线站口均关闭。承德地区高速公路仅限行7座以上客车和危险品车辆，沿线站口已放行。路面没有车辆滞留，全省高速公路未发生重大及特大交通事故和长时间、长距离拥堵，各高速交警支队均督促养护部门加紧做除雪融冰的工作。

气象专家提醒，近期华北、东北地区多雨雪天气，对交通运输会产生不利影响，相关部门应提前做好防范工作，建议出行的朋友密切关注天气，合理安排行程和出行方式，驾车的朋友应保持车距，减速慢行，注意安全。

停车时先看头顶。遇雪天应避免将车辆停放于树木或不结实的篷子、广告牌下面，以免树枝或篷顶被雪压断或被风吹断后，砸损车辆。

▌**课堂练习**

　　对比例稿4两篇文稿在话语样态上的不同，然后据此模拟一次现场报道练习。

▌**本章思考题**

1. 在口语讲述过程中要做到"言之有物"，"物"指的是什么？
2. 讲述要做到不杂乱冗长，有逻辑有条理，训练中要注意哪些问题？

第三章 情感性语言的训练

语言的情感功能很丰富。语言的艺术就在于它富有情感功能，它既可以鼓舞人的斗志，也可以渲染人的伤心悲痛，更可以煽动人的愤怒。总之，语言的情感功能，就是在一定程度上用声音激发出人的内在情感，并将之外化。

什么是情感语言？在叙述过程中，加入了个人情绪和心理感受的语言，就是情感语言。比如说，恋爱中两个人之间的语言可能只有两个人听得到，语言环境是两个人的，轻声细语，娓娓道来，虽然不张扬，但能感动彼此。公开演讲就不一样了，比如说，医生赶赴疫情严重的某城市，队伍出发前，他们宣誓的豪言壮语，同样用富有情感的语言打动着每一位即将奔赴疫情灾区的医护人员和现场的领导、家属、同事以及欢送的围观群众。地震抢险救灾后，演讲者将战士们奋勇抢救群众的事迹演讲出来，战士们舍身救人的感人场景同样能够打动台下的观众，这些都是准确地使用了情感语言，才打动了现场的每一位听众。如果说话人的语言苍白平淡，即使其内心再热血沸腾，别人听到后依然是平静如水，这就说明他的语言缺乏情感表现力。

第一节 情感集成和表达

这一节的学习目的：

第一，如何调动情感。

第二，怎么让有声语言鲜活地表达情感。

情感集成分为直接和间接两种方式。直接的情感集成就是当你遇到一件事情，这件事感染了你、打动了你，你能够感知到心里的情绪在发酵，这是一种直接的自我经验的体会。间接的情感集成是当你看到了别人的情感流露，或者读到一篇文章，文章里的人物和情绪感染了你，你的情绪随着文字里的故事一会儿悲伤，一会儿愤怒，一会儿又大笑，这说明你已经与文章的内容产生了情感共鸣，作者达到了他的目的。你跟着故事中的人物一起高兴，一起愤怒，一起悲伤，一起沉默，这就是你的情感被间接地调动起来了。整个情感调动的过程是内心积蓄的过程，也是情感集成的过程。我们要记住不同情感在内心的不同感受，比如同样是伤感，有沉默不语和失控大叫之分；同样是欢乐，有淡淡微笑和喜极而泣的差异。

一、调动情感

在练习之前，我们先来体会感受。看例稿《白色的风信子》，自己默默地在心里读，先不要出声，然后谈谈文章最感动你的地方在哪里；记住这份感动并将之讲述出来。

白色的风信子
刘继荣

天晚欲雪，好友邀我去火锅城，说满腹心事想借火锅一涮。为着不肯做母亲，她与老公已成冰火之势，欲借我这个过来人做灭火器，让我安置好女儿后速速赴约。

当初她也极力劝过我，做母亲投资风险太大。我现在却觉得她句句都是金玉良言。

幼儿园门前熙熙攘攘，我牵着女儿的手，老师踌躇着微微叹道："这孩子含羞草似的，音乐课嘴闭成一枚坚果，舞蹈课总比别人慢半拍，就连游戏时，也是独自在角落张望。"

女儿将脸藏在我的大衣里，不安地蹭来蹭去，我愈发烦躁。一出世就得到病危通知书的女儿，在这群活泼可爱的宝宝中间，不仅身高不足，性格也甚是木讷。

老师斟酌再三，又说了一件越发让我尴尬的事，女儿这些天用餐控制不住食量，常常吃到胃痛还要添饭。旁边有位家长擦肩而过，他好奇地回过头，望望女儿，脸上的表情似笑非笑。我在老师面前兀自强撑着微笑，心里却暴躁得想找谁大吵一架。

头晕目眩地到了家，一摊泥般软在床上。女儿推开门，期期艾艾地要我教她什么，我极力克制着恼怒，闭上眼睛不去理睬她。可不一会儿，我刚昏昏欲睡，门又发出刺耳的吱呀声，她的脑袋在门边闪闪缩缩，心力交瘁的我终于爆发了，狂怒地指着她喊叫："滚出去，我不想见到你！"

女儿惊骇地缩到墙角，过了好一会儿，才瑟瑟发抖地问："妈妈，一个人杀了自己的手,她会死吗?"我气急败坏地将她藏在背后的手拉出来,头立刻嗡嗡作响,那么多血,那么深的口子!连淘气都笨得险些杀了自己,老天啊,你到底给了我一个什么样的孩子啊!

我们跌跌撞撞地往医院走。雪大起来,女儿没有哭也没有要我抱,一声不响地在我身后紧追慢赶,看来她也知道自己闯了大祸。

好心的医生责备着我的疏忽,说伤口太深缝合后要输液,而且可能会留下永久性的疤痕。女儿默默听着,将瘦小的脸深深埋在膝间,长久地不肯抬起来。

打上点滴后,女儿在病床上睡了,方想起好友之约,急急回电说明原因,电话那头,她幽幽地说:"看来不要孩子是对的,太难了。"

一句话触痛我所有的暗伤,泪猛然间决堤。这些年丈夫远在外地,我独自在病弱幼女和烦琐工作间奔走,当初我认为孩子是上天赠送我的最好礼物,现在才知道,这礼物有那么多叫人承受不起的附加品。

接着电话,忍不住向好友倾诉自己的委屈与懊恼,说到下午那位家长好奇的表情时,我已是泣不成声。好友连连劝我,说千万不能让孩子听到这些话。

到家已经很晚,一进门就听见电话铃响。女儿的老师说,她今晚一直在给我打电话,如果打不通她会内疚得连觉也睡不着的。

原来,那位听到我们谈话的家长去找了她。他说他的孩子和我女儿最要好,那孩子告诉爸爸,好朋友拼命吃那么多饭,不是傻,也不是贪吃,是因为她妈妈工作很辛苦,她要吃得饱饱的就不会老是生病,就会快快长高长聪明,会给妈妈做饭,帮妈妈拖地,妈妈就不会再烦了。

说着说着,老师忽然哽咽了,她低声说道:"您的孩子还说,妈妈最爱吃苹果,她一定要学会削苹果。"

我的心痉挛着,电光火石间忽然明白,她第一次进来,是想让我教她削苹果,我却没有理睬她,她把自己伤得那么重,只是试图学着为我削一只苹果!

放下电话,我来到女儿的房间,她居然换上了夏天才穿的公主裙,默默地站在红地毯上,似一个小雪人,仿佛太阳一出即会融化。一见我,她眼里闪过浓浓的歉疚,一下子,我的鼻子酸起来。她喃喃地说:"妈妈别哭,我给你跳舞,跳我刚刚学会的《风信子开了》。"

我发现她右脚的袜子有些异样,她说,袜子破了一个洞,昨天脱掉鞋子进舞蹈教室时,有小朋友笑她露出的大脚趾,她便自己拿针线来缝,缝好以后却成了一个小包。

我蹲下来,摸着那个疙瘩,硬硬地硌着手,也硌着我的心。她的脚被磨了一整天,我却不知道。她只有4岁半,怕妈妈会烦,自己苦苦琢磨着,竟然补上了这个破洞，做妈妈的却嫌弃她笨！

她轻轻唱着，缓缓摆动手臂。她举在头顶的左手，还缠着厚厚的绷带，女儿如同一个小小的勇敢的伤兵，在这个大雪纷飞的夜晚，终于将自己开成了一朵比雪还洁白的风信子。

"风信子"低声说："妈妈，小朋友都笑我开得太慢了，还有人说我是白痴。"我一震，心被烫了似的猛地一缩。

她顿了一下，静静地说："舞蹈老师告诉大家，我不是白痴，我是白色的风信子，很安静很怕羞，比紫色、蓝色和红色的风信子要开得慢一些，可等到开好了会最美。"

全世界的雪似乎都在瞬间融化了，我的脸上溢过暖暖的柔波。我俯下身子，抱住她柔软的小身体，抱住漫漫红尘里离我最近的温暖。

我的心里此刻是从来没有过的安然与甜蜜，我想告诉全世界的人："请允许白色的风信子害羞吧，因为，风雪再大，受伤再深，她都会尽全力为你开一朵最美的花。"

明天，我将告诉我的好朋友，拥有任何一朵风信子都是一件幸运的事。

从这篇文章中，你能理解这位妈妈的感受吗？你能体会到小姑娘的可爱和委屈吗？你能感悟到成人与孩子之间的距离和误解吗？不管你是男性还是女性，你能体会到这位母亲的不易吗？你能够在心疼小姑娘的同时，对这位年轻母亲的焦虑和担心也感同身受吗？如果这些你都能够体会得到，说明你是一个懂感情并能够共情的人。

二、再现情感

怎么用有声语言表达出你所感受到的情绪？用什么样的声音形式表达出来，也就是如何准确地用声音外化出来呢？我们要调动我们原本就拥有的直接情感经验，嫁接到文字稿提供给我们的并且已经被我们感受到的情感中去，用我们自己的声音将其表达出来。

我们先从"啊"入手。当"啊"作为感叹词时，将其放在不同的语境中，看看它都有哪些变化。

在不同的语境中，"啊"所体现的感情、情绪有所不同，它的读音也有所不同。读阴平时，常表示惊异、赞叹；读阳平时，常表示追问；读上声时，表示惊疑；读去声时，表示应诺。例如：

啊，这花真美呀！（读音 ā，表示赞叹）

啊，我这才明白过来！（读音 ā，表示醒悟，音较长）

啊，这是怎么回事？（读音 á，表示追问）

啊，你说什么？（读音 ǎ，表示疑问）

啊，好吧！（读音 à，表示应诺，音较短）

> ■ **课堂练习**
>
> 1.用不同的感情色彩来表达"啊，你来啦"。
>
> 2.扮演不同的角色（同学、家长、老师或者路人）进行以下表达，要反映出不同的情绪和心理状态。
>
> 啊，你还敢在课堂上玩手机？
>
> 啊，你真好！

"啊"除了出现在句首外，也可以作为助词出现在句尾，表示某种语气。语气助词"啊"在语流中会发生音变。其语流音变规律如下：

前面音节的末尾音素是 a、o、e、i、ü、ê 的，读作"呀"（ya）。

快去找他啊！

你去说啊！

今天好热啊！

你可要拿定主意啊！

我来买些鱼啊！

前面音节的末尾音素是 u（包括 ao、iao）的，读作"哇"（wa）。

你在哪里住啊？

他人挺好啊！

口气可真不小啊！

前面音节的末尾音素是 -n 的，读作"哪"（na）。

早晨的空气多清新啊！

多好的人啊！

你猜得真准啊！

前面音节的末尾音素是 -ng 的,读作"啊"(nga)。

这幅图真漂亮啊!
注意听啊!
最近太忙啊!

前面音节的末尾音素是的 -i(前)的,读作"啊"(za)。

写字啊　　宋词啊　　吐丝啊

前面音节的末尾音素是的 -i(后)的,读作"啊"(ra)。

纸啊　　吃啊　　是啊

以上"啊"的各种变化,让人深刻体会到,语言是生动变化的,不是刻板苍白的。只有把生活中生动的语言调动起来并加以运用,我们的有声语言表达才会变得鲜活、有生命力。

接下来,我们用影视剧中的一些经典片段,来体会人类情感的酸甜苦辣。练习方法:先自己揣摩,如果你是剧中人物,会怎样表达;观看相关影视剧,观摩演员是怎样表达的;关闭影视剧声音,自己为影视剧人物配音。

赵氏孤儿案(片段)

屠岸贾:(遗憾地抬头)先生这葫芦里装的是酒吗?

程　婴:是酒。

屠岸贾:好,老夫没想到在这儿还能和先生对酌。那就让老夫,好好给先生赔罪吧。

程　婴:此酒,乃雪片之酒,天下奇毒,大人不能饮。

屠岸贾:(苦涩地笑)先生想得真周全,怕我身首异处吗?不管这酒是你送给谁的,这是上天注定,是留给老夫的。

程　婴:这酒程婴绝不与大人。

屠岸贾:程先生,你我相交十九年了,你不能让老夫有尊严地死去吗?

程　婴:十几年了。(叹息)这一十九年,程婴在大人府中,每日临睡之前,每日醒来之后,这眼前总浮现一个画面。大人记得,就是十九年前的那个晚上,楼台之下,刀枪林立,那满城的婴儿,引颈待戮。在楼台之上,大人逼程婴,与亲生的骨血分离。吸一口气,是我儿的体香;低头看上一眼,是我儿的笑脸。大人,在那一晚,你可曾想过,我程婴父子的尊严?在那一晚上,大人你可曾想过,那些被你下令屠杀的孩子的尊严?

屠岸贾：（沉默、无语）……

程　婴：那一晚过后，那些孩子的父母，投河的投河，悬梁的悬梁，（泪下）大人，他们可该有尊严哪？大人，容程婴如实相告，这一十九年，程婴无一刻与大人为友。（突然爆发）我骂你这害人的奸贼，程婴生不与你同路，死绝不与你同归，就算这一壶毒酒，是我程婴的尊严，不是你的尊严。你的尊严，回头，在这回头受审的路上。

走着瞧（片段）

行，你行，你还真行。我都有点佩服你了。

你做的这一切，每一件事都出乎我的意料，事后你还没事似的。你的目的是什么啊？你的目的，就是要置我于死地而后快，对吗，嗯？但是，但是每一次我都挺过来了。我历经磨难，我依然站在你的面前！看着我，看着我！

头一回，你弄倒牲口棚，幸亏我命大，我掉进井里，我逃过一劫；二一回，二一回你用大粪浇我，你让我恶心，你害得我一个月都不敢看绿色，可是现在呢？我不怕了，我粉碎了你的阴谋；三一回，三一回你让我和彩凤，在那样一种特殊的环境下当众出丑，你让全村人耻笑我们。人彩凤是一姑娘啊，你有什么坏你冲我使呀，啊，你干吗要捎带着她啊？你缺德不缺德，你这是在犯罪啊！

树欲静而风不止，我知道，我知道你做这一切是为了你哥。在你哥这事之后，我本想息事宁人，可你呢，可你就是不肯放过我，为什么？我跟你哪儿来那么大仇啊？啊，我问你呢！你觉得是我要杀你哥对吗？嗯？我现在告诉你，我也是被逼的！是大莲让我杀你哥！

我替你哥求过情，没用！你知道你哥临死之前我跟它说什么吗？啊，我跟它说，我用铡刀杀它，是为了让它死得痛快！多仁义呀！你知道吗？你不知道，你哥知道！

我再说说你那哥，你那哥也不是什么好东西！成天骄奢淫逸，无所作为，冒充皇帝，以配种为生，那姑娘换的，一年一拨，一年一拨啊，自己有多少儿子它都不知道！这就是你那哥！什么东西！

我原来以为你就是一头驴，可是后来我发现你不是一头驴，但是现在我一看你还是一头驴！你把你那驴眼睁开看看，这些东西哪个不能要了你的驴命！啊，我告诉你，你在我头上撒尿、拉屎、拉稀，我都认，但是你不能拉痢疾呀！

这传染啊！

一会儿你见了你那哥，你跟它说说！让它评评理！

人民的名义（片段）

第41集，李达康在"懒政干部学习班"上的精彩独白——

都到齐了，现在开会。

孙连城同志，把头抬起来。

今天在座的各位都是从各区县、各岗位当中集合到一起的，是有原因的，什么原因大家心里都清楚啊。懒政不作为！白吃干饭！说句不好听的话，在座的各位是我市干部当中的残次品！

我在这里并不是说有意地诬陷某位同志，我说的是一个让人心痛的现实！

这个事实谁造成的？在座的各位！你们完全忘记了入党的宣誓，忘记了党和人民对你们的重托！

你们觉得，不升了，都无所谓了。以集体决策为由头，在工作当中相互推诿、扯皮、不作为！躺在自己以前的功劳簿上，就等着定点儿下课了是吗？

我告诉大家，党跟人民有所谓呀！党跟人民决不允许你们浪费一个国家伟大复兴的大好时机跟时间！

别以为自己了不起，缺了谁地球都转，今天在座的各位，离开了以前的工作岗位，集合起来在这里学习党章，学习为人民服务的宗旨。知道老百姓怎么说吗？老百姓说苍天有眼哪，让你们各位下岗是老百姓的福分！

今天是回炉班开课的第一天，我说了一些不中听的话，也许有些同志接受不了，接受不了怎么办？可以提出辞职！我已经要我们的组织部长赶到现场。哪位同志提出辞职，我现场办公！

有辞职的吗？可以站出来！

看来没有，看来各位同志还是希望接受组织的再教育，还是想为人民群众做一些实事。我非常欢迎，我感谢大家！

不过我要说明一点，既然是组织部门召回的残次品，在重新聘用上，要重新考量。

我今天代表市委来说明一下……

对于某些干部，我们要做到人尽其才。今天在座的各位有些不是太熟悉啊，我给大家介绍一下，他就是光明区的区长孙连城，请大家回头看一眼。

这位同志最大的特点，喜欢看星星！我倒觉得啊，他可以到我们的市少年宫担任一个校外辅导员啊，每天可以带着我们的孩子去看星星，仰望星空啊！

我查了一下，市少年宫辅导员是什么级别啊？没有级别。普通的干部，和孙连城正好对口啊！

（参看网址：https://iuys.cc/vodplay/37194-1-41.html）

那年花开月正圆（片段）

第55集，周莹在酒宴上说完祝酒词以后，独自来到吴家祠堂，她要跟已经去世的丈夫和公公说说心里话——

爹、吴聘，这快过年了，我来给你们点上长明的油灯了！吴聘，外面的笑声都听到了吧？爹，没有吵到你吧？吴聘，你还记得不，当年我们商量过，要将吴家东院发扬光大，要将东院的生意做到那张地图上的各个角落去。现在你听好了，今年我们赚了四百万两银子！东院算是发扬光大啦！你和爹一定都很高兴吧？所有人都高兴！唉，只是我……吴聘，自从你走以后，所有的快乐都是转瞬即逝。而不快乐，却是那么地长久，难以消散……就好比现在，我虽然卖了很多很多的货，也赚了很多很多的钱，可我……就是快乐不起来……（哭，转为无奈的笑）

（参看网址：https://v.qq.com/x/cover/jzhtr2cgy35ejz0/p0024yu7sgd.html）

延禧攻略（片段）

片段1，第40集，富察皇后跳楼前内心独白——

我这一生，犯了无数的错。

生在富察家，天性不爱拘束，偏偏嫁入皇室，成为大清皇后，此为一错。

成了六宫典范，从了体统规矩，依旧留恋过去，大梦不醒，此为一错。

失了真正的自己，做了牵线木偶，却贪恋儿女情长，期望得到皇上的爱，此为一错。

生下永琏、永琮，却根本无力保护，以致痛失爱子，实在枉为人母，此为一错。

天家本就无情，礼教森严不可逾越，却妄想着君王有情，全不知人心险恶、天道残忍！一而再再而三地遭到背叛，一步错，步步错！皇上，你说得对，我不是一个好皇后。

对不起，璎珞，答应要等你回宫，可惜，我等不到了。不过，你要为我高兴，从今以后，我不再做皇后了，只做富察·容音。我，只是富察·容音！

片段2，第70集，继后台词——

爱你的人你不珍惜，不爱你的人你视若珍宝，弘历你是个傻子。不，我才是傻子。我，是全天下最傻最蠢的女人。

皇上，孝贤皇后爱你，更爱自由；高贵妃爱你，更爱高家；纯妃心里从来就没有你，至于其他人，满眼都是龙袍和荣华富贵。只有我，全紫禁城只有我，最爱你的人分明只有我！

（皇上：靠一封密函，便轻易调来了杭州军备，你还敢说对朕一心一意？）

不光是杭州军备，这一路行来的江南官员好多都已经成了傀儡。自阿玛去世之后，我明白权力有多重要。多年来，我派人搜集了无数王公大臣、文武官员的秘密，有人贪墨，有人渎职，有人犯禁，所以他们都怕我、惧我，却不得不服从我，有朝一日皇上驾崩，我便是第二个孝庄文皇后。

（太后：我这是大逆不道啊！后宫不能干政！）

我是为了保护我自己！（对皇上）我有一百个一千个机会杀了你，日日夜夜那个声音都在跟我说，动手，动手啊！但是我做不到，我的心，我的感情没有办法容忍，我不可以伤害我的丈夫，我不可以伤害我爱的人，我不可以伤害你。（皇上：放下匕首！）你以为我会伤害她吗？我最恨的人不是她，而是你，爱新觉罗·弘历，我好恨你，恨你。

（参看网址：https://www.iqiyi.com/w_19s0wo26ml.html）

康熙王朝（片段）

当朝大学士统共有五位，朕不得不罢免四位。六部尚书朕不得不罢免三位。

看看这七个人吧！哪个不是两鬓斑白？哪个不是朝廷的栋梁？哪个不是朕的儿女亲家？

他们烂了，朕的心要碎了，祖宗把江山交到朕的手里，却搞成了这个样子。朕是痛心疾首！朕有罪于国家！愧对祖宗！愧对天地！朕恨不得自己罢免了自己！

还有你们，虽然个个冠冕堂皇站在干岸上，你们就那么干净吗？朕知道，你们有的人比这七个人更腐败！朕劝你们一句，都把自己的心肺肠子翻出来，晒一晒，洗一洗，拾掇拾掇。

朕刚即位的时候以为朝廷最大的敌人是鳌拜。灭了鳌拜，以为最大的敌人是吴三桂。朕，平了吴三桂，台湾又成了大清的心头之患。朕，收了台湾，葛尔丹又成了大清的心头之患。

朕现在是越来越清楚了，大清的心头之患不在外面，而是在朝廷，就在这乾清宫！就在朕的骨肉皇子和大臣们当中！咱们这儿烂一点，大清国就烂一片！你们要是全烂了，大清各地就会揭竿而起，让咱们死无葬身之地呀！

想想吧！崇祯皇帝朱由检吊死在煤山上才几年呢？忘啦？！那棵老歪脖子树还站在皇宫后边，天天地盯着你们哪！

朕已经三天三夜没有合眼了，老想着和大伙说些什么，可是话总得有个头哇。想来想去，只有四个字。这四个字说说容易呀，身体力行又何其难？这四个字，朕是从心里刨出来的，从血海里挖出来的！

记着，从今日起，此殿改为正大光明殿。

（参看网址：https://v.qq.com/x/page/r039813r4zk.html）

爷们儿（片段）

爸，你知道我在法庭上叫一声"爸爸"有多难吗？你在我心里就像法庭一样庄严、神圣。

可是有一天有个人告诉我，说是你利用修车骗保犯罪，你知道我听了心里有多么崩溃吗？从小到大我跟爸爸的感情都很好，我也一直渴望有一个妈妈的疼爱。从我记事那天起，我的马添妈妈教会我说话、写字，陈丽妈妈带我走过了人生中最美好的时光。我一直都认为她们是我的亲生妈妈，可是她们一个一个都在我的眼前消失了。

我曾经羡慕过其他同学的家庭，我也一直幻想，我每天早晨醒来可以看到爸爸妈妈，我们全家人可以一起吃饭、一起聊天儿，过着最最简单却很平凡的生活，可是我的亲生父母他们不在一起，他们都有各自的生活，他们也在寻找那份属于自己的幸福。

爸，你知道吗？其实我有很多话想跟你说，可是你总是忙，我每当回到家看到你一倒床就睡着的样子，我真的不忍心开口。今天，我就是告我爸没有尽到一个当父亲的责任，我希望你以后不要那么操劳，我希望你多点儿时间陪陪我。这么多年来，你是我唯一的依靠。

爸爸，我爱你！

（参看网址：https://www.iqiyi.com/v_19rxhyd7s8.html?iqiyi=o）

第二节　真情实感的生成

在有声语言表达过程中，真情实感怎么生成？先举个例子。在以往的播音与主持艺术专业训练当中，按照传统的教学方式，学生们会先尝试选择一些名人的文章进行练习，比如高尔基的《海燕》、茅盾的《白杨礼赞》、朱自清的《春》《荷塘夜色》《背影》、冰心的《小橘灯》、史铁生的《秋天的怀念》等。学生们似乎比较容易掌握抒情散文的表达，但遇到叙事中夹杂着情感的文章时，大家就难以做到情感的准确转换。尤其是《秋天的怀念》和《背影》，其中《背影》最不容易表达出效果。《秋天的怀念》是当代文学，用词用语与我们的生活比较接近。另外，它又是写母亲的，生活中，母亲的形象大都体贴入微，经常围绕在儿女的身边；在儿女的成长过程中，母亲的关怀来得更直接且无处不在。因此读了《秋天的怀念》这篇文章之后，有一股母爱的暖流环绕在读者心里，读者很容易回想起自己被母亲爱护的美好记忆，产生想要弥补母亲的愧疚心理，这份感情正是指引我们朗读好这篇文章的基础。而朱自清的《背影》就要难上许多。首先，文章写于20世纪20年代，当时的中国正处于军阀割据、知识分子朝不保夕、广大劳动人民生活困苦的年代。叶圣陶曾说："这篇文章通体干净，没有多余的话，没有多余的字眼，即使一个'的'字、一个'了'字，也是必须用才用。"①朱自清遣词造句非常讲究，对于当下的年轻人来说，这样的表达方式他们似乎不太习惯，这也是这篇文章之所以为名篇的原因之一，也是我们口语表达的难点之一。其次，父亲，在我们的人生成长过程中，通常不会像母亲一样无微不至；中国的传统教育又是"慈母严父"，有人甚至形容说父亲就是悬在头上的一把剑。怎样捕捉"外表威严内心慈爱"的人物形象，对很多人来说有些难度，尤其是男生，与父亲谈哲学、谈历史、谈时政、谈体育都可以，唯独很少涉及"情感"。最后，《背影》这篇文章，文字朴实，不刻意渲染。在有声语言表达过程中，我们要避免"冷锅里冒热气"，必须有内心体会。

我们以《秋天的怀念》和《背影》两篇文章来进行内在情感的训练。训练中，我们一定要发自内心地捕捉到作者对于父母的那份源自血脉的真情实感，找到记忆中自己与父母亲不可磨灭的那份感情，继而用有声语言把它们表达出来。《秋天的怀念》表面上看似平静，却饱含深沉热烈的情感。全文没有直抒胸臆，却通过平常的生活细节描写，用质朴的语言直击人们的内心。全文没有一个字提到"妈妈爱我""母爱伟大""我内心对妈妈的愧疚"，但字里行间流露出的是浓得化不开的怀念。我们在表达时要注意把握情感的调动，以情动人。

秋天的怀念

史铁生

　　双腿瘫痪后，我的脾气变得暴怒无常。望着望着天上北归的雁阵，我会突然把面前的玻璃砸碎；听着听着李谷一甜美的歌声，我会猛地把手边的东西摔向四周的墙壁。母亲就会悄悄地躲出去，在我看不见的地方偷偷地听着我的动静。当一切恢复沉寂，她又悄悄地进来，眼边红红的，看着我。"听说北海的花儿都开了，我推着你去走走。"她总是这么说。母亲喜欢花，可自从我的腿瘫痪以后，她侍弄的那些花都死了。"不，我不去！"我狠命地捶打这两条可恨的腿，喊着，"我可活什么劲儿！"母亲扑过来抓住我的手，忍住哭声说："咱娘儿俩在一块儿，好好儿活，好好儿活……"

　　可我却一直都不知道，她的病已经到了那步田地。后来妹妹告诉我，她常常肝

---

① 叶圣陶.文章例话：好文章究竟好在哪里[M].北京：开明出版社，2021：7.

疼得整宿整宿翻来覆去地睡不了觉。

那天我又独自坐在屋里，看着窗外的树叶"唰唰啦啦"地飘落。母亲进来了，挡在窗前："北海的菊花开了，我推着你去看看吧。"她憔悴的脸上现出央求般的神色。"什么时候？""你要是愿意，就明天？"她说。我的回答已经让她喜出望外了。"好吧，就明天。"我说。她高兴得一会坐下，一会站起："那就赶紧准备准备。""哎呀，烦不烦？几步路，有什么好准备的！"她也笑了，坐在我身边，絮絮叨叨地说着："看完菊花，咱们就去'仿膳'，你小时候最爱吃那儿的豌豆黄儿。还记得那回我带你去北海吗？你偏说那杨树花是毛毛虫，跑着，一脚踩扁一个……"她忽然不说了。对于"跑"和"踩"一类的字眼儿，她比我还敏感。她又悄悄地出去了。

她出去了，就再也没回来。

邻居们把她抬上车时，她还在大口大口地吐着鲜血。我没想到她已经病成那样。看着三轮车远去，也绝没有想到那竟是永远的诀别。

邻居的小伙子背着我去看她的时候，她正艰难地呼吸着，像她那一生艰难的生活。别人告诉我，她昏迷前的最后一句是："我那个有病的儿子和我那还未成年的女儿……"

又是秋天，妹妹推着我去北海看菊花。黄色的花淡雅，白色的花高洁，紫红色的花热烈而深沉，泼泼洒洒，秋风中正开得烂漫。我懂得母亲没有说完的话。妹妹也懂。我俩在一块儿，要好好儿活……

《背影》是朱自清的一篇经典散文，它用细腻的笔触描绘了作者对父亲深沉情感的回忆。文章的结构散淡，从开头的背景铺垫到细节的描写，再到最后的回顾父亲的那一封家书，每一步都紧扣中国传统父爱的主线，使得情感一步步推进、深化，展现出作者娴熟简练的写作风格。

朱自清的《背影》通过描写父亲送行的场景，特别是父亲买橘子时攀爬月台的背影，深刻表达了父亲对儿子的真挚感情，同时也传递出儿子对父亲的行为包含着淡淡的"怨"，比如"我心里暗笑他的迂"。这个背影一直在传递着父爱和关怀，但全文中没有一个"爱"字，这就是中国的传统父亲，它象征着父爱的深沉与伟大。朱自清用"背影"作为题目，突显出了背影的意义，这也是演播者在创作过程中尤其要突出表现的地方。作者在描述父亲的背影时，采用了细致的动作描写，如"他用两手攀着上面，两脚再向上缩；他肥胖的身子向左微倾，显出努力的样子"，这些动作和体态描写都生动地体现了父亲对儿子的爱和关怀，演播者在创作时要注意强加文章的感染力。可以说，朱自清不仅描述了自己看到父亲背影时的直接情感反应——"我的泪很快地流下来了"，还通过回顾父亲的境遇和父子关系，加深了情感的层次。通过对背影的描写，作者传达了对父亲深深的思念和对父爱的独特理解。这种情感不仅仅是作者个人的感受，也是中国父亲的写照，具有普遍意义。演播者要从自己对父亲或亲人的爱中，提炼情感，在有声语言表达创作中，使语言情感与听众产生共鸣。

《背影》中有些语句十分生动精彩，这就给予我们演播创作者很大的表达空间来实现文章的感染力。如"我买几个橘子去。你就在此地，不要走动。""在晶莹的泪光中，又看见那肥胖的、青布棉袍、黑布马褂的背影。""我走了，到那边来信！""进去吧，里边没人。""我便进来坐下，我的眼泪又来了。""我身体平安，唯膀子疼痛厉害，举箸提笔，诸多不便，大约大去之期不远矣。"这样的描述既具有视觉的清晰度，又带有情感的温度，使得整个场景跃然纸上。演播者在创作过程中特别要揣摩这些语句，把握语气的情感分寸，以达到传情达意的最佳效果。

总之，朱自清的《背影》不仅是一篇描写父亲的文章，也是中国人传统教育中父子感情的流露和传递。通过对父亲背影的描写，通过平实朴素的语言，文章传达了中国人对于父爱如山的深沉情感。

在有声语言创作过程中，我们要特别注意：在生活中，人们关注母爱的成分较多，而关注父爱相对较少，因此描述父爱的表达时，情感把握难度更大一些。父亲有伟岸、担当、硬朗、深沉的一面，母爱有关怀、温柔、脆弱、细腻的一面，二者之间的表达是有明显区别的，分寸把握十分重要。

背　影
朱自清

　　我与父亲不相见已二年余了，我最不能忘记的是他的背影。那年冬天，祖母死了，父亲的差使也交卸了，正是祸不单行的日子。我从北京到徐州，打算跟着父亲奔丧回家。到徐州见着父亲，看见满院狼藉的东西，又想起祖母，不禁簌簌地流下眼泪。父亲说："事已如此，不必难过，好在天无绝人之路！"

　　回家变卖典质，父亲还了亏空；又借钱办了丧事。这些日子，家中光景很是惨淡，一半为了丧事，一半为了父亲赋闲。丧事完毕，父亲要到南京谋事，我也要回北京念书，我们便同行。

　　到南京时，有朋友约去游逛，勾留了一日。第二日上午便须渡江到浦口，下午上车北去。父亲因为事忙，本已说定不送我，叫旅馆里一个熟识的茶房陪我同去。他再三嘱咐茶房，甚是仔细。但他终于不放心，怕茶房不妥帖，颇踌躇了一会。其实我那年已二十岁，北京已来往过两三次，是没有什么要紧的了。他踌躇了一会儿，终于决定还是自己送我去。我两三回劝他不必去，他只说："不要紧，他们去不好！"

我们过了江，进了车站。我买票，他忙着照看行李，行李太多了，得向脚夫行些小费，才可过去。他便又忙着和他们讲价钱。我那时真是聪明过分，总觉他说话不大漂亮，非自己插嘴不可。但他终于讲定了价钱，就送我上车。他给我拣定了靠车门的一张椅子，我将他给我做的紫毛大衣铺好座位。他嘱我路上小心，夜里要警醒些，不要受凉；又嘱托茶房好好照应我。我心里暗笑他的迂；他们只认得钱，托他们只是白托！而且我这样大年纪的人，难道还不能料理自己么？唉，我现在想想，那时真是太聪明了！

我说道："爸爸，你走吧。"他望车外看了看，说："我买几个橘子去。你就在此地，不要走动。"我看那边月台的栅栏外有几个卖东西的等着顾客。走到那边月台，须穿过铁道，须跳下去又爬上去。父亲是一个胖子，走过去自然要费事些。我本来要去的，他不肯，只好让他去。我看见他戴着黑布小帽，穿着黑布大马褂，深青布棉袍，蹒跚地走到铁道边，慢慢探身下去，尚不大难。可是他穿过铁道，要爬上那边月台，就不容易了。他用两手攀着上面，两脚再向上缩；他肥胖的身子向左微倾，显出努力的样子。这时我看见他的背影，我的泪很快地流下来了。我赶紧拭干了泪，怕他看见，也怕别人看见。我再向外看时，他已抱了朱红的橘子往回走了。过铁道时，他先将橘子散放在地上，自己慢慢爬下，再抱起橘子走。到这边时，我赶紧去搀他。他和我走到车上，将橘子一股脑儿放在我的皮大衣上。于是扑扑身上的泥土，心里很轻松似的，过一会说："我走了，到那边来信！"我望着他走出去。他走了几步，回头看见我，说："进去吧，里边没人。"等他的背影混入来来往往的人里，再找不着了，我便进来坐下，我的眼泪又来了。

近几年来，父亲和我都是东奔西走，家中光景是一日不如一日。他少年出外谋生，独力支持，做了许多大事。哪知老境却如此颓唐！他触目伤怀，自然情不能自已。情郁于中，自然要发之于外，家庭琐屑便往往触他之怒，他待我渐渐不同往日。但最近两年的不见，他终于忘却我的不好，只是惦记着我，惦记着我的儿子。我北来后，他写了一信给我，信中说道："我身体平安，唯膀子疼痛厉害，举箸提笔，诸多不便，大约大去之期不远矣。"我读到此处，在晶莹的泪光中，又看见那肥胖的、青布棉袍、黑布马褂的背影。唉！我不知何时再能与他相见！

第三节　情感如何萃取

前面我们学习了如何讲述我们身边最熟悉的亲人的故事，也体验了真情实感是如何由心到脑再用口表达生成的。我们如何提取这份感情呢？如何精炼地提取口语词语，表达内心想要传递的情感，不是想说到哪里就说到哪里，而是精确简练地表达呢？最开始我们进行叙述性语言训练的时候，曾说过有些人说话前言不搭后语、废话连篇、结结巴巴、词汇量少，这样的口语不可能成为有感情的、能打动他人的话语，甚至都不能让听者集中注意力听下去。所以，情感的萃取是要靠我们动笔练习的。

这一节，我们鼓励大家动脑动手，写首诗。有的学生会说"我不会写诗""我从来没写过诗"，我们不妨就来当一回诗人，强迫自己写一首诗歌。大家可以写生活中记忆特别深的一件小事，写完后我们可以朗读自己的诗并向他人讲述自己的故事。

这里给大家举一个例子。有一个学员，已经是成年人了，在语言训练课堂上接受这个作业之后，经过思考，他整理萃取了一个在他记忆里很久远的故事，讲述给大家听。故事如下：

我对麦芽糖有一种特殊的感情。小的时候听到村子口叫卖麦芽糖的声音，我就管妈妈要一毛钱，跑出去找到卖麦芽糖的老伯，一毛钱可以用小木棍挑起一大块麦芽糖。这天，"麦芽糖！麦芽糖！"的叫卖声从远处传来，但妈妈没有给我钱，我不可能买麦芽糖了。可我还是禁不住跑出来，随手捡了个小树棍，跑到麦芽糖老伯的挑担前，把树棍递给老伯，"我买麦芽糖！"老伯犹豫了一下，接过树棍儿，给了我麦芽糖。我得意地连谢谢都没说，举着麦芽糖就走了。心里还在想"老伯真傻，树棍儿他也要呀？！"从那以后，这件事一直装在我的心里，自己也知道树棍儿是不值钱的，是换不来麦芽糖的。长大以后，我时常会想起这件事，"麦芽糖"一直折磨着自己，尤其当我自己成为父亲以后，才更加体会到那位老伯的善良。那个年代，一个男人挑着担子去卖糖挣钱，养活一家人，父母亲要吃饭，儿女要上学，原本就拮据的生活，他怎么能够做到不恼不怒地送给别人的孩子一块麦芽糖呢？现在每当听到麦芽糖的叫卖声，我都会停下脚步，看一眼卖麦芽糖的人，不管他是男是女，是老还是少，我都会送上甜美的微笑，算是对当年那位老伯的回报；同时也在微笑中告诉自己，要做一个像麦芽糖老伯那样有爱心、懂得关爱别人的人。这件小事影响了我的一生。

这个故事讲得非常感人，课堂上很多学员都被他所讲的情节打动。我们每个人都有类似的故事沉寂在心底，从来没有被开启过。请你寻找你内心深处的某个感人故事，有描述、有议论地讲述给大家听，或者根据某事写一首现代诗，一段记忆、一段往事、一次雨天的惆怅、一次美好的相聚都可以成为诗歌的内容。写诗最重要的就是精练，每一个字、每一个词要千锤百炼。下面是我在给大三学生上课时，对他们提出要求后，他们完成的作业。学生们都是第一次写诗，细细品来还颇有点味道，供大家参考。

青 春
龙薪仪

同窗同房同光景
异乡异地异跻躇
仍是他乡客
云海天涯两渺茫
尚未佩妥剑
转眼便江湖
人生难得是欢聚，唯有别离多
往事随烟，旧梦犹延
莫忘笑语欢歌日，青春处，少年时

春 光
龙薪仪

你要做一个不动声色的大人了
不准情绪化，不准偷偷想念，不准回头看
去过自己另外的生活

删掉快递的默认地址
放下再也不会拿起的饭卡
望向窗外
颜色浓郁的芒果树
被剪断的吊餐绳
还有那嘈杂的除草声
都是我所熟悉的
只有写简历的时候
才能把自己
在大学什么都没干的事实
赤裸裸地揭穿

大多数人的青春

可能没有打架、早恋、失恋悲壮
光是影院门厅那片刻的迷离
都足够回味一生

愿我们不悲离殇
春光逝过还是从前

陪 伴
王浩楠

如是一阵清风
轻袭过你的背影
留下的
是不痛不痒的问候

如是一缕阳光
照在斑驳的树杈
模糊的
是许久未见的笑容

如是一捧清泉
流淌在你我心间
看到的
是回头人无声的陪伴

光之城
王樱璇

夜深了,
霓虹灯像一群跳舞的精灵,
两旁街道的橱窗也格外明亮。

橱窗里一位猫先生拉着一把小提琴,
神情专注又不失优雅。
你听!
小提琴的音符跳出了橱窗,
游进了塞纳河,穿过了凯旋门,
抚摸过埃菲尔铁塔,

在香榭丽舍大街上散步，

围绕着这座光之城，
它们听到了盛夏的蝉鸣，
同样闻到了森林在阳光下蒸腾的芬芳。

想

黄田湉

寂静的冬夜
外头静悄悄
没有窸窸窣窣的蟋蟀
更没有失落的浪子在街头游荡
只遗落几点星光

灯光的昏黄
慵懒地躺在日记本上
闯进时光的隧道
任由记忆在脑海里疯长

岁月在麻石条上长高
英勇的仙人掌守护着低矮的篱墙
银铃般的笑留在了外婆桥
留在了咯吱响的木楼梯旁
总幻想着小阁楼上有未知奇妙的宝藏

黑猫警长在放哨
芭比娃娃优雅地立在橱窗
听见琴声悠扬、书声琅琅
红领巾校卡时常忘带
可值日生的红袖章一定得
四处炫耀

老师敲着黑板念念叨叨
我却偷偷摸摸地传递纸条
要么托着脑袋只想奔向操场
总感慨时间过得太慢

得把时针拨快
课间和同学聊聊梦想

终于背上行囊
去向远方
伏案苦读，肆意奔跑
痛哭流涕，放声大笑
桌上的课本越堆越高
墙上的日历越撕越薄
心灵鸡汤整锅炖
也还是迷惘，还是彷徨
但终究
单相思的小执着
好朋友的小确幸
都定格在了毕业照

后来的后来啊
身在异乡
遇上了许多不同的人
经历了更多不同的事
记住了旗山莽苍苍
更学会了不负好时光

我想待到七老八十
躺在摇椅上睡觉乘凉
梦中也必是年少的模样

七月初八少年思

（学生习作）

十年梦里客京华，却过江东不见家。
常叹风俗难若蜀，多愁世事易如花。
朝开绮丽倾国户，晚谢残红浸地沙。
何必虚浮思美酒，一壶茶苦迹天涯。

［学生的解释：十多年来一直都期待去北京上学，但最后去了长江之东的福建。到了福建之后，经常感叹福建的风俗和四川相差很多。有时候会发愁，这个世界上

的事很像花（牡丹）一样。白天开的时候，整个长安城都在看；凋谢了的时候，落到泥土里也没人管。人生如此，没有必要总是想着一些不切实际的美梦。人要踏踏实实地、潇洒地过一生。］

> **课后作业：**
>
> 1. 写一篇 500—800 字的故事。
> 2. 写一到两首现代诗（能写律诗或辞赋更好）。

第四节　情感表达的分寸感

我们已经知道如何调动自己的感情，如何书写自己的感情，如何用语言来表达我们的感情了，接下来，我们要体会并掌握：感情的表述是有分寸的。在第二章叙述语言的表达中，我们提到的语境问题，就是提醒表达者在情感表达的过程中要考虑到具体语境、面对的对象。语境不同、对象不同，表达者的感情应该是不一样的。如果我们不对感情加以控制，无论遇到什么情况都竭力地输出情感，一旦用过了劲，就会令人反感。尤其在朗诵中，初学者经常会"情感泛滥"。在网络上，我们可以听到各种各样的朗诵作品，它们的质量参差不齐，初学者也分辨不出谁好谁坏，该向谁学习。这里给大家介绍几篇文章，大家可以对照学习。

毛泽东的《为人民服务》写于 1944 年 8 月，是一篇悼念文章。朗诵时，我们要把握好感情表述的尺度，满怀对死难者的深厚情谊，真诚赞美，语气中充满着怀念和尊重，但不需要悲伤动容，泣不成声。

《为人民服务》一开口，便用凝重的声音，一句一顿地沉着开场。从"我们这个队伍完全是……"开始逐渐恢复到正常语速。第一段强调"张思德同志"是我们的同志。第二段音乐起，进入主题。这一段强调"为人民利益而死，就比泰山还重"。第三段平铺直叙，重点放在"是为人民服务"，"我们这个队伍就一定会兴旺起来"。第四段的重点是"为人民而死，就是死得其所"，全篇也只有这一句色彩渲染得最动情。最后一段，情绪再次回到第一段那庄重、怀念的语气。

扫描二维码，仔细体会有声语言表达者对这篇文章的情感分寸把握，体会自己该如何控制好情感分寸，如何避免过度夸张。

为人民服务

毛泽东

我们的共产党和共产党所领导的八路军、新四军，是革命的队伍。我们这个队伍完全是为着解放人民的，是彻底地为人民的利益工作的。张思德①同志就是我们这个队伍中的一个同志。

人总是要死的，但死的意义有不同。中国古时候有个文学家叫做司马迁的说过："人固有一死，或重于泰山，或轻于鸿毛。"②为人民利益而死，就比泰山还重；替法西斯卖力，替剥削人民和压迫人民的人去死，就比鸿毛还轻。张思德同志是为人民利益而死的，他的死是比泰山还要重的。

因为我们是为人民服务的，所以，我们如果有缺点，就不怕别人批评指出。不管是什么人，谁向我们指出都行。只要你说得对，我们就改正。你说的办法对人民有好处，我们就照你的办。"精兵简政"这一条意见，就是党外人士李鼎铭③先生提出来的。他提得好，对人民有好处，我们就采用了。只要我们为人民的利益坚持好的，为人民的利益改正错的，我们这个队伍就一定会兴旺起来。

我们都是来自五湖四海，为了一个共同的革命目标，走到一起来了。我们还要和全国大多数人民走这一条路。我们今天已经领导着有九千一百万人口④的根据地，但是还不够，还要更大些，才能取得全民族的解放。我们的同志在困难的时候，要看到成绩，要看到光明，要提高我们的勇气，中国人民正在受难，我们有责任解救他们，我们要努力奋斗。要奋斗就会有牺牲，死人的事是经常发生的。但是我们想到人民的利益，想到大多数人民的痛苦，我们为人民而死，就是死得其所。不过，我们应当尽量地减少那些不必要的牺牲。我们的干部要关心每一个战士，一切革命队伍的人都要互相关心，互相爱护，互相帮助。

今后我们的队伍里，不管死了谁，不管是炊事员，是战士，只要他是做过一些有益的工作的，我们都要给他送葬，开追悼会，这要成为一个制度。这个方法也要介绍到老百姓那里去。村上的人死了，开个追悼会。用这样的方法，寄托我们的哀思，使整个人民团结起来。

---

① 张思德，四川仪陇人，中共中央警备团的战士。他在1933年参加红军，经历长征，负过伤，是一个忠实为人民服务的共产党员。1944年9月5日在陕北安塞县山中烧炭，因炭窑崩塌而牺牲。
② 司马迁，中国西汉时期著名的文学家和历史学家，著有《史记》130篇。此处引语见《汉书·司马迁传》中的《报任少卿书》，原文是："人固有一死，死有重于泰山，或轻于鸿毛。"
③ 李鼎铭（1881—1947），陕西米脂人，开明绅士。他在1941年11月陕甘宁边区第二届参议会上提出"精兵简政"的提案，并在这次会议上当选为陕甘宁边区政府副主席。
④ 这是指当时陕甘宁边区和华北、华中、华南各抗日根据地所拥有的人口的总数。

> 本章综合练习

大明宫词（片段）

以下对白片段很适合两个或多人分组练习。希望大家在练习的过程中要有角色意识，找到感情交流碰撞的焦点。

第13集片段（11：50—19：32）——

（薛绍借着烛光端详那把被叶儿摔坏的琴。琴明显刚被修复，重新粘在一起的痕迹历历在目。薛绍的两只手爱抚地在琴面上滑行，仔细得像一位盲人在借助手阅读文字。薛绍的手指抚在琴弦上，缓慢而激动地拨响了第一个音符，琴声悠悠地从指间流出，逐渐进入佳境，正是《长相守》。薛绍双目微合，沉醉在音乐里。然而，"啪"的一声，琴弦再次无情地断裂。一丝绝望的表情浮现在薛绍的脸上。他随后愤怒地将琴彻底掀翻。太平早已站在楼梯口，默默注视着薛绍的背影……）

（太平走近薛绍）

太平：你还在生我的气吗？我只是害怕，我从心底里感到害怕。我父亲死了，我心里难过。我生平只爱过两个男人，父亲和你。我爱的人一个个离我而去，现在只有你一个人了，而且是我最爱的、最舍不得离开的。我只是害怕你也走，不辞而别，像他们那样……我很孤独，我一个人就像站在孤岛上，水从四面八方涌来，我却无能为力……

薛绍：太平，你真的……爱我吗？

太平：这还用问吗？这个疑问本身就是对我爱情的侮辱。

薛绍：那你说，一个人一辈子能爱几次？

太平：一次！一次就足够了！能圆满地拥有一次爱情，就是一个人一生中最幸福的时刻。

薛绍：如果这辈子仅有的一次爱情被人夺走了，太平，你会怎么办？

（太平盯着薛绍的眼睛，目光执拗而坚决，又恢复了一个公主与生俱来的骄傲与霸道，话说得一字一句，掷地有声）

太平：如果被夺走了，我就会找到那个掠夺者，杀掉她，然后再杀掉那个背叛我爱情的负心人，然后就和爱情决裂！

薛绍：如果那个掠夺者她拥有至高无上的权力，或者她是神明呢？

太平：那我就同神决斗！爱得最深的人本身就是一尊神，并且具有同神明相匹敌的力量，具有凡人难以想象的强悍和决心！

（两人在烛光中对视。两个爱情至上的人在心中坚持着同样强大的信念，只不过忠贞的对象南辕北辙）

薛绍：你是一个懂得爱的人，至少你懂得属于自己的那份爱。

（太平微笑，上前把头伏在薛绍的肩上，望着窗外的月光出神）

太平：你说，人死了以后到底有没有灵魂？

薛绍：我相信一定会有的！他们都活在天堂，在一个比月亮还要高、还要远的地方，那里的一切，包括他们的智慧与情感，都是一尘不染的。

太平：那么他们能不能看见我们？看见我们在仰视他们的面孔呢？

薛绍：我想他们能，他们一定能看见我们，无论我们是醒着，还是在熟睡的时候……我们活着的人一定不能忘了他们，一定要记住，我们曾经向他们发过的誓言，因为他们也还有感情，他们无时无刻不在注视着我们……

（薛府太平卧房夜晚内景）

太平（旁白）：那天晚上我终于盼来了姗姗来迟的爱情，那甜蜜而动情的面孔。在我们五年局促刻板的婚姻生活中，居然第一次出现了短暂的乐趣。我又一次体验到那源于他明媚笑脸和久违了的愉悦。然而那个夜晚，却是我们浓郁伤感的恋情最终的狂欢，最后的一次丰盛的晚宴……

第13集片段（36：06—43：27）——

（太平上楼来，看到薛绍让前妻的妹妹带自己的儿子叶儿离开）

薛绍：太平……

侍卫："公主，我没骗你吧，他们……早就在一起了。"

（太平愤怒地拔出侍卫的剑，指向薛绍）

瑾娘：富贵，快把叶儿带走，快走！

富贵（佣人）：叶儿，快走！

叶儿：爸爸！爸爸！

富贵：叶儿，快走！……你们要干什么？

太平：他是你的儿子？

薛绍：是的。

太平：还记得我跟你说过的话吗？对背叛爱情的负心人，我会杀了他。我不仅仅有这样的胆魄，我还有这样的能力。

瑾娘：公主，那个不愿背叛爱情的人，早已被你母亲赐死。您剑下的恰恰是对爱情忠贞不渝的人。

太平：闭嘴！你这个贱妇！我竟然听信了你的话，让你照看你们罪恶的孽子！

瑾娘：不！叶儿是我的外甥。

太平：我不会再相信你们的谎言，把她带走！

侍卫：把她拿下！

瑾娘：薛绍，告诉她真相！薛绍，告诉她真相啊！……薛绍，告诉她……

薛绍：她说的是真的。叶儿，是我的儿子。而她叫瑾娘，她是我死去妻子慧娘的妹妹。这个你还不知道吧？（薛绍抓住剑柄，手中鲜血直流）

薛绍：你还记得那个长相守的故事吗？记得故事中的那个罪臣吗？他就是我，我和慧娘虽然不是采药为生，但真正是青梅竹马、两小无猜。我们一同生长在洛阳，后来，随荣升的父母来到长安。我们都淡泊功名，只想手牵着手共度这一生。虽然你不是杀死慧娘的直接凶手，但是你的母亲杀死了她。是你的一个突发奇想杀死了她，也杀死了我。公主，你的身份决定了你的残忍，使得你我成婚的那一天，成了慧娘的祭日。我对太后旨意的抗拒，只换得了慧娘一天的生命。就在那一天，在城外，一座寺庙的小屋里，生下了我们的孩子。

太平：不，这不可能！你为什么不早告诉我？为什么要对我隐瞒五年？！

薛绍：因为薛绍，并不像公主想象得那样，是一个道德完美的人。薛绍，是个软弱的人。可是为了保护年迈体弱的父母，为了保护家人不遭受劫难，也为了我们的孩子，我不能不这么做。

太平：可我是爱你的。

薛绍：这正是我要带着叶儿远走天涯的原因。我曾想过让你遭受冷漠，以惩罚你对爱情所犯下的错误，通过折磨你的感情来祭奠慧娘的亡灵。可是我错了，你并不像我想象的那样，是个冷酷、自私的公主，相反地，你并不刁蛮，也不娇纵，更可怕的是，你忠诚。这些年来，我一直担心着自己可能会无可挽回地坠入对你的爱恋，如今这种担心真的发生了，公主，我，我爱上了你！我曾经用所有的意志来抵抗它，但无能为力，我心中的恨抗拒不了你的纯洁和忠诚！可是我又怎么能爱上你呢？你是杀害我妻子的仇人的女儿！你让我如何去面对我曾经对慧娘发过的誓言，而我的良心将会遭到正义怎样的谴责呢？

太平：请饶恕我母亲对你犯下的罪恶，看在你也爱上我的情分上……

薛绍：（摇头）不，一个人的一生能遇到很多次的幸福，但只能对其中的一桩幸福付出承诺，而我只能忠于对慧娘的承诺！公主，原谅我，我们来世再见……（薛绍使劲夺剑，刺向自己的胸口）

太平：不！不！薛绍！他已经爱上了我，他没有死！御医！快叫御医！

第14集片段（00:38—08:22）——

太平（旁白）：我紧紧地抱着他，像怀抱着一个无助的新生婴儿……我默默凝视着自己青春时代的理想正一步步丧失着体温，我五年暗淡的婚姻生活正随着他亮丽的灵魂飞上天堂。而这世界上只剩下我,一个执着地渴求爱情的帝国公主,以及同样执着地相信权力并慷慨地把不幸施舍给女儿的母亲……

武则天：你有身孕,不该淋雨。把御医找来。

太平：我丈夫死了!

武则天：我知道了,我为他悲哀,他很不幸……

太平：他是我杀死的,我是凶手!

武则天：你不是,他是自杀。

太平：不!母亲,他本来有着比谁都充足的活下去的理由,是我,是我的到来为他的生命带来了长达五年的噩梦。比这更可悲的是,您亲手制造了这一切,而我,我却一厢情愿地认为我是他一生中拥有的最甜蜜的礼物。五年了,整整五年!您使他忍受折磨的同时让自己的女儿也饱经屈辱……

武则天：你都知道了?

太平：我早该知道!您为什么要骗我?

武则天：因为我爱你!因为作为母亲,我不想看到女儿由于过早地失去爱情而悲哀!

太平：所以您就有理由剥夺他人的爱情,甚至性命?!就有权力蒙骗自己女儿的第一次真挚感情?!难道一个皇后的母爱就必须以残酷为代价吗?!母亲,你是一个没有感情的人!

武则天：感情?太平,如果我没有感情,我就不会容忍你的丈夫竟敢用一个丫鬟的尸体充当慧娘,明目张胆地欺骗我的眼睛!如果我没有感情,我就不会容忍一个生下来就已经成为罪犯的儿子,来充当你的什么义子!如果我没有感情,我就不会容忍她的妹妹在长安的一个角落里用最恶毒的词汇诅咒她的皇后!感情,这一切的根源就在于我对你太富有感情,太想满足你的心愿。所以,你不要用这样的态度对我说话,毕竟我是你的母亲。

太平：如果作为您的女儿,就要上缴自己的命运,甚至宝贵的爱情,我宁愿不做您的女儿。

武则天：是吗?你真这么想吗?太平,为了你的幸福,我已经做了最大的努力,结果不尽如人意,只能怪人生无常,你跟他没有缘分……我始终遵循着一个母亲最简单的逻辑,你爱上了一个人,我帮你找到他;你要嫁给他,我让他娶你。在满足女儿的心愿上,我与天下的母亲没有什么不同,唯一的区别是,我做得更有效率。

太平：这是什么效率?这是多么可怕!我的母亲在用权力来表达对我的爱!您赋予我的爱,是残忍的、血淋淋的!这不公平!

武则天：你想得太多了，太平。薛绍的错误不应该由我来承担。他是个好男人，但是他却不懂得忘却。一个不知道珍惜现实的人，永远活在过去的日子里，在这个世界上，他是不会走得太远的。

太平：薛绍当然不会忘却过去，那是他唯一活下去的理由，也是唯一的心情来源。我更不会忘记过去，因为我最倾心的爱人死在我的剑锋之下，而你，就是将我心爱的人推向剑锋的那个人！

武则天：不！我没有杀死他，是他的懦弱杀死了他自己！他没有勇气爱你，他害怕！薛绍的不幸在于他太完美！完美有时候是剂毒药！当他发现自己并不完美，竟然在心里爱上了你的时候，他不可能这样活下去！你懂吗？不要再折磨自己了，这场悲剧该结束了！

太平：我生命当中最重要的开始毁在了你的手里，不可能就这么结束，不可能就这么轻易地挥之而去，母亲——你欠我的！

（参看网址：https://tv.cctv.com/2012/05/12/VIDE1355154833174786.shtml?spm=C53130689386.P3Bv7CTFCzwm.0.0）

士兵突击

体会军营严肃统一作风中透出的生活的幽默。以下为《士兵突击》第8集（18：01—21：58）片段——

班长：同志们，今天我们要为新同志举行一个欢迎仪式。我希望，新同志能从这个仪式当中，明白咱们钢七连的精神。咱们老兵啊，已经经历过很多次这种仪式了，但是我希望大家仍然能从这个仪式当中，感受到钢七连的自豪。

副班长：列兵许三多！

许三多：到！

副班长：出列！

许三多：是！（走出队列）

许三多：我叫许三多，我是从红三连五班调过来的。我，我们班在草原上，我还给大家从草原上捡了好多矿石呢。你看，这是铜矿，这个是石英石，石英矿这个，这，这是云母石……（副班长抢过石头）

副班长：列兵许三多，（许三多：到！）严肃一点儿，这不是转校。（是！）从今天起你正式成为钢七连的一员。列兵许三多！（许三多：到！）立正！手上的石头扔了！扔了！列兵许三多！（许三多：到！）钢七连有多少人？

班长：列兵许三多，（许三多：到！）钢七连有多少人？

许三多：一百多个吧！

副班长：错！是四千九百五十六人！其中一千一百零四人为国捐躯。列兵许三多！（许三多：到！）钢七连建连至今五十七年，番号几经改变，一共有四千九百五十六人成为钢七连的一员。（许三多：是！）

班长：列兵许三多，（许三多：到！）你必须记住，你是钢七连第四千九百五十六名成员！（许三多：是！）

副班长：列兵许三多，（许三多：到！）有的连因为某位战斗英雄而骄傲，有的连因为出了将军而骄傲，钢七连的骄傲是军人中最神圣的一种！（许三多：是！）

班长：列兵许三多，（许三多：到！）钢七连的士兵必须记住那些在五十七年连史中牺牲的前辈！（许三多：是！）

副班长：列兵许三多，（许三多：到！）抗美援朝时，钢七连几乎全连阵亡而被取消番号，被全连人掩护的三名士兵却九死一生地归来。他们带回了一百零七名烈士的遗愿，这遗愿就是，在这三个平均年龄不到十七岁的年轻人身上重建钢七连！从此以后，钢七连就永远和咱们的烈士活在一起啦！

许三多：是！

班长：列兵许三多，（许三多：到！）从这个意义上来说，钢七连的士兵是活在烈士的希望与荣誉之间的！

副班长：列兵许三多，（许三多：是！）下面同我们一起朗诵钢七连的连歌。（许三多：是！）会唱这首歌的人已经在一次阵地战中全部阵亡，我们从血与火中间只找到歌词的手抄本，但是我们希望，你能够听到四千九百五十六名士兵吼出的歌声！

许三多：是！

（参看网址：https://www.mgtv123.com/dsplay/shibingtuji-1-8/）

电影《简·爱》经典对白

罗切斯特：还没睡？

简·爱：没见你平安回来怎么能睡？梅森先生怎么样？

罗切斯特：他没事。有医生照顾。

简·爱：昨儿晚上你说要受到的危险，过去了？

罗切斯特：梅森不离开英国很难保证。但愿越快越好。

简·爱：他不像是一个蓄意要害你的人。

罗切斯特：当然不。他害我也可能出于无意。坐下。

简·爱：格雷斯·普尔究竟是谁？你为什么要留着她？

罗切斯特：我别无办法。

简·爱：怎么会……

罗切斯特：你忍耐一会儿，别逼着我回答。我，我现在多么依赖你。唉——该怎么办？简。有这样一个例子，有个年轻人，他从小就被宠爱坏了，他犯下个极大的错误。不是罪恶，是错误，它的后果是可怕的，唯一的逃避是逍遥在外，寻欢作乐。后来他遇见个女人，一个二十年里他从没见过的高尚女人，他重新找到了生活的机会，可是世故人情阻碍了他，那个女人能无视这些吗？

简·爱：你在说自己，罗切斯特先生？

罗切斯特：是的。

简·爱：每个人以自己的行为向上帝负责，不能要求别人承担自己的命运，更不能要求英格拉姆小姐。

罗切斯特：哼！你不觉得我娶了她，她可以使我获得完全的新生？

简·爱：既然你问我，我想不会。

罗切斯特：你不喜欢她？说实话吧。

简·爱：我想她对你不合适。

罗切斯特：啊哈，那么自信？那么谁合适？你有没有什么人可以推荐？

罗切斯特：你在这儿已经住惯了？

简·爱：我在这儿很快活。

罗切斯特：你舍得离开这儿吗？

简·爱：离开这儿？

罗切斯特：结婚以后我不住这儿了。

简·爱：当然，阿黛尔可以上学，我可以另找个事儿。

简·爱：我要进去了，我冷。

罗切斯特：简。

简·爱：让我走吧。

罗切斯特：等等。

简·爱：让我走。

罗切斯特：简。

简·爱：你为什么要跟我讲这些？她跟你与我无关。你以为我穷，不好看，就没有感情吗？我也会的。如果上帝赋予我财富和美貌，我一定要使你难以离开我，就像现在我难以离开你。上帝没有这样。我们的精神是同等的，就如同你跟我经过坟墓将同样地站在上帝面前。

罗切斯特：简。

简·爱：让我走吧。

罗切斯特：我爱你。我爱你。

简·爱：不，别拿我取笑了。

罗切斯特：取笑？我要你。布兰奇有什么？我对她不过是她父亲用以开垦土地的本钱。嫁给我，简，说你嫁我。

简·爱：是真的？

罗切斯特：唉——你呀。你的怀疑折磨着我，答应吧，答应吧。

（**解说：**罗切斯特紧紧地拥抱着我，我沉浸在幸福之中。）

罗切斯特：上帝饶恕我，别让任何人干扰我。她是我的，我的。

本章思考题

1. 什么是语言表达的真实情感？
2. 生成真实情感并在表达时将之体现出来，这种情境与大家平时对生活的观察与积累密不可分，你有这方面的积累吗？
3. 情感的调动和表达是否真切和真实，判断的标准是什么？为什么？
4. 说出几个你喜欢的语言艺术家，他们的哪些方面最吸引你？

第四章　议论性语言的训练

　　议论性语言的训练与前面叙述性语言的训练、情感性语言的训练相比，要有难度。可以说，议论性语言对人的口头语言表达要求更高。因为如果说话者想发表议论，需要听出问题所在，提出疑问并加以分析，然后说出自己的观点或者建议，甚至还要讲出解决问题的途径和办法。所以，议论性语言是我们人类大脑高度活跃、逻辑思维链条高度缜密、语言高度概括表达的过程。比如律师在法庭上对对方言辞漏洞发起的辩论，老师与学生推心置腹的谈话交流，大学生在辩论赛场上的"直击对方要害"，心理咨询师听出拜访者的"话里有话"，谈判桌上发现的"核心利益"，等等。除了前面学习中已经掌握的"叙事的明了""感情的真挚"之外，我们还需要学习"倾听的能力""提问的能力""概括的能力""发表观点的能力"等。在这一章开始学习之前，我们先来做几个小练习，体会一下，如何建立"听"和"问"的思维。

　　分小组进行下面的练习，每组2-3人。

　　第一组学生：其中一人以主持人角色脱稿讲述下面例稿中的故事，另一位或几位组员可以自行对事件进行评论。

　　第二组学生：一边认真听第一组学生讲述的内容，一边思考第一组学生在讲述过程中，自身所产生的思考和疑问。第一组完成后，第二组对第一组进行提问，第三组（如果有第三组）评价第一组和第二组哪一组完成得好，并阐述为什么。老师最后点评。

　　换第二组来讲述故事，之后对故事进行评价。第一组对第二组进行提问。第三组对以上两组完成情况进行评价，并阐述为什么。老师最后点评。

　　教师可根据当下社会焦点话题，自己准备训练材料。

【例稿1】

"雨披哥"淡定救人

　　12月27日下午4点半左右，在松江荣乐东路的一座桥上，一名小伙与女朋友发生纠纷后，冲动地站到桥外侧的排水管上欲寻轻生。千钧一发之际，恰好一名穿黄色雨披的骑车男子从桥上经过。见此情形，他立即脱下雨披，纵身翻出护栏，走上管道，不顾男孩摆手，从背后抱住了他。第一下，他使劲把男孩拖离管道；第二下，他把男孩拖上了桥。随后，这名救人男子淡定地骑上车，穿上雨披，戴上防风镜，一番整理后离开了现场。这一幕，恰好被住在附近的居民拍摄下来。

"雨披哥"迅速成为网友心中的"闪电侠"，在网上引起一片热议。

【例稿2】

2024年5月28日，据央视新闻报道，安徽滁州河水污染，出现大量死鱼死虾。记者调查发现，对于水体异常的现象，全椒县相关部门未经调查，凭经验回复"没问题"，对水质检测称"没有必要"。

采访中，记者问到，"这水进到河里，是不是有毒的"？滁州市全椒县生态环境分局局长窦某称没有必要对水体做毒性分析，他说"喝茅台也能喝死人，喝死人后，需要对茅台做毒性分析吗？我认为没有必要"。全椒县水利局的一名党组成员则表示："我说真话，我还有两个月就退休啦。我也不该过多地问这些事情。"

此次污染事件的原因并不复杂，但处置过程拖延拖沓，造成后果严重。一些干部在处置过程中心存侥幸、乱作为，面对问题遮遮掩掩，总想蒙混过关，造成小事拖大、大事拖炸。个别干部面对媒体采访时信口开河，造成不良影响。

对此，安徽省召开了省委专题会议，听取滁河水质污染事件调查及处置情况的汇报，部署安排污染治理和追责问责工作。

会议指出，这起事件反映出少数党员干部政治站位不高，作风不严不实，程序意识、法治意识淡薄。要深刻汲取这次污染事件的教训，坚持依法依规、实事求是，真正以"时时放心不下"的责任感，全面评估事件过程，把水体污染治理工作落细落实落到位，确保水质稳定达标。

【例稿3】

旧规"闯红灯罚款10元"缘何成新闻？

12月11日，有公众发现，在北京朝阳区的一些路口，民警对"不看红绿灯，凑一堆人就走"的"中国式过马路"行为进行制止和处罚，部分闯红灯的行人被罚款10元。对此大家议论纷纷。北京交警称，行人"闯红灯罚款10元"并非新规。

事实上，"闯红灯罚款10元"，在北京市2004年出台的《北京市实施〈中华人民共和国道路交通安全法〉办法》中就有明确规定。但遗憾的是，"旧规"现在却成"新闻"，很是耐人寻味。对于治理"中国式过马路"有什么办法？

练习结束后，学生们一起谈一下在练习过程中自己的体会。经过这个训练，大家来分析一下，在整个过程当中，你最关注的是什么？如果你说不清事件的内容，听者就不明白你要表达什么。听不清对方的表达，你就不知道要提问什么。所以，讲述很重要，但听清楚"说了什么"和提问"为什么"更重要。

第一节 倾听的能力

一、什么是倾听

有人与生俱来就有倾听能力，有人可能是从小就被要求专注听长辈讲话，长辈说话的时候，小辈不许打断和插话，从而养成了注意倾听的习惯。生活中往往也有这种情况：当别人说话的时候，听者经常忍不住打断别人的话，引起其他人的反感；讲话人正在讲述，其他人经常插入自己的话语，还有的人突然就把话题转移到其他事情上。这种情况就属于不懂得倾听。

倾听的能力需要培养吗？听妈妈讲话，听老师讲课，听领导安排工作，似乎倾听是一件很简单的事情。但是在听的过程当中，你听到的是表面的意思，还是抓住了讲话者要表达的内在意思？从讲话者的声音里听出他内心的动机和想法，这是一个先认真倾听而后消化理解的过程。"说者无意，听者有心"就是这个道理。心理医生在与来访者进行交流的时候，他主要就是从倾听来访者讲述的一些烦琐的生活小事之中，发掘来访者真正的内心活动。来访者出了什么问题？内心有什么顾虑？他内心有什么心结不能打开？这就要求心理医生能够听出来访者的"话里有话"。所以我们在跟人交流的过程当中，尤其是记者外出采访的时候，是"明知故问"地按套路完成采访，还是根据已经了解的情况，顺藤摸瓜挖掘出别人没有发现的线索？有经验的记者往往能够从被采访者的话语中听出他内心真实的想法；或者是被采访者在说着不知所云的话语时，记者是否有能力抓住时机，引导被采访者沿着话题深入讲下去。综上可得，倾听是一种能力。这是一种你能不能听得到，你会不会引导谈话，让说话者把你所要的内容说出来的能力。

二、倾听出追问

交谈中的"倾听"指的是听者的注意力在讲述者所讲述的内容上。透过语言，听者能分辨出表面字意和深层含义，或是从讲述者欲言又止、停顿、回避的表述中发现新的信息，并由此做出判断，进一步向对方发出提问或探究。这一过程只有听者认真听，听出"弦外之音"，才能见出倾听的功力所在。

倾听与提问相辅相成。在采访中，只有好的倾听能力才可以发出有价值的提问，从而引导采访进入更深层次的交谈，获得意料之外的收获。

倾听不仅是一门技巧，也是采访者文化、文明素养的体现，他要具备同理心、耐心和批判性的思维能力。良好的倾听技巧有助于建立采访者与受访者之间的信任关系。采访者只有做到"倾听"，才能发现问题，做出判断，提出疑问，达到事半功倍的效果。

改革开放后，某年的 5 月，《乡愁》的作者余光中来到上海。主持人曹可凡请余光中先生做客《可凡倾听》。下面是当时的采访录音：

曹可凡：余光中先生您好！我想我们这代人呢，都是读《乡愁》和您的作品，来认识您的。听说当时您在写这首诗的时候，花了不到 20 分钟的时间？

余光中：对！大概不到 20 分钟。

曹可凡：是什么样的灵感，写出这样不朽的诗？

余光中：在当时也不是突如其来，这种心情也酝酿了很久。那个时候是 1972 年，我离开大陆也 20 多年了。在当时的情况看来呢，想不到有像今日这样的交流，能够回乡。所以，在那样一种苦涩的心境之下，来抒发自己的感想。

曹可凡：你在很长的一段时间里面，一直在文学作品当中，尤其是在诗歌当中，来表达您心中的这种乡愁。这种乡愁究竟是什么样的一种心态呢？

余光中：大概最单纯的乡愁，就是同乡会那种形式的乡愁。就是自己土生土长的故乡，离开了若干的岁月，油然而生的一种感怀。不过对于读书人来讲，乡愁可能是更丰富、更复杂的一种文化感。因为乡愁不仅仅是地理的，还包括历史的成分在里面。如果是这样看的话呢，甚至一个上海人离开上海之后，十年再回来也有沧桑感。乡愁也包含沧桑感。沧桑感就是历史感。因为上海变得那么多，自己的好朋友不在上海了，或者门前的那棵树被移走了，诸如此类，乡愁是人人都可能遇到的。

在这段采访中，曹可凡只提问了三个问题。第一个"听说当时您在写这首诗的时候，花了不到 20 分钟的时间"，引出《乡愁》的话题。在嘉宾回答"对！大概不到 20 分钟"后，嘉宾并没有进一步展开话题。也许对于年轻的采访者，这时可能会心慌，但曹可凡牢牢抓住《乡愁》的话题，要深入下去，于是抛出第二个提问："是什么样的灵感，写出这样不朽的诗？"既对诗歌创作的动机进行了挖掘，又表达了对嘉宾的赞美。接下来，嘉宾自然进入了"畅谈"阶段。当采访者听到作者谈到当时在台湾的苦涩心情时，进一步引领嘉宾解读什么是乡愁。而这个解读正是广大喜爱《乡愁》这部作品的观众期待的，通过解读，观众也了解了嘉宾的内心世界。

通过学习和练习，我们要逐渐掌握并运用好"倾听"交谈的技能，让这种技能在访谈中发挥作用。

三、倾听中的鼓励

在《新闻调查·女子监区调查》中，有这样一个采访片段：女犯丈夫是一家私人煤矿的保安，他有两把枪，殴打妻子是家常便饭，还时不时用枪抵住妻子的头恐吓她。丈夫不满妻子生了女孩儿，时常讲要杀了孩子。

"那一晚……"女犯的语气有些胆怯，讲话时有些躲闪。"屋子里很暗很暗，只有一个小灯泡。他说'你给我五分钟的时间。'"

记者问："什么意思？"

女犯："他的神情很古怪。"

记者问："什么样的神情？"

女犯："我说不出来，很怪很怪的印象。"

记者继续追问："给你什么印象？"

女犯："我感觉我孩子要完了。他就真冲孩子去了，我就拽他，他就一下把我打到一边去了。我看到他的手就冲孩子的脖子去了。我就拿起枪给了他一枪。"

记者继续追问："你之前用过枪吗？"

女犯："没有！"

记者："你知道扣动扳机的后果是什么吗？"

女犯："我就是想制止他。"

也许一般人采访到这里就结束了，但是观众会觉得缺少些女犯内心深处的真实感受。记者一定意识到了问题，女犯是不是一时冲动才产生杀人动机的呢？这时记者又问："现在如果让你再选择一次的话，你还会这么做吗？"

此时，女犯完全感受到了记者对自己的信任，她反问了一句："是要说实话吗？"

记者加以肯定："说实话。"

女犯："要是在这种情况下，没有第二个选择。"

记者问："你最后的判决结果是什么？"

女犯："无期！"

记者问:"无期也许就是你这一辈子。"

女犯:"是!"

记者:"值得吗?"

女犯:"为了我孩子,我死也值啊!"

记者:"这也意味着你这一辈子,再也无法照顾你的孩子。"

女犯含泪看看窗外:"总比她失去生命要强吧。"

记者:"但是你失去的是自由。"

女犯:"我的自由和我孩子的生命,怎么能去画等号呢?"

这段采访不只是采访到了女犯杀人时的动机,更让观众感受到了母爱的伟大。只有会倾听,懂得尊重、能够鼓励被采访者的记者,才可能采访到最感人的内容(教师可以在网上找到该节目视频,作为教学辅助材料)。

四、倾听出语言的真正动机

一个优秀的主持人必须具备会说话、善于思考、善于表达的能力。有说话,就有听话,听到了,就会去思考,就会去记忆,就会去联想,就会再去说话,就会再去听话……在这相互关联的过程中,主持人要用倾听来调动思维,来推动记忆和联想。主持人只有"听思"并重,才能"记想"并发。

倾听的能力不只是一味地"听",还包括用眼睛观察,观察讲话人的神态:他的眼神、他停顿犹豫时的动作(比如搓手、抖腿)等。有时我们甚至可以从中感觉到他说的话不是真话。这些都可以从倾听中获得。

下面我们来看例稿,并对此进行分析。

【例稿1】

语言的目的来源

我有一个朋友,他是一个非常可爱的人,但是有一点不太招人喜欢,就是倾诉欲太强。他总是会噼里啪啦说一大堆话,不管你爱不爱听,即使中途被打断,或者被转移到别的话题,他也能毫不费力地将话题拉回到自己身上。听的人往往不胜其烦,但大家都是成年人,有时候又不太好意思明说,只好有一搭没一搭地应和着,这样一来,他的话就更多了,他可能就是典型的"以自我为中心的人格"。

遇到这样的朋友,我们也要学会,从他漫无边际的、滔滔不绝的谈话中,听出点什么。他想表达什么呢?他讲出来的故事可能是某位熟悉的人的事,也可能是完全不认识的陌生人的事,而我们要想的是他真正想表达的主题是什么,他说这些话的目的是什么。当你郁闷地想转身离去的时候，稍微思考一下。哦！他在刷存在感，他希望自己是聚会的中心。美国心理学家马克·郭士顿为此专门在他的畅销书《心理学家的倾听术》里做过分析。每个人脖子上都挂着一个看不见的标牌，上面写着："我觉得自己很重要。"人们需要感到自己有价值。我们需要这种感觉，就像需要食物、空气和水一样。单是在自己心里头知道"我很重要"还不够，我们需要在别人的眼中看出这一点，所以我们不停地表达。

这就是倾听带给我们的思考。

【例稿 2】

帮助讲话人探寻误区

出租司机说："我现在特别怕我老婆。"

昨晚回家路上，一个乘客遇到一个特别健谈的顺风车司机，他给乘客讲了一路他老婆的故事。"她为一点点小事，就能抱怨个没完没了。"他跑车，老婆负责照顾孩子学习和操持家务。"其实，现在孩子也大了，我的收入也不错，只要老婆不生气，我就觉得特别幸福。真的搞不懂，她每天怎么有那么多牢骚发。"一边开车，司机师傅一边说着："她总说，自从进了你们家的门，我一天好日子都没过过。吃没得好吃，穿没得好穿！要不是为了你和孩子，我早死了。"我跑车那么辛苦，回到家休息一会，她就说："你看你根本都不顾家，多少次了，回来就是打游戏，你做什么爸爸啊？"有一天她说着说着哭了起来，她说："我不想活了，死了算了！"我很奇怪，就问她："你怎么了？"

谈到这里，我们大家需要思考以下问题：

第一，司机师傅为什么给乘客讲自己的妻子？

第二，他的妻子为什么爱抱怨？她真正想表达什么？

出租司机给乘客讲自己的妻子，是在与一个不相关的人分享他内心的不愉快，而且这种烦恼他回家就要面对，无法摆脱。与一个陌生人倾诉内心的烦恼不会有太大的心理负担。与熟人谈，哪一天再传到妻子耳朵里，那可就要"世界末日"了，所以乘客成了最好的听众。但是司机听不懂妻子的抱怨，妻子实际是在表达："我很累！我需要关注。"婚姻生活中，夫妻双方最不能沟通的焦点在于：男人似乎从来读不懂女人到底要什么。

如果妻子说：

做饭做得累死了。——她是想听到家人说一句：辛苦啦！

从来没得好吃好穿。——她内心其实是期待丈夫送礼物给她。

孩子是我一个人的？生也是我，养也是我？——是希望丈夫在养育孩子这件事情上可以分担一些。

丈夫说妻子：女人真是爱抱怨。妻子应该直接告诉他：不，我是在求救啊！

如果妻子能直接地表达，而不是暗示丈夫；如果丈夫能听懂妻子的真实想法，那么家庭战争无论是热战还是冷战，都会得到解决。

例稿 2 中所提例子再次说明了倾听的重要性。

让人们觉得自己有价值，这与让人们感到被人理解、感到自己是个有趣的人还不是一回事，因为倾听者在更深的层次上触动了他们："你出现在这儿是有理由的。你每天早上从床上爬起来，做你所做的一切事情，这是有理由的。你是这个家、这个公司、这个世界的一部分，这是有理由的，你在与不在是不一样的。"此时，倾诉者的价值，尤其是情绪价值得到了极大满足。

> ▌**课堂练习**
>
> 　　分成小组（3 人或 5 人不等），两组一起训练，第一组讲故事，第二组听故事并提问，第一组回答第二组提出的问题。每个学生都要参与到训练中来。最后两组一起分析整个过程的完成情况。第一组的故事可以提前准备，第二组不必事先知道。
>
> 　　要求：
>
> 　　1. 每个小组提前准备好自己要讲的故事，分配好由谁来讲（一个人单独讲或两个人一起讲都可以）。
>
> 　　2. 选择的故事素材可以参考练习的例稿，选择大家比较关心的话题。
>
> 　　3. 讲故事的人要求脱稿讲述。
>
> 　　4. 听的一组做好记录，边听边思考从故事中听出了什么。

第二节　提问的能力

提问的能力和倾听的能力是紧密结合的。当你不会听，听不出弦外之音的时候，你就提不出问题；当你认真地听，听到言外之意的时候，你心里就会发出疑问：他为什么这样表达？他还有什么想说或没说的话？怎样提问引导才能证明自己的判断？

一、提问能揭开事物本质

20世纪80年代到90年代，新闻主持人的采访工作还处于十分被动的状态，采访前的准备工作几乎都是由编辑准备好的。编辑把采访提纲写好了交给主持人，主持人依照提纲在现场跟采访对象进行交流。在这样的采访中，提出的问题不是由主持人根据现场实际情况提出的，因此，问与答之间没有建立起互动的桥梁。

笔者曾经主持过一档直播节目《空中门诊》，节目嘉宾是三甲医院各个科室的专家，在节目中，专家会谈某一疾病的症状、成因、预防和治疗方法。

这档节目采用主持人问、嘉宾回答的方式，主持人与嘉宾交谈半个小时之后，接入听众热线，听众可以直接向专家问诊。这档节目在刚开播的一段时间，也是编辑事先写好提纲，主持人只需照着提纲设计好的问题串起来就好了。比如说节目讲的是糖尿病，编辑事先就列出来了以下问题：第一，什么是糖尿病？第二，糖尿病在什么样的人群中容易出现？第三，糖尿病对人身体的影响是什么？第四，糖尿病如果得不到很好的治疗，会出现什么后果？第五，人们在日常饮食中应该怎样预防糖尿病？医生也根据编辑所提供的提纲事先准备好讲稿，一直讲。除了提问题，医生讲话期间作为主持人的我几乎插不上话。30分钟过后开始和听众连线，医生跟听众直接进行热线对话。可想而知，节目效果不是太好。我自己感觉主持人是在扮演另一个医生的角色，不懂装懂。有一天我向嘉宾建议："我能不能把自己当作一个患者或者患者的家属跟你交谈？"嘉宾大舒一口气说："当然可以！这样我也能自如多了，不然每次来都像讲课。"从此以后，在节目中我跟嘉宾的交流非常畅通，嘉宾也甩开了他的讲稿，讲得生动体贴，热线电话应接不暇。

这个真实的经历告诉我们：当主持人会提问的时候，当主持人真正地把自己放到一个恰当的位置来跟对方交流的时候，主持人才能真正地完成一个好的、恰如其分的问话。所以提问也是一种能力的培养。

通过这个经历我体会到：当主持人真正地把自己放到一个恰当的位置来跟对方交流的时候，主持人才能够真正地完成一段有质量的问话，所以如何高效提问也是我们需要锻炼的一种能力。当然，在那之前必须会倾听。

二、提问的方式

下面我们来介绍两篇采访案例，分析两段采访中的提问。

一篇是中央电视台的品牌节目《面对面》，一篇是由腾讯新闻出品的《我的青铜时代》。

《面对面》是中央电视台新闻频道的一档长篇人物专访节目。它以新闻性、权威性、关注度和影响力为节目诉求,通过心与心碰撞,记录时代印记,展现人物背后的新闻故事。主持人王志是《面对面》节目的初创人之一。他的锐利视角和质疑中求证的坚持,成为他采访中的独到之处。虽然王志早已离开新闻工作岗位,但《面对面》至今仍是央视的重要栏目之一。

【例稿1】(网络上可以找到相关视频,可以辅助教学)

王志不苟言笑,喜欢冷静观察,眼神里充满着犀利与质疑。在采访于丹的那期节目里他开头第一句话就是:"今天咱们有没有禁区?"于丹:"你就问吧,我既然已经坐在这儿了。"

王志对于丹的访问是两个智慧的人的头脑风暴。一位是北京师范大学教授,拥有深厚的文化积淀;一位是央视著名节目主持人,沉着机智。一句"今天咱们有没有禁区"告诉采访嘉宾,今天的问题可能会触及采访嘉宾的敏感区域和顾虑,是一个提醒也是一种试探。如果嘉宾回答:"有些问题我会不予回答。"这时,主持人就要调整自己的问题。恰巧嘉宾对于王志提问回答也是有备而来,从容不迫:"你就问吧,我既然已经坐在这儿了。"于丹似乎在告诉主持人:"既然坐在这儿了,随便你问,我已经做好了充分的准备来迎接你的挑战。"主持人也慧心领悟,既然你同意我的提问可以没有禁区,那我便直戳敏感与尖锐的话题。这段对话是不是很像一对武林高手要过招了呢?这一问一答,揭示了本期访谈的精彩程度。王志接下去提问:

王志:媒体的朋友反映说于丹变了,见不着了?

于丹:在哪儿见不着了?

王志:在媒体上。

于丹:你是说我最近出来少了是吗?但比起一个正常人的生活来讲,我现在不得以出来的次数还是太多了。我希望我能在媒体上露面更少,越少就越贴近我自己。

王志:但是"成也萧何,败也萧何",你不就是媒体成就的吗?

于丹:王志,什么叫成就?我在媒体上出现之前,我也是一个很好的大学老师。

王志:通过媒体,你参与的节目让更多的人知道了"于丹"这个名字。

于丹:知道"于丹"是一种成就吗?这要看站在什么角度上。

王志:那你是在刻意地回避媒体吗?

于丹:某种程度上说,是。

王志:为什么呢?

于丹： 因为媒体会有"放大"功能，"放大"会有喧嚣，很多东西不在于该不该做，而在于如何把握分寸。所谓过犹不及，媒体太大的喧嚣实际上会将我们生活中的很多东西误读。①

……

王志是一个喜欢追问和质疑的主持人，"是吗？""接下来呢？""我不相信！"

王志的每一个提问都正中要害，带有"激怒"对方的成分，逼着于丹不得不反击，表达出内心的想法，而这正是主持人希望嘉宾说给电视机前的观众听的内容。面对王志不间断地发问，于丹总是用反问句把问题巧妙地抛给对方；王志也不甘示弱，转而又将话题的中心引至于丹身上。一来二去，观众能感受到这是一场没有硝烟的战争，因而受到吸引。当然，这一切给嘉宾于丹带来了很大的压力。我们也可以认为，王志的这场采访所采用的方式也只是针对于丹的，因为只有于丹能够这样与他过招。

不得不说，于丹是一个强劲的对手。论口才、知识，王志在于丹面前并不占据上风。但是，王志更加沉着地将观众关心的问题抛给对方，留给他更多的发挥空间，牢牢把握住自己只是一个质询者，而不是表演者的要旨。王志语句短小，具有挑战性的提问风格，看似要"激怒"嘉宾，实则燃起了嘉宾表达的欲望，一环扣一环。如果看过王志的其他采访，你会发现他也有亲和的一面。所以说，交谈中的提问方式不是千篇一律的，它与采访者的学识、性格有关，更要考虑到采访对象的职业、性格、年龄、性别、生活环境等各个方面的因素。

【例稿2】（网络上可以找到相关视频，可以辅助教学）

《我的青铜时代》是由腾讯新闻出品，夏至工作室推出的人文类访谈节目。聚焦名人在少年和青年时代的探索天分与热爱，以及他们寻找自我的故事。对话人陈晓楠通过访谈、纪实和代际问答，为观众打开眼界，提供多元的成长样本。陈晓楠认为"青铜时代"，或许可以解释成一个人最初认清自我、认定未来道路的那个重大的人生时刻。

采访者陈晓楠，腾讯网副总编辑，首席主持人。曾主持《凤凰早班车》节目，曾在北京电视台、中央电视台、凤凰卫视新闻节目担任主持，拥有丰富的现场主持经验，以轻松、亲切、舒缓的风格见长。

以下是她在《我的青铜时代》节目中对著名喜剧演员陈佩斯的采访节选片段。②

---

① 于丹—穿越喧嚣[EB/OL].（2007-09-30）[2023-08-10]. https://news.CCTV.com/china/20070930/105229_4.shtml.
②《我的青铜时代》青铜故事之陈佩斯[EB/OL].（2021-06-14）[2023-08-10]. https://v.qq.com/x/cover/mzc002002mo8c5w/n325zhuo9v9.html.

陈佩斯曾在中央电视台春节联欢晚会节目初期，也就是20世纪90年代的春晚节目中表演喜剧小品，名声大噪，深受广大观众的喜爱。可是后来陈佩斯突然就消失在春晚节目中，这一走就是20多年。这些时间里他都在干什么呢？近些年陈佩斯又走入人们的视线，他活跃在话剧舞台上，再次受到观众的瞩目和喜爱。下面就是陈晓楠对陈佩斯的访谈。

陈晓楠：在最近尤其感觉到，您突然回到了好多年轻人的视野当中。

陈佩斯：这个是没想到，现在小视频、短视频这种魅力就在这，把过去好多旧账都给翻出来了。我好多90年代拍那个短剧，孩子们直接剪接完了，什么《96摇滚指南》，多疯狂啊。

陈晓楠：你内心其实就是个摇滚青年。

陈佩斯：是吗？

陈晓楠：真的，就是我要这样做，我就必须要这样做，没有别的可能。

陈佩斯：所以我特崇拜摇滚青年，我特别崇拜崔健，那硬骨头，汉子，那真是值得崇拜。

陈晓楠：所以你内心还摇滚吗？

陈佩斯：还行，哈哈哈。

——采访者看似在讲故事，并没有提问。更多的是概括，是下结论，如"你内心其实就是个摇滚青年"。这一段只有一个提问"你内心还摇滚吗"，这时采访者要的是一个封闭式答案：是还是不是。接下来，采访者概括总结。

……

陈晓楠：外界正在描述的就是此刻一个悲情英雄在那儿铲地刨山林种树。

陈佩斯：其实真是胡说八道，他们是凭着他们的想象，这个压力（离开春晚）应该有多大，这个苦难应该有多重多深。

陈晓楠：其实呢？

陈佩斯：其实就是旁人看着一种猜测、揣测，其实完全相反，那时候真的轻松，真的快活。

陈晓楠：那些苦或者那些恐惧都是想出来的？

陈佩斯：对，都是别人想出来的，我自己没有。

陈晓楠：所以就外界给您很多标签，觉得应该是意难平的，实际上并不是。

陈佩斯：根本不是，我极其满足，老天对我太厚爱了。

——这一节采访，一开始采访者还是没有提问，而是概括，下结论。嘉宾被刺激后，回答："真是胡说八道……"接下来采访者问："其实呢？"鼓励嘉宾讲述"为什么是胡说八道"。

……

陈晓楠：有人说你精神洁癖吗？

陈佩斯：我可能属于那一类吧。其实有好多动物也是，空气稍微有点污染它就活不了了。有很多水生植物也是，它只能长在上水源头的那些地方，你给它往下走走都不行，活不了。所以那个时候我就不愿意再去了。

陈晓楠：可是你没有计算过吗？就是很多人还是会比较冷静地计算。那个东西，巨大的能量场啊！咬咬牙，至少它能一直维持这个名声在一个最高点。

陈佩斯：你费那劲啊……我算这账干什么？算得过来吗？

陈晓楠：那个时候确实能维持您在喜剧最高、最瞩目的点。

陈佩斯：那我要失去什么呢？我要失去的东西可要更多了。

陈晓楠：比如呢？

陈佩斯：到那时候你就得求着人家做事了，他让你做什么你就要做什么，他让你怎么做你就得怎么做啊，我们俩之间又没商量了，我明明看着你说的那个要犯错误，我又不能说了，那还有什么意思？我到这天天就封着、堵着自己的嘴，我又得憋出泡来。不行，那不行。

——在这一节采访中，采访者尖锐地提问："有人说你精神洁癖吗？"这样的敏感话题探寻着嘉宾怎样回答。当嘉宾回答："我可能属于那一类吧"后，我们看到了一个不追求名利，内心极其丰满的艺术家陈佩斯。采访者用"比如呢"这样开放式的提问，鼓励嘉宾讲下去。

……

陈晓楠：在舞台上的时候，其实观众那一次一次的笑声，等于说对你们也是一种激发，在台上它是一种共同创作的感觉。

陈佩斯：对啊对啊，而且它那种力量非常大，大家非常情愿地把自己的那种感情灌注在这里头……快结束的时候每个人都特享受，你会感到台上出现那特美妙那种情境，而且这种行云流水，不但是台上还有台下，一块共振，那美妙，真是享受。

——采访者看似在聊天，不是提问，实则把话题转入嘉宾热爱的舞台艺术。

……

陈晓楠：谁都不用迎合其实是很奢侈的。

陈佩斯：很奢侈的！我自己经常也很感恩这个世界，能让我走到这一步，真的很感恩。

陈晓楠：所以外界给您很多标签，觉得应该是意难平的，实际上并不是。

陈佩斯：根本不是。我极其满足，老天对我太厚爱了。

陈晓楠：如果您回看的时候，就是你最想停留在人生的哪个片段？

陈佩斯：就停留在下乡那段。我们那儿，那么苦的地方，我们到春天的时候，那沙枣花一开，香的呀……满田野满沙丘都是沙枣花的香味，特别享受。然后最漂亮的是什么，天鹅。最漂亮的是天鹅，天鹅因为它那翼展特别长，一米八，就像一个人一样在天上，它也不怕人，很近地飞，几乎就这房顶那么高，我就觉得好像一个摘篮就能给它够下来。它从这儿一过，太阳被遮住一下。啊，过去，那美！

——采访者又是用下结论的方式开始这一节的谈话："谁都不用迎合其实是很奢侈的。"当嘉宾回答："我很感恩这个世界"时，不用采访者赞美，我们已经感知到了陈佩斯是一个什么样的人。当采访者问"如果您回看的时候，就是你最想停留在人生的哪个片段"时，让人们诧异的是，陈佩斯谈的不是对艺术收获期的留恋，而是"就停留在下乡那段"，表现出嘉宾陈佩斯乐观豁达的人生态度。正是通过采访者的采访，让我们看到了一位真正的艺术家应该有的人生态度。

三、封闭式提问和开放式提问

采访中的提问，问的方式不同，采访到的内容也有所不同。当你只需要一个答案而不需要嘉宾展开谈时，你可以问"你知道吗""你去看电影了吗""选张三做班长你同意吗""街上的人多不多"等问题，对方只需要回答"不知道""没有看""同意""不多"。这样回答二选一的问题我们把它叫作"封闭式提问"。

封闭式提问是指提问时，提问者给对方一个框架，让对方在可选的几个答案中进行选择。这样的提问能够让回答者按照提问者指定的思路去回答问题，不至于跑题。回答者可以用"是"或者"不是"、"有"或者"没有"、"对"或者"不对"等简单词语来作答。

比如"你现在心情好吗""你感到紧张，对不对"这类问题的目的是缩小讨论范围，获得特定信息，澄清事实，使会谈集中于某个特定问题。这种提问的优点是被采访者可能的回答都包含在问题之中，回答者易于作答，便于节省时间；缺点是难以采集到问句以外更多的信息材料，且具有较强的暗示性，不利于真实情况的获得。

采访中，提问者问对方"打球的时候还发生了什么""听说这部电影挺好看的，是吗""张三当班长，班级里有什么议论吗""街上那么多人，你还要上街呀"这些问题时，对方需要把情况详细地加以介绍。我们经常用"怎么了""为什么""你觉得""你认为"让被采访者打开话题，进一步讲述，这样的问题我们把它叫作"开放式提问"。

开放式提问是指提出有概括性，回答空间较大的问题，对回答的内容限制不严格，给对方以自由发挥的余地，使对方在较广的范围内加以思考。这样的提问如"你发现了什么""你有什么收获""你看到了什么""会去做什么""最大的差异是什么"等，这样的提问可以获取更多的信息，答案是多样的、没有限制、没有框架的，可以让被采访者自由发挥。优点是可能会有意想不到的收获；缺点是，双方很容易进入一场漫无边际的聊天当中，偏离主题，致使来访者把握不住采访的核心路径。

有时候访谈中一句不经意的话，很可能就会产生意想不到的效果。比如：我们用"还有呢"这种开放式提问，带有鼓励的成分，对方会兴致勃勃地讲下去。如果我们用"还有吗"这种封闭式提问方式，一个"吗"字有可能暗示对方"你说完了，可以走了"。一般人听到"还有吗"的时候，80%都会下意识地回答"没什么了"，尤其是下级给领导汇报工作的时候。你可以试试，听到这两种提问的时候，自己的答案是什么。

所以，掌握好提问，在交流中同样十分重要。

在开放式提问中，通常比较忌讳这样的提问：在体育赛场上，一位运动员第一个冲过终点，他打破了纪录。当他气喘吁吁、刚停下脚步的时候，记者冲上前去举着话筒："祝贺你这次比赛破了纪录，能谈谈你的感想吗？""感想"是一个很宽泛的词，需要回答者思考后提炼语言再进行表达，一个人刚刚专注地完成一件事的时候，还没有思考怎么谈感想？在很多场合一些初级记者经常犯这样的错误。"谈谈你的感想"这样的问话，不是不能用，但不是什么场合都能用的。

初学采访者，很容易出现的问题是，在做采访前的准备工作时，根据已经掌握的资料，预先设定了一些提问，但采访中嘉宾不按照他所提出的问题回答，采访者便硬往自己的提问方向引导，更有甚者还试图限定嘉宾的回答。这时嘉宾很容易被采访人激怒。越是这样，嘉宾越是不"配合"，这样的采访往往不会能成功。

好的采访应该是夹叙夹议，有"开放式"的畅谈，也有"封闭式"应答，有概括总结，也有对采访嘉宾的提示。组合、搭配好提问才能完成一次较好的访谈。

根据实际案例，分析判断例稿3、例稿4的采访中，记者的提问哪些是封闭式提问，哪些是开放式提问。

【例稿 3】采访于 2020 年 2 月 20 日新冠肺炎暴发期

记者：您好！请问医生您是哪个单位的？

医生：湖南中医药大学第二附属医院。

记者：请问您今天收治了多少病人？

医生：我和我的战友在分诊台一共看了 50 个确诊新冠肺炎的患者。

记者：这些患者目前怎样安置的？

医生：所有病人都已经收治入院。

记者：听你讲话的语气，上气不接下气，是不是非常辛苦啊？

医生：非常累！所有的衣服都湿透了。

记者：请问您今天是几点来上班的？

医生：我们是 9 点出门，早上 9 点。中间回去一趟，然后下午 3 点钟开始上班到现在。

记者：现在已经是 9 点钟了。请问你们本来是要几点钟下班的呢？

医生：本来是晚上 9 点钟下班。

记者：现在已经到了晚上 9 点钟。请问你们今天能够按时下班吗？

医生：不行！

记者：为什么？

医生：第一个，病例还没写完。第二个，排队换防护服，前面还有 20 多个战友，轮到我换衣服的时间大概还有两个小时到两个半小时。

记者：请问你们是不是都还没有吃晚饭？

医生：没有吃！现在非常饿。然后，非常冷！

记者：是不是这身防护服非常闷，所以里面出了很多汗？

医生：在前期的时候非常闷，出了很多汗。我刚刚在一楼分诊的时候，外面特别冷。现在衣服都是潮湿的，浑身处在特别冷的一个状态下，加上没有吃东西，还特别饿。

记者：您要多注意休息！我再问最后一个问题，比较尴尬的问题，您可以选择回答或者不回答。请问你们是不是都穿了尿不湿啊？

医生：是的，是的，穿了！非常不习惯。但是过几天就会习惯了。

记者：那您辛苦了！先找个地方稍稍休息一下再继续您的工作。谢谢您的配合。

【例稿 4】

鲁豫：我知道心理咨询师差不多二○一几年开始比较火爆，整个市场感觉很欣欣向荣。您日常做咨询的过程当中，包括您的咨询师，他们在做咨询的过程中，现代人经常面临的几大类的问题是哪些?

武志红：首先很少有人因为职业生涯的问题过来找我们做咨询。大多数人是因为两个问题，亲子关系/亲密关系，再加上个人成长。个人成长涉及自己的人格不完善，自己的人格上的痛苦。比如在互联网上看到的都是关于成长、内卷、躺平这些部分，说职业生涯。来找咨询师的，刚才那两个议题很多。

鲁豫：你们都用的是来访者。

武志红：对，我们是用来访者不能用病人（这个称呼）。另外我们也不能去给（有）心理疾病这样的人去做治疗。

鲁豫：那目前心理咨询最容易被人质疑的地方是什么？

武志红：可能大家还是质疑它的疗效吧。就是说，心理咨询有用吗？

鲁豫：但是要先定义什么叫有用。

武志红：对。

鲁豫：那您一般会怎么（定义）？

武志红：我们通常讲的有用，你看这个人的自我功能、社会功能在变好，在改善。像我们有个咨询师是新手咨询师，他一做咨询就和来访者建立了不错的关系。那个来访者从最初严重的社恐，很糟糕的收入，结果最后跟我们这个新手咨询师居然做了100多次的咨询，这哥们儿越来越有钱，工作不断地换，最后好像月薪达到两三万元，然后开始谈恋爱，开始交朋友，这是全方位的改善，这个就太好了。但有些时候，这种改善是来自来访者的感觉。

鲁豫：什么样的人需要心理咨询师？

武志红：只要你觉得自己搞不定自己了，而且这个搞不定是已经持续了一段时间。

鲁豫：好像现代人，几乎每个人都觉得自己搞不定自己，搞不定生活。

武志红：很多时候我觉得心理咨询其实起到一个和自己和解的功能。不学心理学，我们也知道江山易改，本性难移，是不是？就是我们想改变自己非常困难。

鲁豫：我听到过一句话，大概意思就是说地狱是什么？地狱就是你充满了特别多的期待！其实我们老说，我要成为一个更好的自己，我觉得这个是特别错误的一个说法，其实你最好的方法就是你接受你的样子。

武志红：所以我把这句话改了一下，就是更好地成为自己，而且这也很不容易，这其实是我一直说的那个全能自恋的问题，全能自恋其实它本来的表达挺简单——我有一个愿望，能够立即完美地得到回应。

鲁豫：小孩就是这样啊。

武志红：小婴儿全都这样，我要喝奶，此时此刻我就要喝奶。

武志红： 我把它拆解为目标完美主义和过程完美主义。目标完美主义是我要数学考 100 分，不然不放过自己。而过程完美主义是不仅要考 100 分，整个过程没有任何的阻碍、没有任何的瑕疵、没有任何的杂质、没有任何的犹豫，一气呵成，完美地考了 100 分。

鲁豫： 会有人是这样的一个灾难性的组合吗？

武志红： 这样的人很多，特别是在来访者的身上，真的能看见这个部分。

鲁豫： 我觉得它会投射到方方面面。

武志红： 对，是的。

鲁豫： 对吧？

武志红： 所以有一句话说，只要你的要求是完美的，就意味着你绵绵不绝地、时时刻刻地、永不停歇地攻击自己，因为自己不完美。我们从全能自恋这个圈套中解脱出来，接受自己普通的位置，它只是开始。开始的话，我们真的要去取经，那这个时候就涉及现在流行的几个概念，心流、刻意练习、终身成长。我们经常说，人和人之间最大的差别是什么？很多人会说是天赋的差别、家庭背景的差异，但是在我的说法里，人和人之间最大的差别是有没有体验过心流。高质量的心流和低质量的心流之间又有差别。所以，一个有高质量心流体验的人，和一个从来没有心流体验的人，他的人生是截然不同的。我对心流有这么一个定义，心流就是感觉的持续的存在。或者说，心流就是我们精神生命的持续的存在。一旦有心流体验产生，你就有了另外一个东西，这是世界上最愉悦的事情，什么挣到一个亿，什么什么的，都不如它更加地愉悦。因此你会拥有内驱力，当你有了内驱力之后，你就会永不停歇地努力。这个时候就变成，你在享受学习、享受工作、享受家庭生活，享受这些东西，因为你是享受的，也是愉悦的，所以你愿意努力，这样的人才能终身成长。而没有心流体验的人会觉得所有的事儿都得努力，都得靠脑袋推着身体，身体其实挺不愿意的，身体好累啊，好想躺平啊，好想偷懒啊。

▌课堂练习：采访提问训练

1. 一组同学采访另一组同学。
2. 可以采访一名或多名同学。
3. 话题自己选定，做好采访前的准备。
4. 设计提问的提纲，最好"封闭式"和"开放式"提问都能运用到。
5. 被采访小组不一定按着采访小组的既定路线进行回答，可以根据自己的主观意志自行决定。
6. 老师点评或安排第三个小组对第一、二组的表现进行点评。

第三节　语言概括的能力

概括是在抽象的基础上进行的综合提炼，它在智力活动中具有非常重要的作用。没有概括就没有概念，没有概念就无法形成逻辑思维。苏联心理学家鲁宾斯坦说："思维是在概括中完成的。"[①] 思维最显著的特征就是概括性。语言概括能力是语言交流当中必不可少的能力。

欧阳修在翰林院任职时，与三个同事出游。他们见到有匹飞驰的马踩死了一只狗，欧阳修说："请你们尝试描述一下这事。"一人说："有黄犬卧于道，马惊，奔逸而来，蹄而死之。"另一人说："有黄犬卧于通衢，逸马蹄而杀之。"第三位说："有犬卧于通衢，卧犬遭之而毙。"欧阳修笑说："像你们这样修史，一万卷也写不完。"那三人说："那你如何说呢？"欧阳修道："逸马杀犬于道。"三人听后自愧不如。概括的能力就是使语言精练再精练的能力。

总结概括的能力，有更深入一层的难度。它是在学会了"倾听"、学会了"提问"之后，才具备的提炼能力。在你倾听的过程中，脑海中产生了对问题的判断，为了鼓励讲述者继续讲述，也为了自己的思路能够更清晰，你要学会概括总结。如果说你是一个主持人，这也是让你的听众或者观众知道整个脉络的过程。此时你的总结概括能力，是提纲挈领的能力，所以难度有所增加：他刚才讲到的是什么问题？中间提到了什么问题、会产生什么样的思考？我们概括完的观点是不是能够表达讲述者所要表述的观点？这个过程同时也是一个人的语言叙述能力到概括能力逐渐提升的过程。

鲁豫在《鲁豫有约》中的访谈集中体现了她高度的"倾听"能力。她通过静静地、聚精会神地倾听，不打断受访者，也不表现出急躁，使嘉宾感到被尊重和被理解，从而愿意畅所欲言。当然，鲁豫的倾听并不是被动地一言不发，而是在倾听之后获得信息和灵感，运用她特有的婉转的提问展开话题，使采访层层深入。

随着社会的发展，人们认识到自己在工作中、情感生活中、学业就业等方面需要心理疏导，心理咨询成为缓解社会压力的一种有效途径；同时，人们对心理咨询有程度不同的误解。

第二节的例稿4中，鲁豫对心理咨询师武志红的采访，无论是从"倾听"的角度，还是提问方式的角度，都有可圈可点之处。

[①] 葛素儿，张君霞.基于图式的分数基本性质教学研究[M].北京：知识产权出版社，2019：101.

开场不久，鲁豫就向嘉宾提出"那目前心理咨询最容易被人质疑的地方是什么"的提问。当嘉宾回答大家质疑心理咨询有没有用时，鲁豫追问"但是要先定义什么叫有用"，紧接着又追问"那您一般会怎么（定义）"，这就是层层深入，这就是认真"倾听"后的发问。

当嘉宾谈了一大段咨询成功案例后，鲁豫并没有沿着嘉宾的思路走，而是另辟蹊径："什么样的人需要心理咨询师？"跳过嘉宾的思路，把话语主动权掌握在自己手里。

当嘉宾谈到"目标完美主义和过程完美主义"时，鲁豫反问："会有人是这样的一个灾难性的组合吗？"既提出了疑问又概括总结了"灾难性"结论。

交谈中的概括能力，是在对方纷繁的谈话中，听到要点，经过思绪整理后，用简练的语言表达出来，这不是按照采访提纲进行问话，就能做到的。多练习，多与人交流沟通，可以提高自己的表达能力。

> **课堂练习：采访中提问概括能力的训练**
>
> 1. 一组同学采访另一组同学。
> 2. 可以采访一名同学，也可以采访多名同学。
> 3. 话题自己选定，做好采访前的准备。
> 4. 概括的灵感是现场捕捉到的，提前设计可能无济于事。
> 5. 被采访小组不一定按着采访小组的既定路线进行回答，可以根据自己的主观意志自行决定。
> 6. 老师点评或安排第三小组对第一、二组的表现进行点评时，尤其要分析什么时候、什么地点可以进行恰当的概括总结。

第四节　发表观点的能力

发表观点的能力与总结概括的能力紧密相连。你能够总结概括，你就能够在讲述者给你的资料和素材中，经过自己的提炼，表达自己对问题的观点和看法。在这个过程中，除了"倾听"和"提问"，概括能力显得尤为重要。在此基础上，结合自身已有的修养和文化素质，依据你脑海中产生的对问题的看法，就可以通过口语准确地阐述出来。这个能力是通过以上步骤一步一步训练、一次一次尝试而逐渐掌握的。

下面是课堂练习：

【练习1】

把书翻回到"提问的能力"那一节的例稿4,记者对新冠肺炎志愿者医生的采访。再次看完这个采访后,你内心会产生什么反应?看到医生穿着太空服一样的防护服,却不知道原来是那么难受,工作一天还要穿着纸尿裤,你有什么样感受?如果你是那位记者,你在采访完医生之后,会对观众说些什么?

给大家两分钟的思考时间,然后回答以上问题。

【练习2】

北京连着下了两天的大雪。这是我来北京这么多年,第一次见到这么大的雪。我在手机上买了一些菜,结果送菜的外卖小哥不小心把我买的鸡蛋打碎了。他带着哭腔对我说:"我赔给您,求求您,别给差评。"我接过袋子说:"没事,我自己处理就行!你不用赔!"当我进入小区,回头发现他还站在原地,很愧疚地看着我。于是我又补充了一句:"没事,你快去送下一单吧。"他给我深深鞠了一躬,说道:"对不起。"我鼻子一酸,赶紧上楼了。

上楼之后,打开袋子,发现所有的鸡蛋都碎了,无一幸存。我拿起手机,给他发了条短信:"没事,只碎了一个。雪天路滑,您注意安全。"

我为什么要发这条短信呢?因为我知道,鸡蛋都摔成这样了,他一定也摔得不轻。

看完这篇文章,请发表自己的观点。要求发表观点有理有据,阐述观点时长为两分钟。

【练习3】

模拟主持

年关将至,春节又要来临了!要过年了,本应该是好事,可以和家人、亲戚朋友团聚了。但在车站里看着背着大大的行囊、行色匆匆的外来务工人员,心里不禁感叹:又是一年春运时啊!每个人都是在父母的呵护下慢慢成长的,然而,曾几何时,却因种种而离开父母、离开家,远离乡土,走上社会,走上工作岗位,经历世态炎凉,尝遍酸甜苦辣,甚至四面碰壁,撞得头破血流。我们带着一身的困倦、一身的辛酸、一身的伤痕,在独处的时候就想到家了。每当工作累时,心情不好时,压力太大时,我们总想回家靠在父母的怀中,歇一歇,倾诉心中的哀怨愁肠,听听熟悉的教诲,享受父母细致的关怀和无比的真爱。

一提到回家,我们就会有很多的感慨。今天我在优酷网上看了一个视频《有钱

没钱 回家过年》，内容生动形象，我很感慨。春节回家是亿万人的心愿，祝福归家的游子一路平安！也希望更多人能把归途趣闻拍下来，等回到家中吃着热腾腾的饺子与家人一起分享归家经历时，这该是多么幸福的一件事情呀！

可根据练习3的内容模拟主持，也可自己组织材料，进行模拟主持。

第五节　交流的能力

我们在与人交往中，都有这样的感受，跟熟人在一起谈话和跟陌生人谈话的状态是不一样的。因为对于熟悉的人，尤其对于既熟悉又可信赖的朋友，我们更容易打开"话匣子"。

如何拉近与陌生人之间的心理距离呢？我们可以尝试一下赞美的效果。当你和陌生人接触，发现他的某一方面值得赞美，请你把赞美的话语送给他，你会有意想不到的收获。但在这里提示：赞美不是吹捧，不是谄媚，不是辞藻的堆砌，而是发自内心的夸奖。

孔子曰："可与言而不与之言，失人；不可与之言而与之言，失言。"[1]

一、语言的包容力

"爱人者，人恒爱之；敬人者，人恒敬之。"[2] "海纳百川有容乃大，壁立千仞无欲则刚。"

在人与人的交往中，如果有一方言辞无状，另一方也不相让，双方就会争吵起来。我们应该学会宽以待人，赢得对方的尊重，这才是语言表达中最好的结果。辩论赛场上双方辩手的语言都是很犀利的，能够用直指对方要害的话语来进行还击，这是辩论赛中辩手最好的利器。但是如果说辩论赛全都是犀利的辩手，甚至辩手激动的时候使用不礼貌的用词用语，就非常不和谐了。无论在何种情况下，说话者应有包容的心态，使用礼貌的语言，进行有弹性的回应，使谈话有峰回路转之感，这不失为一种风度。

看下面两个例子。

---

[1] 论语·卫灵公。
[2] 孟子·离娄章句下·第二十八节。

【例1】

六尺巷传奇

清康熙年间,桐城人张英官至文华殿大学士兼礼部尚书。邻居是桐城另一大户叶府,主人是张英同朝供职的叶侍郎。两家因院墙发生纠纷,张老夫人修书送张英。张英见信深感忧虑,回复老夫人:"千里家书只为墙,让人三尺又何妨?万里长城今犹在,不见当年秦始皇。"于是,张老夫人令家丁后退三尺筑墙。叶府很受感动,命家人也把院墙后移三尺。从此,张、叶两府消除隔阂,成通家之谊。

礼让一步,当彼此照面时可以和颜悦色,退一步海阔天空。

【例2】

"三季人"的故事

孔子的家乡曲阜流传着这样一个故事:

有一天,孔子的一个学生在门外扫地,来了一个客人问他:"你是谁啊?"

他很自豪地说:"我是孔先生的弟子!"

客人就说:"那太好了,我能不能请教你一个问题?"

学生很高兴地说:"可以啊!"他心想:你大概要出什么奇怪的问题吧?

客人问:"一年到底有几季啊?"

学生心想,这种问题还要问吗?于是便回答道:"春、夏、秋、冬四季。"

客人摇摇头说:"不对,一年只有三季。"

"哎,你搞错了,四季!"

"三季!"

两个人争执不下,就决定打赌:如果是四季,客人向学生磕三个头;如果是三季,学生向客人磕三个头。

孔子的学生心想自己这次赢定了,于是准备带客人去见老师孔子。

正巧这时孔子从屋里走出来,学生上前问道:"老师,一年有几季啊?"孔子看了一眼客人,说:"一年有三季。"

这个学生快吓晕了,可是他不敢马上问。

客人马上说:"磕头磕头!"

学生没办法,只好乖乖磕了三个头。

客人走了以后,学生迫不及待地问孔子:"老师,一年明明有四季,您怎么说三季呢?"

孔子说:"你没看到刚才那个人全身都是绿色的吗?他是蚂蚱,蚂蚱春天生,秋天就死了,他从来没见过冬天,你讲三季他会满意,你讲四季吵到晚上都讲不通。你吃个亏,磕三个头,无所谓。"

"夏虫不可语冰",意思是说没有见过冬天的夏虫,永远无法理解"冰"是个什么东西,也就是指"认识的局限性"。其实我们从这里也可以得到许多有益的启示:每当翘首长空,仰望浩瀚无边的未知宇宙,是不是会感到我们自己也多少有点像"目光短浅"的夏日小虫呢?但是,只要我们懂得自身的局限,经常保持一种宽容、谦卑的态度,我们就可以不断突破自己,实现认识和生命的升华。

包容是宽以待人的度量。

二、语言的亲和力

"良言一句三冬暖,恶语伤人六月寒。"亲和力就是亲近、和蔼的力量。具有亲和力,是我们在交往中非常重要的一种素养。有的人,说话很中肯,但是脸上从无笑容,冷若冰霜,似乎拒人千里之外。有的人,把微笑当成自己的名片,走到哪里都是"春风化雨",用语言来表达自己与他人的友善,用肯定的话语来表达对他人的理解。

用一种有亲和力的状态来表达对对方的关怀和赞美,是架起人与人心灵之间沟通的最好手段。如果你居高临下,给对方一种压迫感,或者是一种距离感,就会给人一种冷冰冰、拒人千里的孤傲感。作为记者,对采访对象不能居高临下,更不能忐忑不安、唯唯诺诺。采访对象可能是个官员,可能是位名人,可能是一位默默无闻的环卫工人,也可能是一个拾荒者,不管是谁,平等待人用心相交,尊重你的采访对象,这是进行平等交流的前提。交流就是有来有往,互相给予心灵的沟通。

【例3】

有这样一个真实的故事:

一名妇女在一家肉类加工厂工作。有一天下班前,当她完成所有的工作,走入冷库例行检查时,一件不幸的事情发生了——冷库的门意外地突然关上了,她被锁在里面,消失在人们的视线中。虽然她竭尽全力地尖叫着、敲打着,但她的哭声却没有人能够听到。这时候,大部分工人都已经下班了,在冰冷的库房里,没有人知道里面发生的事。5个小时过去了,当她在冷库里濒临死亡时,突然,门被打开了,工厂保安走进来奇迹般地救了她。

事后有人问保安:"你为什么会想起打开冷库的这扇门?这并不是你日常工作的一部分啊!"

保安说:"我在这家企业工作了35年,每天有几百名工人从我面前进进出出,很多人都把我看作是透明的,不在乎我的存在。她是唯一一个每天早上向我问好并且下班跟我道别的人。

"今天,她进门时跟我说过'你好',但一直没有听到她跟我说'明天见'。我每天都在等待她的'你好'和'明天见'。我知道她还没有跟我道别,我期待着她跟我说:'嗨!明天见。'她的问候提醒着我,我也是一个受尊重的人。

"我想她应该还没有走,还在这栋建筑的某个地方,可能发生了什么事。于是我开始在每个角落里寻找并最终找到了她。"

曾有人说:"爱和尊重你周围的每一个人,因为你永远不会知道明天会发生什么。与人良善终得福报!"

正是这位妇女的亲和力和对他人的尊重救了她自己。

三、学习赞美

人人都需要赞美,你我都不例外。

赞美是对人最好的关怀。学习赞美,不能只是停留在口头上,而是要发自内心地发现别人的优点。我们赞美别人的同时,其实也得到了别人的赞美。

【例4】

著名的教育家和演讲口才艺术家卡内基,小时候非常调皮。

他9岁的时候,父亲将继母娶进门。他父亲向新婚妻子介绍卡内基时,如是说:"希望你注意这个全郡最坏的男孩,他实在令我头痛,说不定明天早晨他还会拿石头砸你,或做出什么坏事呢!"

出乎卡内基预料的是,继母微笑地走到他面前,抚摸着他的头,注视着他。接着告诉丈夫:"你错了,他不是全郡最坏的男孩,而是最聪明,只是还没找到发泄热忱地方的男孩。"

此话一出,卡内基的眼泪不听使唤地滚滚而下。就因为这句话,建立了卡内基和继母之间深厚的感情;也因为这句话,成就了他立志向上的动力;更因为这句话,让他日后帮助千千万万的人一同走上了成功之路。

人们会因为一句话而深受感动,甚至豁然开朗,因为一句话而改变自己的人生。赞美别人是说话的艺术,一句话可以把人逗笑,也能把人说怒。学会赞美别人,是我们为人处事必须知道的一个技巧,赞美别人并不意味着否定自己。

【例5】

有甲、乙两个猎人，各猎得两只兔子回来。甲的妻子看见冷漠地说："你一天只打到两只小野兔吗？真没用！"甲猎人不太高兴，心里埋怨起来："你以为很容易打到猎物吗？"第二天他故意空手而回，让妻子知道打猎是件不容易的事。

乙猎人则恰恰相反。他的妻子看到他带回了两只兔子，欢天喜地地说："你一天打了两只野兔吗？真了不起！"乙猎人听了满心喜悦，心想两只算什么，结果第二天他打了四只野兔回来。

两句不同的话，产生了完全相反的结果。

人总是喜欢被夸赞的，无论是6岁的孩子还是古稀的老人。称赞是欣赏和感谢，它给人的喜悦是无法比拟的，而冷漠的面孔和指责的眼神，是很令人失望的。

我们要怎样赞美别人呢？赞美别人最要紧的是什么呢？是热诚。请不要说一些敷衍的话。赞美别人不仅可以从大处着眼，更要从小处入手，这样才能显示出你的细心与热诚。缺乏热诚的人是不会注意到细节的。

> **■ 课堂练习**
>
> 1. 例1、例2所讲的包容的故事，给你什么样的启发？
> 2. 小组讨论：什么样的人具有亲和力？亲和力与虚伪有什么区别？
> 3. 学习赞美同学。老师可以指定一位学生"乙"，让同学"甲"赞美他，也可以抽签选择被赞美的对象。其他同学来评价甲的赞美是否贴切。

> **■ 课后作业**
>
> 每个学生完成一次对陌生人的采访，采访中请使用赞美的语言。可以录音采访，也可以用视频的形式，时长2—3分钟为宜。

第六节 辩论的能力

在本章的训练中，倾听的能力、提问的能力、语言概括的能力、发表观点的能力、交流的能力和辩论的能力是逐级递进的关系。也就是说，辩论是议论性语言中的高级阶段，是让学生脑洞大开，充分发挥奇思妙想，进行头脑风暴的训练。辩论不只是锻炼学生的口头表达能力，更能锻炼学生的逻辑思维、快速反应能力。一个人一生中不一定能经历几次形式上的辩论赛，但隐形的"辩论"时时刻刻存在着。只要有人与人对话的地方，辩论便无处不在，无时不有。

下面是辩论赛范本参考：

【例稿1】

辩论赛主持人台词范本和流程

各位同学，大家下午好！

比赛开始前，让我们来认识一下今天到场的评委及嘉宾，他们是……，大家用热烈的掌声欢迎他们的到来！

自从有了宿舍，几乎每个宿舍楼都有一个学生自己建立的小商店。今天，就学校是否应该干预学生在宿舍开设小商店进行一次辩论赛。现在我来介绍一下今天的辩论双方：

正方：一辩，白雨；二辩，李晓红；三辩，陆剑锋；四辩，梁吟盈。

反方：一辩，宋蕾蕾；二辩，张钰；三辩，赵菁菁；四辩，蒋双双。

下面我来宣布一下会场纪律和比赛规则：

一、立论

正方一辩首先发言，时间3分钟；正方一辩发言结束后反方一辩发言，时间3分钟。

二、攻辩

由双方的二、三辩，分别对对方的二、三辩进行质询，总共4轮，每轮时间3分钟。

三、攻辩小结

首先由正方一辩进行攻辩小结，时间1分30秒；然后再由反方一辩进行攻辩小结，时间1分30秒。

四、自由辩论

正方任意一位队员先起立发言提问，结束后反方任意一位队员应即刻起立回答并接着提问，双方按程序依次轮流发言，直至双方时间用完为止。

每一位辩手的发言次序、时间和次数都不受限制，但整队的发言时间不得超过5分钟。

五、总结陈词

先由反方四辩总结陈词，时间4分钟；再由正方四辩总结陈词，时间4分钟。

六、主席请评判团退席，评判团进行评决。

七、观众提问

观众提问时，双方各选派一名辩手作答。该环节不影响评委评判。

八、主席请评判团回席，并邀请该场点评嘉宾评析发言。

九、主席宣布比赛结果，比赛结束。

主持人： 下面，辩论开始，首先我们欢迎正方一辩发言，时间3分钟。

主持人： 好，刚才正方一辩对自己的观点做了立论陈述。现在我们来看看反方是如何破题立论的。请反方一辩发言，时间也是3分钟，请！

主持人： 感谢反方一辩的精彩陈述，下面进入我们的攻辩阶段。请正方二辩任选反方二辩或三辩进行一对一质询，时间3分钟。

主持人： 好，接下来有请反方二辩任选正方二辩或三辩进行一对一质询，时间3分钟。

主持人： 下面请正方三辩任选反方二辩或三辩进行一对一质询，时间3分钟。

主持人： 最后我们请反方三辩任选正方二辩或三辩进行一对一质询，时间3分钟。

主持人： 谢谢，经过攻辩之后，下面由我们的一辩进行攻辩小结。正方一辩攻辩小结，时间1分30秒；接下来请反方一辩攻辩小结，时间1分30秒。

主持人： 谢谢正反一辩的精彩陈词，接下来又是他们施展才华的时刻了，也是辩论赛最精彩的时刻——自由辩论。在自由辩论开始之前，让我提醒双方代表，你们每队各有5分钟的发言时间，正反双方自由轮流发言，同一方的发言次序不限。正方先发言。一方发言落座之后，另外一方要马上发言，若有间隙，累计时间照常进行。如果一方用时已完，另一方可以继续发言，也可以向主席提出不发言。我们提倡积极交锋，对重要问题回避两次以上的一方扣分，对于对方已经明确回答的问题仍然纠缠不放的，也要适当扣分。好，现在我宣布自由辩论正式开始。

主持人： 先请正方发言。

主持人： 好，各位观众，刚才这段自由辩论非常精彩。接下来则是双方的第四位辩手做总结性陈述。我们先从反方四辩蒋双双开始，时间5分钟，请！

主持人： 谢谢！现在我们请正方四辩梁吟盈做总结性陈述，时间也是5分钟。

主持人： 感谢各位辩手精彩的辩论，究竟哪方获胜，请现场评委给大家一个客观公正的答案。现在请评委退席评议。

（在评委离席的时间里进行观众提问这个环节）

主持人： 现在是观众提问时间，正方观众代表针对比赛向反方进行提问，时间

1分30秒。

主持人： 下面请反方观众代表针对比赛向正方进行提问，时间1分30秒。

主持人： 在比分揭晓之前，先请现场的评委嘉宾对今天的辩论进行点评。有请×××，大家欢迎。

主持人： 下面我宣布本场比赛最佳辩手是×方代表队的×辩辩手；获得本场比赛胜利也是我们本届大赛的冠军代表队是×××。

比赛前我们提到今天现场有其他学院的同学观看我们的比赛，同时也由他们选出了我们增设的一个最佳人气奖，现在我们请他们来说说对这场比赛的感受。

主持人： 最后，让我们感谢今天到场的评委和嘉宾，谢谢你们。还要感谢所有同学的参与和观看，今天的辩论赛到此结束，谢谢！

【例稿2】

第十届国际华语辩论邀请赛总决赛辩题：爱情是/不是人类的必需品。北京大学（正方）—暨南大学（反方）。

第九届世界华语辩论锦标赛总决赛辩题：幸福是主观的还是客观的。西南政法大学（正方）—清华大学（反方）。

第八届世界华语辩论锦标赛总决赛辩题：追寻人生价值，当代青年人更应该去远方/回家乡。天津大学（正方）—南京大学（反方）。

网上还有很多辩论赛，大家可以反复观摩学习。

课堂练习

1. 根据班级人数分成正反方辩论小组（班级人数多可以分成多个小组），正反方成员各为3—5人。

2. 自拟题目，以当前社会热点话题为主。

3. 辩论赛规则可以参照正规比赛规则，也可以根据训练目的进行一些调整。我们的训练目的不是去参加辩论比赛，而是在疾风暴雨的语言交锋中，让每一个学生有机会参与到辩论中去。

4. 规则如下（仅作为训练时的参考，可以根据教学中课堂的实际情况进行调整）：

比赛各方初始分数设定为100分，出现问题可以从100分中减去相应分值，最后计算得分，分数高的队伍获胜。

（1）选出本场比赛主席1名（可以由老师担任），宣布比赛规则和处罚范围（如：念稿、立论不明确、超时、用语不文明等酌情扣分）。

（2）选出观众评委 3—5 名。

（3）第一环节：开篇立论（每人 1 分钟）。正反双方每位参赛者有 1 分钟的个人陈述观点时间。

（4）第二环节：自由辩论（10 分钟，也可自行调整）。双方根据对方陈述观点进行质疑和辩论（每位选手不允许连续三次代表本方发表辩论，违规者扣罚 5 分。辩论结束，哪一方其中一个队员没有参与辩论，扣罚 10 分，两位队员未参与辩论扣罚 20 分，以此类推）。

（5）第三环节：陈词结辩（双方各指派一名队员总结发言）。

（6）第四环节：观众评议。观战的学生可以针对辩论赛双方的辩论观点及出现的问题积极发言。

（7）第五环节：主席点评。

（8）第六环节：全场亮分，得出结果。

大家在课堂上还可以结合当下社会热点新闻和话题进行辩论。下列选题供选用。

1. 大学毕业是选择考研深造还是就业自立？
2. 大学毕业是选择"大城床"还是"小城房"？
3. 相爱容易相处难还是相处容易相爱难？
4. 仁者无敌 / 仁者未必无敌
5. 环境保护应该以人为本 / 环境保护应该以自然为本

本章思考题

1. 什么是倾听？倾听的意义是什么？
2. 谈话中的提问能起到什么作用？提问的内容从何而来？
3. 语言的概括能力指的是什么？在议论性表达中它能起到什么样的作用？
4. 发表观点的能力与"倾听""提问""概括"之间的关系是怎样的？谈谈你自己的看法。

第五章 演讲的训练

> 如果让我重进大学，我将修好两门课：演讲和说服。——尼克松
> 你能面对多少人，未来就有多大的成就。——丘吉尔

演讲不是自己对自己的独白，也不是两个人之间的告白，演讲是一个人面对观众，敞开心扉，发表个人的见解，解读自己的观点，表明自己的态度，告知自己的理想或努力的方向，而进行的公开表达。演讲与受众之间的交流大都是远距离的，用受众能听到的音量，用能够感染受众的方式，来表达自己的思想。由于演讲目的不同、方式不同、内容不同，演讲者表达习惯不同、能力不同、年龄不同等，演讲又可以分为不同的演讲类别和形式。

单独把演讲作为一个章节，是因为演讲涉及的领域广泛，在社会活动中实际运用的机会较多。

一、演讲的方式

许多人都曾经历过演讲，从小学、中学、大学甚至在工作当中，我们或多或少都参与过类似的活动。演讲是指在公众场合，以有声语言为主要手段，以肢体语言为辅助手段，针对某个具体问题，鲜明、完整地发表自己的见解和主张，阐明事理或抒发情感，进行宣传鼓舞的一种语言交际活动。

演讲的方式可以分为宣读式演讲、背诵式演讲、提纲式演讲、即兴式演讲四大类。

宣读式演讲是指演讲者拿着事先写好的演讲稿，走上讲台，逐字逐句地向听众宣读一遍，其内容经过慎重考虑，语言经过反复推敲，结构经过精心安排。优点是表达正式，不容易出差错，时间可以控制。缺点是照本宣科、呆板生硬，影响演讲者与听众之间的思想感情交流。这类方式的演讲比较传统，也比较常见。

背诵式演讲是演讲者事先写好演讲稿，背熟后上讲台，脱稿向听众演讲。这种演讲方式在一些演讲比赛上比较常见，适合初学演讲者尝试。这一种演讲方式可以在一定程度上检验和培养演讲者的背诵能力，缺点是比较刻板、矫揉造作，演讲者一旦忘词，就难以继续。

提纲式演讲是演讲者只把演讲的主要内容和层次结构，以及整个演讲的主要观点、论据、结构层次等用简练的句子排列出来，作为演讲时的提示思路或PPT，一边演示一边演讲。其特点是能避免照稿宣读和背诵式演讲中与听众交流不足的问题，便于临场发挥，真实感强。这是演讲者进一步提升演讲水平且行之有效的一种演讲方式。

即兴式演讲是演讲者预先没有充分准备而临场发表的演讲，它是一种难度最大、要求最高、效果最佳的演讲方式，它可以根据实际情况，针对听众的心理和实际需求迅速调动语言的一切积极因素，展现出语言的感染力。即兴式演讲需要经过前面我们所经历的训练之后，才有可能具备的口语表达能力。这种演讲可以展示演讲者德、才、学、识、胆等方面的修养，是在演讲者具有很强的记忆力、丰富的想象力和联想力、敏捷的思维能力、大量的语言和材料储备之后的呈现。一场好的即兴式演讲，绝不是任何准备都没有的随意演讲，它需要演讲者演讲前进行精心的准备，有着丰富的知识储备，这样才能达到良好的演讲效果。

二、演讲的类别

按演讲目的和内容分类，演讲也可以分为告知演讲、说服演讲、感动演讲三种类别。

什么是告知演讲？演讲者为听者提供某一件事、某一个人、某一件新产品的新信息或有用信息的演讲，听众通过听告知演讲对未知的事情、人物、产品等有了具体的认识。一开始我们进行的"自我介绍"练习可以说就是一次告知演讲：告诉大家"我"是谁，有什么特点和爱好，有什么样的追求和思索，最后的结论是告诉大家"我"是一个可以被接纳的人。再比如，蛋糕师教授人们怎么烘焙蛋糕，蛋糕师制作蛋糕的说明就是一次告知演讲。告知演讲好坏的标准是具不具备吸引力。

【例稿1】

我们为何而读书[①]

张绪坤

尊敬的老师们、亲爱的同学们：

---

① 引自 https://www.diyifanwen.com/yanjianggao/dushuyanjianggao/1431923255472917.htm，引用时略有改动。

大家早上好!

今天我演讲的题目是:《我们为何而读书》。

曾经有一位意气风发的少年,在回答老师关于为什么要读书的问题时,毅然说道:"为中华之崛起而读书!"后来他果然将这句话当作自己前进的动力,成就了一番事业。今天我们都知道,他就是伟大的共产党人,共和国的缔造者之一——周恩来。正是因为他从小就有为中华崛起而读书的壮志,日后他才收获了辉煌。光阴荏苒,几十年后的我们早已远离了那个硝烟弥漫的时代,因此我们不禁要问:"我们为何而读书?"

首先,作为我们自身,读书为我们打开世界,打开全新的时空。叮叮当当的咏叹声中,有多少魂魄穿过黑夜的隧道,敲打历史的回音壁,扣扣我们的心扉。从书中我们可以领略诗歌的平平仄仄,纵览历史的缕缕丝丝,触碰科学的七分二寸,演绎音乐的八音三叠,书让我们看到另一种繁华。在书中感受"可上九天揽月,可下五洋捉鳖"的自由的同时,我们的灵魂也得以净化、素养得以提高、知识得以丰富,可谓一举多得。因此,为了自身修养的提高和知识的丰富,我们要读书。

其次,作为家庭的一员,我们肩负着父母和学校给予的厚望,同样也在心中怀揣着关于未来的小小梦想。在这个竞争日益激烈,对人的素养要求也越来越高的科技时代,难以想象不读书的后果。我们正值青年,所谓"三更灯火五更鸡,正是学子读书时"。大好的青春怎能虚度,岂不闻"自古英雄多磨难,从来纨绔少英才"?因此,为了实现自己的梦想,也为了承担家庭的责任,我们要读书。

最后,作为祖国的下一代,我们更要读书。我们的祖国不仅有悠久的历史、灿烂的文化,同样也有饱蘸了血泪的屈辱史。祖国的身上印满了鞭挞的痕迹和血红的烙印。鸦片战争、甲午战争、八国联军侵华、南京大屠杀……回忆中国的近代史,只能用悲歌彻地、血染尘寰来形容。一切的一切都不容我们忘记,遍体的屈辱正等着我们去清洗。倘若我们不读书,被优越的物质横流冲垮,那么祖国的伤痕将无法被抚平,祖国的未来也将前途黯淡。因此,为了民族的复兴和国家的强盛,我们要读书。

书籍是通往进步与光明的阶梯,也是打开成功之门的钥匙。有太多的理由让我们读书。因此,让我们学会读书吧!让书籍陪伴我们走过人生的春夏秋冬。

我的演讲到此结束。谢谢大家!

什么是说服演讲?演讲者的目的是说服听众改变想法或行为,甚至听众完全相信演讲者的表达并被感动,愿意加入或支持演讲者的行为。在西方国家的竞选中,为了多拉选票,竞选者的演讲常常具有鼓动人心的作用,让民众为其踊跃投票,这就是说服演讲。班级里选拔班干部，某个人的竞选演说打动了大家——他勇于奉献、带领大家参加公益活动、建设团结的大家庭、拥有一颗公平公正的心等，在众多竞选人中大家最欣赏他，愿意选他做班长，这就说明这位当事人的说服演讲成功了。说服演讲用处非常广，它的终极目标是劝告人们改变想法或投入行动。

《闻香识女人》是一部于1992年公映的美国电影，由艾尔·帕西诺、克里斯·欧唐纳等主演。这部影片讲述了平民子弟查理在感恩节期间找到一份临时看护眼盲中校弗兰克的工作。两个同样面临艰难抉择的人走到一起，中校面对生活心灰意冷，在生存和毁灭间选择；查理是一起校园事件的知情者，他面对忠诚还是告密的选择。当中校试图选择自杀时，查理成功劝阻了中校，使中校重拾对生活的希望。而当查理面对特别会议的质问时，中校为他进行精彩的辩护，使查理免受处罚。网上搜索"《闻香识女人》中校的演讲"可看到弗兰克中校的精彩演讲。这个片段堪称说服演讲的代表。

什么是感动演讲？简言之，能够打动听众并让听众跟随演讲者一起被感动的演讲。演讲者往往有感而发，在场的人不禁为之动容。北京大学女博士生王帆在北京卫视《我是演说家》节目中做了题为《做一个怎样的子女》的演讲，其中"你养我长大，我陪你变老"是非常感人的一句话。王帆演讲的全篇没有口号式的渲染，朴实的语言不仅打动了观众还打动了每一位评委，她演讲的核心紧紧围绕着"身体发肤受之父母"这个人人都回避不了的主题，"敲打"着在场每一个人的心，也让每一位观众都跟着她思考"什么是孝道"。这是一次成功的感动演讲。王帆带着亲和力和她的睿智，娓娓道来，让观众和她一起品味着家长里短，她的演讲朴实又温暖，既展现了女性的温柔优雅，又时时点缀着幽默，这是大家可以学习借鉴的。

【例稿2】

做一个怎样的子女[①]

王　帆

我是一个80后。顾名思义，80后就是指1980年到1989年出生的人，对吗？但是在中国，80后还有一层比较特殊的含义，它其实是指在上世纪80年代初，中国正式实施计划生育政策之后出生的第一代独生子女。我们一出生就得了一个国家级证书，叫"独生子女证"。这个证可以保证我们能够独享父母的宠爱，但是这个证也要求我们，要承担赡养父母的全部责任。最开始我是觉得，要想做好一个女儿，我肯定得挣很多的钱，然后让我爸妈过上特别好的生活。

---

① 参看视频：https://www.bilibili.com/video/av5157372/?vd_source=a4091d20612ccbcbff1701eceffd127f。

我从上大学开始就经济独立，我所有的假期都在工作，所以我的父母几乎一整年都见不到我两次。对于很多像我这样在外求学打拼的独生子女来说，咱们的父母都变成了"空巢老人"。有一天，我妈给我打电话说："早上你爸坐在床边，在那儿掉眼泪，说想女儿了。"你知道我当时的第一反应是什么吗？"呦！至于吗？您这大老爷们儿，还玻璃心哪，天天给自己加戏。"但是后来有一次我回家，那个下午，我永远记得，老爸侧坐在窗前，虽然依旧虎背熊腰，但腰板没有以前直了，头发也没以前挺了。他摆弄着窗台上的花说了一句："爸爸没有妈妈了！"（停顿）"爸爸没有妈妈了"，大家觉得这句话在表达什么？悲伤？软弱？求呵护？我只记得我小的时候，如果我梦见我妈不要我了，我就会哭醒，我特别难过。但我从来都没有想过，"爸爸没有妈妈了"是一种什么样的感觉。我发现在我印象当中，无比坚不可摧、高大威猛的男人，突然间老了。

"爸爸没有妈妈了"表达的不是悲伤，也不是软弱，而是依赖。父母其实是我们每个人最大的依赖，而当我们的父母失去了他们的父母，他们还能依赖谁呢？所以在那一时刻，我才意识到，父母比任何时候都需要我，而且他们后半辈子能依赖的只有我。我得养他、陪他，把我所有的爱都给他，就像他一直对我那样。我要让他知道，即使你没有妈妈了，你还有我。所以从那以后，我愿意适当地推掉一些工作、聚会，我挤时间多回家，我陪他们去旅行，而不再是把钱交到旅行社让别人带他们去吧！因为我明白了一点，赡养父母绝对不是把钱给父母，让他们独自去面对生活，而应该是我们参与他们的生活，我们陪伴他们享受生活。所以，我每次回家，就会带我妈去洗浴中心享受一把。

有一次我正给我妈吹头发，旁边的一阿姨说："你女儿真孝顺！"我妈说："大家都说女儿是小棉袄，我女儿是羽绒服。"幸亏没说军大衣！那阿姨又说："我儿子也特孝顺，在美国，每年都回来带我们出去旅游。"说着阿姨还把手机掏出来了，给我妈看照片，说："你看我儿子多帅，一米八五的大个儿，年薪也好几十万。"我当时有点儿觉得话锋不对，为什么呢？当一位阿姨向你的妈妈展示她儿子的照片，并且报上了身高、体重、年薪的时候，（指着台下）笑的都是相过亲的，你懂的。就在这个时候，阿姨说了一句让我们全场人都傻了的话，她说："可惜不在了。"（停顿）

"不在了！"原来就在去年，阿姨唯一的儿子在拉着他们老两口去旅行的高速公路上，车祸身亡。在那一刻，我真的不知道说什么去安慰那位阿姨，我就想伸出手去抱抱她。可当我伸出手的那一刻，阿姨的眼泪就开始哗哗地往下流，我抱着她能感受到她身体的颤抖，我也能够感受到，她是多么需要有个孩子能抱一抱她。也就是从那一刻我特别地害怕，我不再是害怕父母离开我，我怕我会离开他们。而且经过这件事，我对于一句话的理解更深入了，（这句话）叫作："身体发肤受之父母，不敢毁伤。"原来我只觉得这句话应该是：我应该珍惜自己的身体，珍惜自己的生命，别让爸妈担心，对吧？但是现在我发现，不仅如此，我们对待别人也要这样，因为每一个人都意味着一个家。

所以我现在每一次在跟父母分别的时候，我都会紧紧地抱抱他们，在他们的脸上亲一下。可能像拥抱、亲吻这种事儿，对于我们大多数的中国父母来讲，一开始是拒绝的，但是请大家相信我，只要你坚持去做，你用力地把她搂过来，你狠狠地在她脸上亲一下，慢慢地她就会习惯。像我现在走的时候，我妈就自然地把脸送过来。这样他们就会知道，你在表达爱。

我想，作为独生子女，我们确实承担着赡养父母的全部压力，但是我们的父母承担着世界上最大的风险，可是他们从不言说，也从不展现自己的脆弱。一打电话，他们说家里一切都好的时候，他们真的好吗？作为子女，我们要善于看穿父母的坚强。这件事越早越好，不要等到来不及了，也不要等到没有机会了。就像所有的父母都不愿意缺席子女的成长（一样），我们也不应该缺席他们的衰老。

有一篇《目送》，它在结尾告诉我们"不必追"。可是我今天想告诉大家，我们就得追，而且我们要从今天开始追，提早追，大步去追！

至亲之情，不应该是看着彼此渐行渐远的背影，而应该是：你养我长大，我陪你变老。

谢谢大家！

> **课堂练习**
>
> 1. 教学中老师可以安排一些生活中的热点话题，进行课堂演练。学生们也可以自拟题目，小组之间互相出题目，进行训练。
>
> 2. 以下是课堂即兴演讲练习的推荐素材。以下面的话题为例，进行演讲练习。
>
> **素材1. 别让手机绑架了生活**
>
> 如今，人与人之间的沟通越来越少了，人与机器的沟通却越发多了起来，尤其在当今以电脑为主导、以手机为载体的娱乐时代，很多人沉迷在游戏软件里和手机屏幕前，乐此不疲、彻夜不眠，这种日复一日的思维定式让我们的感情越来越淡薄，失去了自我反思与审视的能力，更无暇顾及他人的感受。上海交通大学知名教授蔡申瓯曾对媒体说："我经常看到同学们不停地和手机交流，课下如此，课上也是如此，手机这些媒介把我们的时间切成了零碎的小块，从

而没有了能静心深入思考的时段。"

其实，手机只是一种通信工具而已，它是以娱乐大众、方便沟通为目的而存在的，人们不应该沉迷其中，应该学会自我控制，回归以人为主体的生活状态。正如庄子所说："物物而不物于物。"物是由人支配的，而不是人被它支配。只有这样才能真正体验生活，感知情感。这个世界，远比屏幕丰富多彩。

素材2. "别让孩子输在起跑线上"

近年在教育领域对家长误导最严重的一句话是："别让孩子输在起跑线上。"一些家长由于担心自己的孩子输在起跑线上，便通过各种培训班给孩子超前大满灌与其年龄不同步的知识，揠苗助长。爱因斯坦说："想象力比知识重要。"有想象力的人才能进行创造性劳动。请让孩子输在起跑线上，输在起跑线上，能赢得人生；赢在起跑线上，能输掉人生。欲将取之必先予之是大智慧。

素材3. "美丽中国"的寓意

"美丽中国"首重生态文明的自然之美。把生态文明建设摆在总体布局的高度来论述，这表明我们党对中国特色社会主义总体布局的认识深化了，也彰显了中华民族对子孙、对世界负责的精神。

"美丽中国"体现科学发展的和谐之美。在"美丽中国"理念的指导下，我们一定能实现"给自然留下更多修复空间，给农业留下更多良田，给子孙后代留下天蓝、地绿、水净的美好家园"的美好愿景。

"美丽中国"展现温暖感人的人文之美。没有了最美中国人，"美丽中国"便如无根之萍、无源之水，徒具美丽外表，不具美丽生命。

■ 课后作业

1. 大家分小组进行训练。每个人分别做一篇告知演讲、说服演讲。这两个演讲的准备时间为一周。

2. 这一章的学习完成后，老师组织学生举行一次小型演讲活动。

【延伸链接】

为大家推荐几个出色的演讲，大家可以在网上搜索、观看。

1. 刘媛媛在《超级演说家》中的4分钟演讲《寒门贵子》。
2. 董仲蠡在《我是演说家》中的演讲《教育是什么》。

3. 雷军在小米十周年上的演讲《和这个伟大时代同行，是最大的荣幸》。
4. 白岩松的演讲《年轻人路在何方》《医学与医德》。
5. 下面是一篇"成人礼"演讲例稿，供大家参考。

我们长大了

十八年前，一声嘹亮的啼哭划破静寂，我们开始了人生的旅程。三岁，亲情给我们温暖；七岁，知识给我们力量；十二岁，单纯给我们多彩；十四岁，善感给我们忧郁；十六岁，彷徨给我们思考；十八岁，成熟给我们淡定。十八年的风雨和阳光，十八年的泪水与欢笑，十八年的回忆积淀出蓬勃而美丽的青春，终于在今天诗意地绽放！

在今天，我们首先想到的是感恩。爱似大海静水流深，最深的爱里你看不到浪花。父爱和母爱是没有具体内容的，它是闭上双眼浮现出的十八年来的点点滴滴、日日夜夜，它是贯穿在我们整个生命里的所有的故事。只有用行动去报答，只有用我们成长的双手撑起这个家，用我们全部的生命去感恩、去尽孝、去分担。

什么是真正的成熟？当面对妈妈忙碌了一天回到家里还要为我们洗衣服时，我们应该说："妈妈，让我来吧，您去歇会。"当爸爸拖着疲惫的身躯回到家时，我们应该泡杯热茶说："爸爸，你累了吧？"

如今，我们已经不再是顽童，不再是孩子，不再需要太多的看管与叮嘱，不再需要太多的呵护与责备。我们有理智的头脑，有健康的体魄，有了公民的权利，有了公民的责任和义务。我们要自信地昂首面对社会，我们要努力思索该怎样更好地学习、工作、为他人服务。

十八岁遭遇高三，高三意味着破茧前的积累，代表着黎明前的黑暗，也注定了我们的刻苦与努力，更昭示着日光回归大地，倾城的明媚与畅快。学着面对一些真实，接受一些不完美，承担一些责任，自己做一些决定，十八岁的我们，是时候了。

十八岁，告别青涩稚嫩，收获成熟自信。

十八岁，告别畏惧迷茫，收获坚强决绝。

十八岁，我们意气风发，数尽岁月积下的财富。

十八岁，我们追寻梦想，展尽年华，细数姿彩。

青春，在路上。我们，在路上。我们注定用青春去挥洒未来！

路漫漫其修远兮，吾将上下而求索，最后送给同学们一副对联以共勉：

书山弘道，披荆斩棘，敢叫青春无悔。

学海畅游，激流勇进，笑傲浪遏飞舟。

6. 下面这段演讲是描写"二七大罢工"的经典著作《风暴》中,为工人抱打不平的施洋大律师的一段辩护词。

工人江有才和黄德发被老板魏处长的父亲强行拉去开火车轨道上的压道火车(19世纪20年代,火车轨道上的一种手动的小型交通工具,属于临时使用工具)赶着去看"夜明珠"的演出,迎面开来了一列军车,按理压道火车应该给军用列车让道,但是魏父不肯让道,出了车祸。魏父和工人江有才身亡,工人黄德发的头和手臂受伤。可是魏父的儿子魏处长不但不给遇难工人出抚恤金,还要让工人为他的父亲进行赔偿。当时很有正义感的著名大律师施洋,出庭为工人辩护。

训练时大家请注意:(1)法庭上交流的距离;(2)施洋大律师对工人兄弟的感情;(3)演讲的音量要传递到听众席上。

风暴·施洋辩护(片段)[①]

工人弟兄们,这难道还不明白吗?真正的杀人犯是谁呢?难道是黄德发吗?当然不是。真正的杀人犯,正是那位已经死去了的魏处长的父亲!

工人弟兄,哪一个丈夫没有妻子?哪一个妻子没有丈夫?她没有了丈夫。她的丈夫江有才被魏处长的父亲害死了,她难道甘心俯首帖耳不表示抗议吗?不能!但是,她毕竟不敢有所表示。她从小就受尽了有钱有势人的压迫,她从小就过着牛马不如的生活,她现在抱着她生了重病的孩子,她除了悲痛啼哭之外,做不出任何的表示。这难道是公道的吗?这难道是公道的吗?难道不该替死者申冤吗?难道不该要求魏处长的父亲的儿子魏处长来负责赔偿死难家属的一切损失吗?

还有,工人黄德发,因为遭受魏处长父亲的纠缠,被迫跳车受伤。请看,他现在额头鲜血未干,右腿、右肘都有伤痕,这难道也要他自己来负责吗?这难道不该也由魏处长的父亲的儿子魏处长,你,来负责赔偿工人黄德发的一切损失吗?

本章思考题

1. 什么是演讲?你理解的演讲可以运用在哪些领域?
2. 什么是宣读式演讲?
3. 什么是背诵式演讲?
4. 什么是即兴式演讲?
5. 你认为演讲中要注意些什么?

---

① 可参看视频 https://www.bilibili.com/bangumi/play/ss32548,此片段位于 18:23—20:24 处。

第六章　各类主持的训练

在《现代汉语词典》中，主持有3个义项：第一，负责掌管或处理。第二，主张；维护。第三，负责掌管处理某项活动的人。

随着媒体的发展，大家对"节目主持""节目主持人"耳熟能详，此章我们不谈广播电视媒体中的主持形态，主要围绕着在公众活动中涉及的"负责掌管或处理"等主持工作形态展开训练。

随着经济生活和文化生活的需求，公众活动中的主持及主持人形态各种各样。比如新闻发布会、会议主持、婚庆司仪、商品推介及新闻发言人、网络主播等。

第一节　媒体主持

一、新闻发言人

新闻发言人是由国家机关、政党或社会团体任命或指定的新闻发布人员，是国家机关、政党或社会团体政务公开以及媒体、公众获取信息的一个窗口。

1983年，我国正式建立政府新闻发言人制度。自20世纪80年代开始，伴随着改革开放政策的全面实施，我国的政府新闻发言人制度建设逐渐步入正轨。新闻发言人在我国普遍出现则在2006年。

新闻发言人不代表个人，这点要切记。他代表某个国家机关、政党或者某个团体，他是一个符号、一个象征，所以他的话语表达要跟政府的方针、政策保持一致，他的言论具有权威性。但是在发言的过程中，新闻发言人要有独立思考的能力，不能照本宣科，要用自己的言辞表达方式将信息传播出去，所以新闻发言人的遣词造句是有讲究的。

新闻发言人不是推销员。推销员为了兜售自己的产品，尽量美化自己的产品。而新闻发言人身份特殊，他的言行代表政府、政党或社会团体，是官方传播资讯的重要渠道，因而要客观、公正、准确、权威。比如，我国的外交部新闻发言人，是代表外交部行使职责的人。对于他的气质、风度是有要求的，他不仅代表着我国的外交部，还代表着拥有14亿人口、有着五千年文明的中华人民共和国，所以，外交部新闻发言人应该具有大国风范和文化底蕴，要彰显中国的大国气质和大国风范。新闻发言人在新闻发布会上是给到会的记者发布信息的，所以他的信息必须真实，话语严肃严谨、刚柔相济，把要发表的方针、政策告诉记者，将要表达的态度展现在众人面前。

新闻发言人，不仅要有流畅的语言表达能力，更要在语言干练、措辞准确的基础上，做到有理有据、表达无误，牢牢把握住官方的立场、体现相应的态度。这就进一步要求新闻发言人，能够熟练掌握国家的方针政策，这样才能随时应对不同国别、不同领域的记者提出的刁钻问题。

> **课堂练习**
>
> 1. 观摩不同的新闻发言人答记者问，体会、总结其得与失。
> 2. 模拟新闻发布会。
> （1）选出一名学生做新闻发布会主持人。
> （2）选出一名学生做新闻发言人。
> （3）一组学生作为现场记者进行提问。
> （4）另一组学员对整个新闻发布会进行点评。

【例稿1】

主持人： 记者朋友们，大家上午好！今天是我们的传统节日小年，再过一周就要过年了，感谢大家来参加省政府新闻发布会。为了让全省人民过上一个欢乐、祥和、安宁的春节，省政府作出了部署安排，有关部门做了大量工作。经省政府领导批准，今天我们召开新闻发布会，邀请省公安厅分管负责人向大家介绍保障群众过好春节的相关情况。下面有请省公安厅新闻发言人发布新闻。

新闻发言人： 各位记者朋友，大家上午好！根据本次新闻发布会的安排，下面由我通报今年春运期间的道路交通安全风险预警提示和全省公安机关为保障广大群众平安返乡开展的道路交通安全管理工作情况。

从1月10日春运正式启动以来，为了保障全省道路交通安全，各地公安机关启动高等级勤务，设置春运执法服务站299个，检查公路客运、旅游客运车辆2.2万辆，查处大客车超员、超速违法行为 125 起，货车超限超载 3 800 起，开展两轮全省酒驾醉驾集中查处行动，查处酒驾 1 440 起、醉驾 258 起，并制作 5 部交通安全警示教育片，在全省广泛开展交通安全警示教育。

虽然前一阶段全省道路交通安全形势开局平稳，但我们分析仍有几个方面的安全风险，需要提醒广大群众注意：

一是交通违法多发，容易导致更多事故；

二是出行高峰叠加，带来更大交通压力；

三是恶劣天气侵扰，造成更多出行不利因素。

为给广大群众的平安出行、欢度春节提供良好的交通安全服务保障，相关部门将重点采取以下六条措施：

一是切实加强安全检查；

二是重点严查严打违法行为；

三是全力优化交通组织；

四是积极应对恶劣天气；

五是加强交通安全信息预警提示；

六是积极为群众提供保障服务。

春节临近，越来越多的人踏上了返乡旅程，他们身上承载着父母的盼望、妻儿的思念。让在外工作和辛劳奔波了一年的亲人平安回家，阖家团聚，既是家人迫切的愿望，也是公安机关和广大民警最大的心愿。在这里，我也代表全省公安民警给大家拜个早年，向大家送上新年的平安祝福，祝愿大家阖家团圆、新春快乐、身体健康、万事如意！我就通报这些，谢谢大家！

主持人：下面是记者提问时间，有什么问题请记者朋友举手发言。

主持人：（结束语，对新闻发布会稍加概括总结）新闻发布会到此结束。感谢各位朋友的光临！

二、网络主播

主播，简单理解，是主持一场活动的主要操持者。网络主播，是活跃在网络领域里担当主持工作的主持人。网络主播由于网络平台的无限广阔，主播的节目特色丰富多彩，节目形式多种多样。网络主播是通过互联网平台，展示才艺、知识、口才等，并与受众进行互动交流，获得受众的关注而产生效益的职业。

随着互联网技术的快速发展和普及应用，网络直播已经成为人们日常生活中不可或缺的一部分。

2022年6月22日,国家广播电视总局、文化和旅游部联合印发《网络主播行为规范》,旨在加强行业自律,提升网络主播的专业素质和社会责任感。

2024年5月24日,人力资源和社会保障部发布公示,拟增加网络主播等新职业。新职业的增加有助于更多求职者找到适合自己的工作,实现"稳就业"的目标;新职业的公布也有助于增强从业者的职业归属感,提高他们的职业素养和技能水平,从而促进就业岗位的开发和就业市场的稳定。

网络主播大致可以分为以下几类:专业类主播、娱乐类主播和购物类主播。当然,随着市场需求的增加还会出现其他类型。

网络主播的播出环境比较灵活,可以在直播间,也可以在户外景区、家里居室,还可以是移动环境下的临时空间等进行工作。只要有稳定的网络连接和手机、电脑、麦克风等直播设备,网络主播就可以展开工作。

成为一名网络主播通常需要具备良好的语言沟通能力、快速的思维反应能力和丰趣幽默的语言表达能力,以便即时回应观众的评论和提出的问题。如果能够将口才、表演和专业知识结合起来,网络主播就具备了成功的先决条件。

随着行业的不断成熟、主播素养的提高和监督管理的不断规范,网络直播行业将得到社会广泛接纳,迎来更加健康、有序的发展前景。随着网络技术的发展,网络直播的形式和内容将更加多样化,这将为网络主播提供更多的创新空间和表达方式。

训练者在掌握了标准普通话、播报与讲述等基本叙述性语言、议论性语言的基础上,发挥自己的特长,模拟完成网络主播的相关训练。

> **课后作业**
>
> 1. 每个学生制作一条视频,内容可以是卖衣服、教化妆、健身、烹饪一道菜、教授一门技术等。
> 2. 课上大家展示各自的作品,并展开讨论。

第二节　仪式类主持

一、婚礼主持

婚礼主持不是一个新型职业,从过去的"媒婆""喜娘"到婚庆司仪,婚礼主持人在不同时代有不同的称谓。受西方的影响，对于传统婚礼、西式婚礼、中西都有的交替式婚礼，婚礼主持人都能够活跃其中。婚礼主持人其实更多的是服务者的角色，新郎新娘才是主角。婚礼主持人是帮新郎新娘完成"婚礼梦"的专业服务人员，这是对一位优秀婚礼主持人的最好注解。

对于现在的婚礼，青年人更追求仪式感，婚礼主持人是一场婚礼的引领者，从开场到婚礼结束，婚礼主持人都充当着婚礼仪式的重要角色。一对新人从恋爱起跑，经过漫长的马拉松来到婚姻殿堂，人生中这个美丽的过程是夫妻一生中刻骨铭心的记忆。婚礼是相爱的两个人在成长过程中由单身到组建家庭最关键的见证。一场婚礼对当事人和当事人双方的亲人来说是十分重要的仪式，是两个家庭重要的典礼。到场的新人、双方的父母亲人对主持人在婚礼上的表现都是非常重视的。主持得好，能给两家带来喜庆；主持得不好，会让两个家庭充满遗憾。用心、真诚地为新人准备一场婚礼是对婚礼主持人最起码的要求。

主持人在主持婚礼时，所说的话语不仅要有艺术魅力，还要有感染力。为此主持人必须在婚礼前与两位新人交谈，从中得知他们在恋爱过程中最精彩的时刻出现在什么节点，他们爱上对方的感人细节是什么……整个婚礼不是表现主持人个人技能的过程，无论主持人多么会唱歌，多么会跳舞，语言多么华丽绚烂，如果忽略了烘托新郎新娘的主角地位，主持人没有当好配角，就会让整场婚礼喧宾夺主。

切记一点，婚礼现场不是"秀"婚礼主持人，而是"秀"一对新人，"秀"的是辛辛苦苦养育他们长大成人的父母。主持人要带动大家为一对新人祝福，让每一位参加婚礼的已婚嘉宾都能感受并回忆起当年自己婚礼的美好时刻，也让未婚的嘉宾被感染，期待自己也能拥有一场这样激动人心的婚礼，更让一对新人在父母以及嘉宾的祝福当中，感受到做主角的光彩夺目，这才是成功的婚礼主持。

婚礼主持人说小也小，说大也大，要充分准备、认真对待每一场婚礼。婚礼主持人除了在思想上重视之外，还要懂得地方民俗，在主持过程中尊重当地的婚礼风俗，掌握好婚礼的时间长短。除了婚俗上规定的环节，比如敬父母恩之外，还要有自己的主持特色。

> ▎课堂练习
>
> 　　大家可以例稿1为蓝本，相互配合，一起来模拟一场婚礼主持。

【例稿1】
　　各位来宾，各位亲朋好友、新郎新娘及家人们，晚上好！

非常荣幸今天能来主持张先生和林小姐的婚礼。首先,我代表两位新人向参加今天礼宴的所有来宾表示最热烈的欢迎和最衷心的感谢。经过三年的恋爱,张先生和林小姐终于跑完了爱情马拉松全程,跨入了婚姻的殿堂。好,朋友们,让我们把所有的目光集中在舞台。我宣布两位新人的结婚盛典正式开始(奏乐),有请新郎登台!(鸣炮,喷金洒彩)

(新郎出场)这位帅气的新郎,现在已经站在这里,我们大家都能够看到新郎笑容里掩饰不住内心的喜悦,眼神里透着成功者的那份自豪,在这里我们用掌声为他鼓劲加油!一会儿,当幸福的大门打开的那一刻,他的新娘就要通过这长长的红毯走入大厅,走向新郎。但是不管新郎如何激动,我们还是要提醒新郎,你特立独行的好日子就要结束了,你将要挑起家庭的重任,爱你的妻子、爱你的孩子、爱你们的父母亲。曾国藩说过:"齐家、治国、平天下!"男儿当自强,这只是你人生开启的第一步,你准备好了吗?

十年修得同船渡,百年修来共枕眠。三年来,两个人的爱情故事里凝聚着新娘和新郎的心力和相互关怀,这样的爱情长跑是坚实又浪漫的。新娘是新郎在灯火阑珊中蓦然回首时,众里寻到的珍宝。新郎的好眼力离不开他父母亲良好的家教,也离不开在座的每一位朋友的指点迷津。然而新娘的睿智、得体大度、知书达理更是普通女子所不能及的。希望已婚的、即将结婚的、未婚的姐妹们能以新娘为榜样,学习之,赶超之。

今后,我们依然要见证这对新人相亲相爱浪漫到老。现在幸福的大门已经打开,生命中最动人的一幕出现了!

(新娘出场)大家请看,新娘在父亲的陪伴下走入红地毯。新娘穿着洁白的婚纱挽着帅气的爸爸,每一步都走得那么庄重大方,此刻新娘是世界上最幸福的人,她在她最信赖的男人护送下去接纳另一个男人对她的爱、对她的呵护!新郎已经迎上前去……此刻新郎要说什么呢?父亲又将给予怎样的嘱托?请大家安静,让我们一起来见证这一时刻!(新郎告白)(新娘父亲嘱托)

有父亲的叮咛,有新郎新娘的恩爱,有双方父母的爱护,有到场的亲人朋友的祝福,一对新人的幸福之路一定鲜花烂漫。

现在双方父母来到了舞台。在这幸福的时刻,我们有请新郎的父亲说几句话。

下面举行礼拜仪式。

先是拜高堂:一鞠躬,喜成新家,别忘爹妈;再鞠躬,养育之恩,终身报答;三鞠躬,祝父母大人福如东海,健康长寿。现在,向全体来宾三鞠躬:一鞠躬,感谢各位领导对自己的关心、帮助和培养,对给予他们家庭以深切关怀的亲友、工作生活中给予帮助的朋友致以崇高的敬意;再鞠躬,谢谢朋友们来贺喜,永远把这美好的光景和大家的深情厚谊保留在自己的记忆里；三鞠躬，衷心祝愿各位领导和全体来宾身体健康、工作顺利、阖家幸福、万事如意、心想事成、爱情甜蜜。下面夫妻对拜：一鞠躬，忠诚是永远的；二鞠躬，理解是必要的；三鞠躬，尊重是相互的。

　　各位来宾、各位朋友，男人是船，女人是帆，家庭是港湾。结婚是爱情长跑的终点，更是牵手同行漫漫长路的起点。领导的关怀、朋友的深情、美丽的鲜花、醉人的美酒，一张张笑脸，一声声祝愿，都在向一对新人表达一个共同的心声：祝福有情人终成眷属！我们由衷地祝福好人一生平安，我们热切地呼唤爱情的春天常驻，我们真诚地祈盼美好的明天。

　　好，现在午日当空，吉时已到，新婚喜宴开始，请全体嘉宾端盏举杯，为一对新人喜结良缘干杯！为各位领导、各位朋友的身体健康干杯！为我们幸福美好的明天干杯！喝喜酒了！

　　下面的例稿2和例稿3是比较有特色、颇具中国元素的，希望大家从中能学习到婚礼主持的重要常识和礼仪流程。

【例稿2】

土楼回响
——民俗婚礼作品

简介：

　　民俗婚礼作品《土楼回响》是在结合客家文化和世界客属恳亲大会文化的基础上，融合了诸多客家婚俗文化而成的，具有中国传统风俗的礼仪文化。

　　例如：在新娘出嫁当天，出门前由家中长者向花轿泼水，意为"嫁出的女儿泼出的水"，同时新娘母亲赠予有吉祥寓意的甘蔗或花生等，之后新娘换鞋上轿。新娘到达男方家里，下轿至进家门这一段路，双脚不能着地，须亲属用3—5个簸箕，前后轮流转换，新娘脚踩簸箕进入家门。除此之外，在客家人聚居的一些地方，还流行哭嫁、男跪女不跪等习俗。

　　该作品在2018年举办的第八届全国婚礼主持人大赛海峡赛区获得金奖，并在全国总决赛上获得银奖。2019年在厦门举办的第十一届海峡论坛"同名村·心连心"联谊活动当中，该作品再一次进行修改，增加了客家擂茶的元素，使作品内容进一步丰富。海峡两岸，同宗同源，很多民间习俗一脉相承，在婚嫁习俗当中，亦有诸多体现。

　　画外音（小女孩儿）：初冬的阳光，撒在这泥土夯筑的、方圆错落似古堡般巍峨苍朴的土楼上……

主持人： 一千多年前，"群雄争中土，黎庶走南疆"，战乱驱赶着一群背井离乡的人，向长江南岸大规模逃亡。

终于，南方苍翠的山林收留了这群漂泊的人，历经五次南迁，这群中原汉民成了中国南部的客家人。这里群山环抱，溪水清澈，祖祖辈辈在此休养生息。山水天地间，矗立起了一座座圆圆的土楼，千百年来，绵延至今。

今天的客家婚礼，要从第一部以客家史诗为内容的交响乐《土楼回响》开始，有请新郎俊轩。2000 年，厦门爱乐乐团首任艺术总监、新中国第一位女指挥家、永定出生的客家女郑小瑛，带着乐团第一次在振成楼里演奏。

来自台湾地区的俊轩跟随乐团第一次见到了这"圆圆的土楼"。他也遇见了自己心仪的女孩儿——新娘婉妍。（新娘出场）

福裕楼里长大的婉妍，身上流淌着客家儿女的血脉。两人虽相隔两岸，却同根同源，一见如故，再见倾心。

今日新娘出嫁，新郎奉茶改口，一碗客家擂茶，饱含深情厚谊。客家人南迁途中发明擂茶，取于自然，烹于征途。

二位新人手拿擂棒，频频舂捣，同甘共苦，携手与共。

客家有民谣："家家擂茶声，户户茶飘香。擂茶食中宝，胜过人参汤。"

"爸请喝茶，妈请喝茶。"

礼请新娘拜别双亲，新娘换鞋上轿！有请阿娘赠予甘蔗。甘蔗捆九尺红绳，长长久久，柔情蜜意！

起轿！阿爸泼水、新娘抛扇！新娘哭嫁，婉转动听，这是我们客家女儿在出嫁时，怀着喜悦之心诉说的离别之情。

一首流传千年的客家山歌，诉说着客家儿女对爱情的守候。

新娘： 你有心来俺有情，不怕山高水又深。

新郎： 山高自有人开路，水深还有造桥人。

礼请新人到培德居祭拜祖先。所有在客家福裕楼里出生的儿女，刚出生时的胎盘都埋在这培德居正中间的一方泥土里。树高千尺，叶落归根！海峡两岸一脉相承，这里永远是你们的家。

有请新人面向祖先，拜！祭拜祖先，福泽万年，兴！！！

"客归故里犹是客，家居四海斯为家。"婉妍与俊轩，虽相隔两岸，却因为一部《土楼回响》，情之所起，一往而深。

在这群山环抱、溪水潺潺的闽西，人们夫妻恩爱、鱼水和合。每当咱们热闹庆祝时，都要在土楼前，唱起山歌跳起舞！熟悉的旋律，早就融在客家儿女的血脉之中。

你有心来俺有情，

不怕山高水又深。

山高自有人开路,

水深还有造桥人。

土楼是一条船,带着华夏儿女的血脉,从黄河流域驶来。

土楼是一首歌,吟唱着客家儿女忠于爱情、勇于开拓的风骨。

土楼更是家园的信物,承载着祝福与期盼,子孙繁衍生生不息。

【例稿3】

婚礼秀·宴清都

简介：

该作品是福州某婚庆公司策划的一场大型婚礼秀。该婚礼秀的主题是"宴清都",营造古典大气的皇宫婚嫁氛围,也迎合了当下中国风婚礼渐渐流行起来的市场趋势。2019年刚好是故宫600岁的生日,设计师专程前往北京学习,并采访时任故宫博物院院长的单霁翔先生,实地考察并了解了明清时期大婚的一些习俗。该婚礼秀背景的打造借鉴了紫禁城的诸多元素。在婚俗方面,清朝时期的婚典,皇帝需要一人在太和殿前方等候,皇后在众人的引领下,到达午门后独自从午门进入,跨过金水桥后,来到皇帝面前,与皇帝一起进入中和殿。所以在这场婚礼秀中,也是由新郎一人先登场在原地等待,新娘在众多宫女的引领下,跨过金水桥,来到新郎面前。

主持人：田野、秦岭、王俊棠

【灯光秀】

全息影像呈现清明上河图以及诗词,灯光秀渲染置景。

演员：少年女主就位。

灯光：灯光和激光渲染置景,全息影像亮起,清明上河图呈转动状态,(音乐00：31)过渡到山水墨画背景,诗词呈条状从顶部下落。

旁白：无。

【主持人开场】

【序】：全场暗,灯光秀准备,配合灯光、全息投影、激光、音乐。

演员：可以自行扮演。

灯光：暗场,暖光氛围渲染主舞台,定点灯给到主持人。

序词：（秦岭）

（音乐00：19）

非常自豪,能够站在这一方美好的舞台问候现场所有的来宾。欢迎大家来到由三迪希尔顿酒店携手种子婚礼为大家打造的"2019大美·国风风尚趋势发布"。没错,我用了"自豪"这个词。作为一名炎黄子孙,我从来没有想过能够站在紫禁城为大家主持,哪怕它只是个概念。

从神农尝百草到唐宋元明清,从公元前2070年到公元1912年,我们感受着每一个朝代的辉煌,也见证每一个朝代的更迭。

时间好像从不为任何一个朝代停留,你最喜欢的皇宫是哪个?是阿房宫或是大明宫,还是紫禁城?哪怕你回不去,至少我们看的是同一轮明月,其实每一个人心中都该有一座"紫禁城"。

守得住繁华,也耐得住寂寞,或许你还没有发现它的存在,那就让我们追寻历史的钟鸣,去找寻你心里的"紫禁城"。(此句时没有背景垫乐,"紫禁城"一词后钟声响起)

【钟声+少女女主起舞】

伴随六响钟声,配合全息渲染,少女女主水袖舞蹈,演绎闺中。

演员:少女女主。

灯光:舞台暗场,灯光随钟声亮起不同区域的置景,在最后一响钟声时(音乐01:07),暖黄色定点灯打圆形舞台中间,照亮舞者,全息呈现桃花花枝,花瓣下落状。

全息幕布收起时间点01:43。

旁白:无。

【风雅颂】

暗场,少女女主退场,主持人用"风雅颂"诠释婚嫁。

演员:无。

灯光:追光打到舞台,缓慢照亮舞台上三位主持人。

旁白:(田野、秦岭、王俊棠)

(音乐00:11)**王俊棠**:桃之夭夭,灼灼其华。之子于归,宜其室家。

(音乐00:21)**田野**:关关雎鸠,在河之洲。窈窕淑女,君子好逑。

(音乐00:31)**秦岭**:蒹葭苍苍,白露为霜。所谓伊人,在水一方。

田野:女孩儿出生,一岁襁褓,三岁孩提,五岁总角,七岁髫年,十三岁豆蔻,十五岁及笄,十六为之待年,今朝出阁,念长长,梦长长,欢喜泪,落离殇。幸得心仪好儿郎,描眉梳妆话情长。礼请新娘!

【宫女出】

暗场,少女女主退场,宫女提宫灯小碎步快速出,主持人赞词,工作人员引导全场点亮小灯笼。

演员：十位宫女。

灯光：全场暗场，定点灯随宫女行进位置逐渐照亮圆形舞台区域，等候女主出场。

旁白：无。

【成年女主出场】

成年女主进场，宫女同行，至金水桥站停，女主独自慢步走上舞台，男主主舞台等候。

演员：十位宫女、成年女主。

灯光：追光给到女主，从圆形舞台区域随女主行进位置逐渐点亮区域，直至舞台，全场氛围灯亮。宫女随行至金水桥后退场，女主独自走上主舞台。

旁白：（田野）

（音乐：02：48）

惟天地以辟，万物滋养于斯。日受其精，月润其华。天理之奥含于其中，人以婚姻定其礼。自礼行时，连理成，比翼具。虽万难千险而誓与共患，纵病苦荣华而誓不与弃。仰如高山哉，其爱之永恒。浩如苍穹哉，其情之万代。相敬如宾，各尽其礼。家合事兴，不变不易。天长地久为尔佳缘。特为赞颂。

【三拜】

男主迎接女主，二人三拜——拜天地，拜父母，拜姻缘——饮合卺酒。

演员：男主、成年女主。

灯光：定点灯，氛围灯光。

旁白：（王俊棠）——三拜词

（音乐00：51）

比翼得以双飞，为天之造化；并蒂而成连理，乃地之厚德。一拜天地！总角及至加冠，为父之抚育；豆蔻而今亭亭，乃母之生养。二拜父母！泱泱大地，浩渺人烟。相遇是姻，情投意合；心有灵犀，相爱是缘。三拜姻缘！

【合卺酒】

男女主饮合卺酒

演员：男主、成年女主。

灯光：定点灯，氛围灯光。

旁白：（田野）——合卺酒词

（音乐00：32）

一杯合卺，许君三生。恩爱不移，生死不弃。为新人请上合卺酒！合卺酒，红烛流，芙蓉帐前合卺酒，定作两白头。愿今夜此星此辰、此情此景，合卺一爵，饮之。交换再饮。君兮我兮，合而为一。甘兮苦兮，血脉相依。仪礼成，宴宾朋。

【敬酒齐颂】

圆形舞台，主持人合颂，男主女主感谢宾朋，作宴席开始状。

演员：男主、成年女主。

灯光：主舞台定点灯、氛围灯光、圆形舞台定点灯，全息投影颂词。

旁白：（田野、秦岭、王俊棠）

田：高山央央，大河汤汤。

王：与子偕老，我心何芳。

秦：情之恒远，愿与天长。

田：爱之灼灼，日月同光。

王：摇摇灯火，铮铮鼓瑟。

秦：君子玉树，美人荧荧。

田：宛如清扬，是为天命。

王：与卿执手，与子偕成。

秦：日月同鉴，你我为证。

田：风兮雅兮，亲朋将乐。

王：百花齐颂，春雨为歌。

秦：琴瑟既起，笙箫飞扬。

田：良辰佳时，美酒满觞。

王：举杯同祝，地久天长。

合：举杯同祝，地久天长！

【极乐之宴】

鼓乐齐鸣，优伶齐舞，演绎都城宴饮盛况，男主女主退场。

演员：男主、成年女主（两人位于舞台的最高处）。

民乐（音乐00：00，位于舞台台阶处，开始演奏）。

舞蹈演员（音乐00：38，由两侧进入底部异形舞台，开始起舞）。

灯光：定点灯，氛围灯光。

旁白：无。

二、殡葬主持

婚丧嫁娶、生老病死是我们生活中难以避免的内容。葬礼显然不像迎娶新人那样给家族增添喜庆。一个人从出生来到这个世界，从为人子女到为人父母，从上学读书到成就事业，无论在家族还是在社会上，都会给亲人和同事、朋友留下美好的记忆。我们都应该纪念他、缅怀他，尤其是德高望重的长者，其对家人和社会都做出过巨大的贡献，无论他是因病还是遇难或是高寿善终，我们都应该为他送行，这是对死者的告慰，也是对亲属的关怀。

葬礼的流程大同小异，要注意的是主持人的语言。在主持葬礼时，主持人语言的魅力体现在于他是否能够打动在场的嘉宾和死者的家属。一个好的葬礼主持人会让家属的内心感到安慰，主持人的表达既要符合死者身份又能够赞美死者人生旅途中值得纪念的亮点。这一点与婚礼主持一样，主持人要事先与死者家属进行沟通，但葬礼又不能像婚庆典礼那样程序烦琐。举行追悼会，要程序简洁，气氛肃穆。

【例稿4】

丧事主持流程

一、主持人宣布×××同志（先生、小姐、女士）的追悼会开始。

主持人先介绍参加追悼会的单位领导、生前好友，再介绍送来花圈和挽联的单位和来宾。对因故不能参加追悼会而采用其他方式表示哀悼的情况也要一并说明。

主持人宣读：尊敬的各位朋友，追悼会马上就要开始了，请参加追悼会的相关人士做好准备，请所有孝子贤孙来到灵前做好准备。（这时乐队入场演奏）

主持人发言：尊敬的孝家，各位来宾，各位朋友，各位帮忙师傅，大家好！云蒙低沉，阴雨呜咽，苍天流泪，大地悲鸣。树欲静而风不止，子欲孝而亲不待。今天，我们大家在这里，怀着沉痛的心情，悼念一位平凡而伟大、勤劳而善良的人。_____大人，_____生于_____年_____月_____日，他艰苦劳作了一生，于_____年_____月_____日_____时_____分，与世长辞，享年_____岁！

二、默哀3分钟。（奏哀乐）

三、单位（或直系亲属）致悼词。

四、家属致答谢辞。（若直系亲属致悼词，则不用作答谢辞）

五、向遗像三鞠躬。

六、向遗体告别。（奏哀乐）

追悼会主持词的关键是要把悼词写好。悼词不能篇幅过长,一般 1 200 字以内为宜。如果死者身份很特别,可以篇幅略长一些。悼词内容要层次清楚,事迹突出。

主持人开始主持的第一个环节最重要,这也是做好葬礼主持最关键之处。主持人可以根据不同人的身份,撰写不同的告慰词。例稿 5 是为一位 95 岁高龄的陈老太太送葬。陈老太太是个家庭妇女,一生养育了五个儿女,又帮助儿女带了孙子和重孙子。陈老太太的特点是与人和善、不争不抢。她没有什么丰功伟绩,也没有什么可以炫耀的家世,更没有什么钱财,但是由于她的奉献,大家庭和睦团结,儿女孝顺。为这样一位老人送行,应该怎么赞美她的一生,怎样表达儿孙们的感恩之心呢?

【例稿 5】

著名作家、翻译家杨绛在她 104 岁时离开人世。她曾在 102 岁时写给自己一份《百岁感言》,告诉人们自己对人生的看法。

她说:"我们曾如此渴望命运的波澜,到最后才发现,人生最曼妙的风景,竟是内心的淡定与从容。我们曾如此期盼外界的认可,到最后才知道,世界是自己的,与他人毫无关系!"

陈老太太的一生,正是这样的写照。她用默默奉献爱着她的家人和朋友,从来不悲不怒,平静温良。她以她的淡定从容迎接生活中的各种磨难。95 岁的年龄,经历了中国最动荡的岁月,军阀混战、抗日战争、解放战争到新中国成立,又经历了"文革",直至改革开放后过上好日子,她的一生记录着中国的半部近代史,从她的身上我们看到的是乐观和从容的人生态度。她能长寿是她的修为所致,她的心态是我们学习的典范。95 岁高寿的她,在这一天与我们分别,驾鹤西归,天堂定会对她好生安顿照料,晚辈叩首送别。

> **■ 课堂作业**
>
> 分组练习例稿 5。基调为肃穆缅怀,语气要低沉严肃。

三、庆典主持

新年、周年、庆功、凯旋甚至乔迁等,这些场景不仅有着欢乐的气氛,还有着浓浓的仪式感。在这一类活动中,主持人在整个环节中烘托气氛的作用不可小视。

主持人的情绪是激扬的，声音是上扬的，情绪是饱满的。但是在提到告别或回忆曾经生活战斗的日子时，又要有怀念、依依不舍之情，表达感动时甚至哽咽、激动也是需要的。即主持人要有能力随时调动全场气氛。

例稿6、例稿7预设了不同的场景，学生可分别演练。

【例稿6】新店开业庆典主持词

女：尊敬的各位领导、各位嘉宾，

男：女士们、先生们、朋友们，

合：大家早上好！

女：太平盛世百花开，风和日丽伴君来，各界朋友喜相逢，欢歌笑语乐开怀！今天是一个特别的日子，今天是一个喜庆的日子，今天我们满怀喜悦的心情欢聚一堂，共同庆祝××文化传媒有限公司隆重开业！

男：在这里，我们谨代表××文化传媒有限公司全体工作人员，对各位领导、各位来宾的莅临，表示热烈的欢迎和衷心的感谢！

女：还有一直给××文化传媒有限公司大力支持和帮助的社会各界朋友们，谢谢你们！

男：下面，我宣布：××文化传媒有限公司开业庆典现在正式开始。

女：音乐提升品位，艺术改变生活。女子如花让世界更美丽，男儿自强让生活更精彩。今天是个好日子，也注定××文化传媒会让每一位参与活动的人都拥有更加精彩的文化生活。

男：我们有幸请到了投资实业有限公司××分公司的陈总给我们带来开业演讲。有请陈总！

（陈总演讲）

女：心有一份大海的气魄，一生有一份苍穹的广阔。跨艰难而含笑，历万险而傲然。一路走来，内心深处这份果敢和英武让我们不畏惧困境、不畏惧坎坷，迎难而上，谱写出一路高歌。感谢陈总的激情演讲。

男：××文化传媒有限公司的开业以及今后的发展与进步离不开国家政策的支持，离不开市委、市政府各有关部门领导和社会各界人士的大力支持与帮助。在这里，我代表××文化传媒有限公司全体工作人员向你们表示最崇高的敬意和最衷心的感谢！

女：自此翻开新的一页谱写新的篇章，祝我们的××文化传媒有限公司——

合：天天开门红，日日好运来，生意兴隆，财源滚滚！

女：下面，我为大家介绍一下出席今天开业盛典的各位领导、嘉宾，他们是……

男：俗话说得好，火车跑得快全靠车头带，相信有王总这么好的领导，我们的团队定会一如既往地努力奋斗，把××文化传媒的业务推向一个新的高峰。有请××文化传媒有限公司的王总致辞，大家掌声欢迎！

（王总致辞）

女：谢谢王总的精彩致辞。我们相信，在王总的带领下，团结奋进、勇于开拓的××文化传媒人，定能创造出更加辉煌的业绩！

【例稿7】送别退伍老战士

男：铁打的营盘，流水的兵，永远的绿色，不竭的情，又到了一年一度部队老战士退伍的日子。武警中队的官兵一直以来与辖区驻地的百姓结对共建，结下了深厚的友谊。

女：各位来宾，前来送别的人群里不光有武警官兵整齐列队的欢送队伍，还有与军营友好相处，有着鱼水情谊的社区大爷大妈们，更有军分区的首长和街道居委会的领导们。送别自己的士兵，告别熟悉的战友，他们一定会有更加真挚的情感。

下面有请军分区政委讲话（讲话略）。

男：今天，社区拥军服务队、妈妈志愿者服务队、腰鼓队共50多人来到区武警中队欢送退伍老兵。武警官兵整齐列队欢送，与退伍老兵一一握手、拥抱，互相勉励，互相祝福，挥泪告别。

女：滚烫的泪水打湿了火红的肩章，紧紧的拥抱体现了真挚的战友情。社区大妈们怀着浓厚的感情与退伍老兵们道别，并为老兵们佩戴大红花，送上慰问品及祝福，充分体现了新时期的军民鱼水之情。

男：老兵们回顾了在部队的生活历程，并表达了他们"退伍不褪色"的决心，要把部队的好思想、好作风、好传统带回家乡，争取为家乡建设多做贡献。

女：怀着对部队的深深眷恋，满载着战友们的祝福，在《送战友》的歌声里，在阵阵的鞭炮声和腰鼓声中，退伍老兵最后一次向领导、战友敬上一个军礼！

男：带着领导和战友们的关怀、嘱托，

女：带着期望和怀念，老战士们告别了曾经熟悉与热爱的土地，为自己的军旅生涯画上了圆满的句号。

合：祝福老战士们，开启下一阶段的美好人生旅程！

▎课堂作业

以例稿6、例稿7为练习稿，分组进行练习。

第三节　解说类主持

一、舞台主持

舞台主持可以说是一个传统职业，它在某种程度上和舞蹈报幕功能重合。自从有了舞台艺术，报幕员就成了整台演出的串联者和主持人。其实舞台主持的工作远不像观众坐在台下看到的那么简单，他要熟悉整台晚会每一个节目的内容安排，要组织好每一个节目的介绍，要能够完成上下节目的衔接，除此之外还要注意自己的形象及与台下观众的沟通交流。舞台主持须注意以下几方面：

第一，形象得体。

当主持人一走上舞台，还未说话时，观众就会先根据主持人的步伐、举止、着装等来对其评判。优雅端庄，眉宇间透着温文尔雅，符合这样标准的才是观众心目中出色的主持人。因此，当主持人表述和串联活动内容时，应事先考虑好以什么样的形象示人。

第二，语言精练准确。语言是表达感情的最好工具，也是渲染气氛和调动观众、调控舞台节奏的关键。

话语的表述方式、语言的节奏展示着舞台主持人独有的魅力。舞台主持人常常追求散文化和诗化的语言，其实机智幽默的语言也可以给人以娱乐消遣之趣。因此，舞台主持人的感情起伏较大，语调抑扬顿挫，语速有快有慢，发音大部分在悦耳的中音区。

第三，表演到位。舞台主持与其他类型主持不太一样，舞台主持的表演成分更突出。舞台是让人们放松心情、愉悦身心的场所，主持人应该给观众带来艺术的享受，自己站在舞台上就应该是一件艺术品。主持人对自己的定位就是整场晚会的"担当"，因此，女主持人或活泼大方、清纯靓丽，或亲切温柔、韵味十足，形成独具魅力的形象艺术，与舞台融为一体；男主持人一般应该英俊潇洒、落落大方，塑造出大众乐于接受的形象。有的男主持人是以幽默形象出现的（这要看晚会是什么性质的），这样的男主持人多以诙谐、机智、幽默见长。如果是专场晚会，比如音乐会、朗诵会、戏曲或是比赛现场，则不应该有太多调侃话语，否则会显得主持人不够庄重。

第四，注意眼神交流。舞台下面的观众座席可分成四个区域：左、左中、右中、右，主持人分别把目光送给四个区域前后排的观众，这样才能够让观众感觉到"主持人在跟我说话"，从而容易产生交流感。这一点十分重要，很多舞台主持人容易忽略这一点。

【例稿1】

任鲁豫：这里是中央广播电视总台2024年春节联欢晚会的直播现场，我们和全国各族人民、全世界的中华儿女相约守岁，喜迎甲辰龙年的到来！

龙洋：今夜，我们辞别旧岁，华章复兴，过去的一年，我们守望相助，砥砺前行，无论风霜雨雪，我们同心鼓舞，又一个春天。

尼格买提：今夜，我们举国同庆，共度佳节，九州春色，四方欢歌，洋溢着万物复苏的勃勃生机，无论天南海北，神州大地欢庆又一个新年。

马凡舒：今夜，我们放下一年的忙碌，依偎在家人身边，团聚在幸福门前，无论千里万里，中华儿女共同奔赴一场团圆。

撒贝宁：今夜，我们共享春晚这道年夜大餐，我们的奋斗、我们的欢乐、我们的感动就是我们的春晚，无论荧屏内外，龙的传人共抒新春祝福。

任鲁豫：龙行东方春满中华，龙腾华夏福到万家。在这迎春纳福、喜庆吉祥的日子里，我们给大家——

合：拜年啦！

▎课堂作业

以例稿1作为蓝本进行课堂练习。每个人从上场到主持的过程都要练习到位。

二、展览讲解

有声语言是展览讲解员向受众传播知识、信息等展览馆教育的载体和依托，正确使用有声语言不仅有助于讲解员生动优美地表达展览内容，更有助于延长讲解的职业生命周期。展览讲解员除了掌握用声技巧之外，还要结合语言的叙述、议论能力，把解说工作从背诵中解脱出来，真正做到与参观者交流沟通。

一位资深讲解员有感触地说："观众对博物馆的要求从原来的'好进'变成现在的'好看'，而'好看'的前提是'看懂'。看懂展览内容是观众参观博物馆的基本需求，讲解员的讲解是帮助观众看懂展览内容的重要辅助手段。讲解员通过亲切友善的态度和通俗易懂的语言将展览内容转化成观众喜闻乐见的知识，使参观过程丰富有趣。"讲解员在展览馆里，对于参观的观众来说，他是引领者、组织者，也是主持人。在讲解的过程中，他要召集自己的观众跟着他的思路看着展板往前移动，如果讲解员讲得不好，或者只会背诵已经准备好的解说词，观众一提问就答不上来了，此类情况会导致观众不愿跟着讲解员听下去。

好的讲解员在工作中，应具备把事先准备好的文字稿转化成生动语言的能力。一个生搬硬套、死记硬背的讲解员，最终将失去工作激情，把自己变成一台没有感情的人工复读机，这样的讲解也是不会打动观众的，甚至会逐渐失去观众。

下面是不同场景的讲解词，大家可在课上或课下加以练习，仔细体会一下讲解员的状态。

【例稿2】故宫讲解词

亲爱的游客们，我是你们的导游，我姓×，可以叫我小×，也可以叫我×导。请不要在墙上、古代物品上刻画，也不要乱扔垃圾！

故宫位于北京市中心，旧称紫禁城。它是明代和清代的皇宫，也是世界上现存最大、最完整的古代建筑群，被誉为五大宫之首。

故宫建造于明永乐四年至十八年，也就是公元1406年至1420年。

你们看，故宫的四个漂亮的大门！我来告诉你们它们的名字吧！正门名为午门，俗称五凤楼。午门一般只有皇帝才能够出入呢！状元、榜眼和探花只能够从此门出入一次。后门"神武门"，明朝名为"玄武门"，因为玄武是古代四神兽之一。后来，清代康熙年间将其改为"神武门"。"东华门"与"西华门"是个"对门"，门外设有下马碑石，门内金水河南北流向，上架石桥一座，桥北还有三座门。

快点儿，快点儿，快点儿去太和门吧！太和门里有三座大殿，分别是太和殿、中和殿和保和殿，你们自己去看看吧！20分钟之后记得回来找我！

看，那是内廷，内廷就是皇帝、皇后和妃子们生活的地方。内廷比较长，所以拿着你们手中的地图，30分钟后我们在御花园里碰面！

御花园里鸟语花香，草木茂盛。各位家长注意孩子的安全，不要让他们爬假山，不要摘鲜花和小草哦！

我们到出口了。好了，我们这次的故宫游玩到此结束了。如果下次还想来北京故宫要记得找我哦！在回家的路上要注意安全！

【例稿3】敦煌莫高窟讲解词

大家好，我是导游×××，下面由我来为大家介绍闻名中外的敦煌莫高窟。

敦煌莫高窟是我国西北沙漠中的艺术宝库，它是我国古代丝绸之路上著名的重镇和要道。在甘肃省敦煌境内鸣沙山1 500米长的陡崖上，密密层层地建造了1 000多个洞窟，这就是举世闻名的莫高窟，它是敦煌艺术的发源地。

世界最大的佛教艺术宝库——莫高窟，俗称千佛洞。现存洞窟492个，壁画4.5万平方米，彩塑2 400身，飞天4 000余身，唐宋木结构建筑5座，它是一处由建筑、绘画、雕塑组成的博大精深的综合艺术殿堂。

莫高窟保存着两千多尊彩塑。这些彩塑个性鲜明，神态各异。有慈眉善目的菩萨，有威风凛凛的天王，还有强壮勇猛的力士。有一尊卧佛长达16米，他侧身卧着，眼睛微闭，神态安详。这一尊尊惟妙惟肖的彩塑，让我们不得不赞叹古代艺术工匠高超的技艺。

敦煌石窟艺术中数量最多、内容最丰富的部分是壁画。西方学者讲敦煌壁画时，将其称作是"墙壁上的图书馆"，同时它们还具有很高的艺术价值。这些壁画在洞窟的四面墙壁、窟顶和佛龛内，壁画的内容丰富，其中最引人注目的是那成百上千的飞天，你看那些飞天，仪态万方，多么美啊！

莫高窟是举世闻名的艺术宝库，具有很高的历史价值和艺术价值，是一份宝贵的古典艺术遗产，也是中华民族的骄傲。

"漠漠黄沙莫高窟，塞北边陲一明珠"！欢迎各位游客来我们敦煌莫高窟旅游，谢谢！

【例稿4】"四渡赤水"讲解词

1935年1月，在生死攸关的遵义会议召开之后，在以毛泽东为代表的新的党中央领导下，中央红军在云、贵、川广大地区展开了高度的运动战。在北有长江天堑、南有乌江激流纵横崎岖的山区，中央红军以不足四万之师，在赤水河上来回四渡，取得了战略转移中具有决定意义的伟大胜利。

1月19日，红军离开遵义地区，分三路向赤水河挺进，准备从宜宾与泸州之间北渡长江，会合四方面军，开展新的斗争。

1月20日，中央军委制订《关于渡江的作战计划》。红军于1月29日从土城、元厚渡口，第一次渡过赤水河，向国民党兵力薄弱的川南、滇东北地区前进，寻求新的机会。为增强部队战斗力，红军在扎西进行整编，并扩大红军至三千人。

蒋介石见红军集结扎西，急调滇军、川军夹击。为了摆脱敌军，乘黔北空虚，红军决定避实就虚，回师东进。2月19日，红军在太平渡、二郎滩等渡口第二次渡过赤水河，向国民党兵力薄弱的黔北发起猛烈进攻。2月28日，红军与驰援遵义的国民党中央军吴奇伟部的两个师，鏖战于红花岗、老鸦山一线，取得红军长征以来的首次大捷。毛泽东于娄山关战役后，豪情满怀，写下永不磨灭的辞章《忆秦娥·娄山关》。

为一雪遵义战败之耻，蒋介石急忙调兵遣将，决定会攻遵义。为摆脱国民党军重兵压境，中央军委决定，部队挥师西进，打击另一路国民党中央军周浑元部。3月17日，从茅台第三次渡过赤水河。以一部兵力挺进川南，佯作北渡长江姿态，主力则出敌不意，回师东进。22日，在太平渡、二郎滩等渡口，中央红军第四次渡过赤水河，然后迅速调头南下，在马鬃岭留下九军团于乌江以北迷惑牵制敌人。主力则急行通过遵义、仁怀大道，从梯子岩等渡口南渡乌江。红军主力直逼贵阳，前卫部队攻占贵阳近郊的谷脚、观音山，将正在贵阳督战的蒋介石吓得急调驻守贵州毕节的滇军孙渡部，驰援贵阳。接着，红军连克惠水、紫云、长顺等县城，渡过北盘江，西进云南，巧渡金沙江，跳出了国民党湘、黔、川、滇军，共计150多个团，约40万兵力的重重包围。

红军四渡赤水之战的胜利是遵义会议召开的伟大成果。由于确立了毛泽东在红军和党中央的领导地位，濒于危亡的红军，群龙得首，绝处逢生。红军纵横驰骋于云、贵、川广大地区，斩关夺隘，抢险飞渡，塑造了运动战的光辉典范，写下了红军史上以弱军战胜强敌的千古绝唱。

三、导游

导游也可以叫旅游召集人。导游工作是一个知识密集型和高技能型的服务工作。导游除了要有广博的知识外，还需要具备高超的技能，比如讲解能力、组织能力、人际关系能力、解决问题能力等，其中讲解能力是导游能力中最重要的。"大好河山有多美，全凭导游一张嘴"。在游客出游中，求知是愿望之一，而导游就起着传播知识信息，传递审美观念，传承中华文明的重任。因此，导游的语言必须规范、科学、信息量大，并且还要幽默风趣，这样才能吸引游客；导游还要保有热情的态度，成为老少皆宜的热心人，让游客如沐春风。在带旅游团的过程中，导游除了要用丰富的知识、生动形象的语言来为游客服务讲解以外，更要学会掌握和控制旅游过程中的节奏，因为旅游团里的游客，年龄和体质状况、兴趣爱好都不一样。

导游是旅游目的地的形象大使，是服务的最高执行者，更是一个文明使者。从事过导游工作的前辈这样说："用时间去磨砺自己，带游客走遍天涯，是不断充实自己、积累学问的过程。让你的微笑留在客人心中，让他们一辈子记住愉快的旅游以及那个好导游。"

用例稿5进行导游练习，也可以根据当地的景点进行有针对性、有特色的导游训练。

【例稿 5】张家界大峡谷玻璃桥导游词

各位游客朋友们：

俗话说："张家界的山，九寨沟的水。"这些景色是中国自然景观中最美的，我们不如甩掉城市的喧嚣，背上自己的自由，来一场说走就走的旅行。现代人缺的不是时间，不是金钱，不是伙伴，而是一颗勇敢的心。

张家界大峡谷玻璃桥位于湖南省张家界大峡谷景区栗树垭和吴王坡区域内，为一座景观桥梁，兼具景区的行人通行、游览、蹦极以及T台等功能。玻璃桥主跨430米，桥面长375米，宽6米，桥面距谷底相对高度约300米。这座全透明玻璃桥长度、高度位居世界第一，也是世界首座斜拉式高山峡谷玻璃桥，并创下世界最高最长玻璃桥、首次使用新型复合材料建造桥梁等多项世界之最。

2016年5月1日张家界大峡谷玻璃桥正式对外开放，现在改名为"云天渡"。桥面全部采用透明玻璃铺设，整个工程无钢筋混凝土桥墩。桥面铺设的钢化防滑玻璃为3层夹胶玻璃，尺寸约305厘米×4 420厘米，共99块，每块厚度4.856厘米。

桥面预设最大游客容量为800人。为避免行人齐步走，施工人员在桥面上放置了很多玻璃球来遏制振动。每个玻璃球重达400公斤，放置位置不一，从而起到遏制振动的作用。

整个玻璃桥项目总投资额为2.6亿元。根据设计理念，大峡谷玻璃桥工程材料首选航空航天材料以提高桥梁结构的稳定性和安全性，这在世界桥梁建设史上极为少见。

第四节　会议主持

一、大型会议主持

随着社会的发展，各行各业需要不断向外宣传并展示自身的形象和实力，大型会议无疑是宣传和展示自身实力的窗口之一。

会议主持人是会议的组织者，会议的议程和内容要靠主持人来宣布和主持，会议的进度须靠主持人来把控。会议主持人是会议主题的提炼者和传达者，也是整个会议的引导者、相互交流引发共鸣的带动者，所以他是能够调动整场会议的核心人物。

在会议进行过程中，如果有人讲与会议无关的内容，会议主持人要进行干预；

如果有人占用过多的时间，会议主持人要有技巧地提醒其尽快结束话题；如果整个会议的气氛沉闷，会议主持人须适时地活跃、调动现场气氛。

专业的人做专业的事。会议主持人除了具备有声语言表达素质外，还要具有所主持会议内容的专业素养，尤其是对行业会议而言，主持人最好由行业内懂业务的人来担当。比如银行系统、医疗系统、信息技术研发等，不懂专业的人是难以担当专业性强的会议的主持人的。所以专业性很强的领域要靠本行业内部来发现并培养主持人为宜，有专业条件的人经过培养和训练是能够担当起专业性较强领域的主持人工作的。这样的人在行业中也是急需的人才，尤其在公司或者政府需要处理突发紧急事件，对外需要危机公关的时候，这样的主持人就显得十分重要了。

播音与主持人艺术专业毕业的学生，如果有幸进入一家专业门槛较高的企业或公司工作，只要肯钻研相关领域的业务，勤学好问，且能够做好会前准备工作，假以时日也会很快成长为出色的大型专业会议主持人的。

大型会议主持一般由以下环节组成：

首先是会议的开场；其次是会议进程的串联；最后是会议的总结。

会议的开场很关键，包括介绍会议的背景，召开会议的主要任务和目的，说明会议的必要性和重要性，会议开场的顺序主要包括：

一是，宣布开会。

二是，说明会议时间，会议主办方、协办方，会议的指导方是哪一级组织，以强调会议的规格以及上级组织、上级领导对会议的重视程度。

三是，介绍在主席台就座的领导和与会人员的构成人数，以说明会议的规格。

四是，介绍会议召开的背景，明确会议的主要任务和目的。介绍背景要简单明了，即这次会议是在什么情况下召开的，介绍背景的目的在于引出会议的主要任务。

五是，介绍会议内容。为了使与会者对整个会议有一个全面的了解，在会议的具体议程正式开始之前，主持人应逐一介绍会议内容。

会议的主要任务介绍要把握两个原则：站位要高，要有针对性，体现出会议的紧迫性和必要性；任务的交代全面而不琐碎，具体中又有高度概括。比如：今天上午的会议有几项内容；今天下午的会议有几项内容；明天上午的会议有几项内容。如果会议属于专项工作，会期较短，可以将会议的所有内容一次性介绍完毕。

【例稿1】

各位领导、各位同志：

今天，我们在这里隆重举行××县"关心下一代"工作会议。这是我县关工委成立以来的一次规格较高、规模较大的重要会议。我县关工委成立于19××年

××月，多年来，在县委县政府的正确领导下，在上级有关部门的有力指导下，全县的关心下一代工作取得了可喜的成绩，突出的特点是工作效果越来越明显，工作方式越来越多，主题活动越来越突出，机构建设越来越完善，参与人数越来越广泛。可以说，一个全新的育人铸魂的环境正在逐步形成。从事关心下一代工作的老同志们克服了许多困难，不断总结近段时间的工作，进一步调整落实关工委组织工作，部署新的工作任务。新确立的工作目标是在全社会营造更加关心下一代的良好氛围中进行的。大力宣传关心下一代工作的重要性和必要性，县关工委的相关举措可促进全县关心下一代工作实现新突破，取得新成绩。

有人把会议主持人比作音乐会的报幕员，这不无道理。但严格来说，会议主持人要根据会议的安排，对有关内容和事项作出说明，对一些重要问题进行强调，对领导讲话作出简明扼要的总结，并对会后如何贯彻落实会议精神提出要求、布置任务。

会议主持稿有这样几个特点。第一个特点是地位属性。主持稿是为领导讲话和其他重要文件服务的，其附属性表现在两个方面：在形式上，主持稿的结构是由会议议程决定的，必须严格按照会议议程谋篇布局，不能随意发挥；在内容上，主持稿的内容是由会议的内容决定的，不能脱离会议宗旨。附属性地位决定了主持稿只能起陪衬作用，不能喧宾夺主，因此主持人在撰写主持稿的过程中，从结构到内容要仔细斟酌，语言风格、讲话语气等都要服务于整个会议，与会议基调保持协调一致。

第二个特点是会议主持稿的篇幅一般不宜过长，要短小精悍，抓住重点。倘若篇幅过长，重复会议内容就会给现场观众留下主次不分、喧宾夺主的印象。严肃的会议气氛应当由会议主持人把控，主持人在语言运用上应该比平时庄重，简洁明确，开门见山，直入主题，尽量不用修饰和隐喻表达内容，会议过程中强调什么，提倡什么，反对什么，这些内容在会议要求中都要一清二楚、一目了然。

主持人要明确，会议主持稿的重要部分在开头的会议背景介绍和结尾的会议总结、任务布置上，中间部分的重要程度相对较轻，只要简单介绍一下会议的大致议程就可以了。如例稿2。

【例稿2】

尊敬的各位领导、到场的各位同志：

大家好！

过去的一年，我们的工作取得了一定的成绩。今天，我们在这里召开2025年全体工作会议。主题是认真总结、回顾2024年度我们中心的各项工作，安排部署

2025年度主要工作任务，进一步统一思想、提高认识、理清思路，推动我中心各项工作在新的一年里再上新台阶。今天我们很荣幸地邀请到了挂点我们单位党政机关的领导赵书记和中心聘请的社会监督员刘女士、赵女士、兰女士来参加会议。今天出席会议的还有我们中心的全体职工。

今天的会议共有五项议程：

一、中心副主任张××作工作总结报告。

二、中心主任陈××部署2025年主要工作任务。

三、表彰中心2024年度先进工作者。

四、社会监督员讲话。

五、分管挂点工作的领导赵书记讲话。

……

下面进行会议第二项议程，请陈××主任部署2025年中心主要工作任务。

下面进行会议第三项议程，为2024年度中心优秀工作者颁奖。首先我们来宣读一下先进者名单。根据中心民主评议结果和中心领导小组考评结果，我中心2024年度优秀工作者为××和××两位同志。

有请赵书记和张主任为中心2024年度优秀工作者颁奖，大家欢迎。

下面进行会议第四项议程，请社会监督员讲话。

下面进行会议第五项议程，请赵书记讲话。

今天会议的议程到这里全部进行完毕。会上张××主任总结回顾了2024年的中心工作，陈××主任安排部署了今年中心工作的主要任务；赵书记对中心工作做了重要的指导性讲话，既肯定了中心工作取得的成绩，也指出了工作中存在的不足，并对今年中心的工作提出了具体、全面的要求。会后我们一定要认真学习，抓好落实。在此衷心感谢各位领导对我们中心工作的关心与指导，感谢各位监督员对我们中心工作的监督、帮助和支持。在今后的工作中，我们将在上级领导的正确领导下，团结一心、共同努力、务实开拓、不断创新，力争在新的一年中心各项工作再登新台阶，再创新局面。

会议到此结束。

接下来请全体与会人员合影留念。

二、小型会议主持

小型会议特指十几人或二十几人的会议。小型会议主持人要注意以下几点：

第一，做好会议准备工作。这一点不仅仅是会议策划者的事情，作为会议主持人也要对整个会议有全面的了解，这就需要主持人在会议开始之前做好会前准备工作，熟悉会议的每一项流程和内容，以便让会议开起来更加顺畅、更有条理，这样取得的会议效果也会更好。

第二，控制出席人数。小型会议一般是要高效解决问题的会议，最好严格控制出席人数，不允许无关人员参会，以免导致会议的效率不高。

第三，严肃会议作风，要做到会而有议、议而有决、决而必行。

第四，运用简洁明快、构思清晰的语言。主持人的所有言谈都要服从会议内容和气氛的要求，或庄重，或幽默。主持人在语言表达上应口齿清楚，思维敏捷，积极启发与会者，活跃气氛。

第五，引导会议内容。会议中难免会出现冷场、跑题、争执的情况，主持人在遇到这些情况的时候要能随机应变，保持思维敏捷，及时缓和矛盾，引导参会者回到会议的主题上来。

第六，控制会议时间。主持人应准时开会，不拖延会议时间。主持人要掌控发言者的时间，避免参会者讲一些与议题无关的话题。

第七，掌握会议进程。主持人应随时掌握会议进程。在工作性会议中，主持人就像交响乐团的指挥者，随时掌握、控制会议进程。

下面是竞争性谈判主持例稿：

【例稿3】

竞标文件接收截止时间已到，现在停止接收新的竞标文件。

我是政府采购中心的工作人员，本次谈判会议由我主持。

下面我宣布：

项目竞争性谈判会议正式开始。

请各位代表自觉遵守开标会议制度，会议期间关闭携带的通信工具或将之调成振动模式，不得随意讲话和走动。在谈判会议期间，各代表如有疑问，须举手示意并经主持人同意后当场提出。若对现场答复、处理有不同意见的，请于谈判会议结束后以书面方式提出，不得影响谈判活动的正常进行。

各位领导、各位来宾：

下午好！

欢迎参与我市政府采购工作。政府采购中心受相关人员委托，在这里召开竞争性谈判会议，对项目进行公开谈判、评审。

首先，由我来介绍一下参会的各位领导、来宾和竞标人。

一、××等部门领导参加了今天的竞争性谈判会议。

二、现场监督部门代表有财政局处长、监察局处长。

三、采购单位代表有××处长。

四、参加本次谈判仪式的供应商有×××、×××等。

下面进行谈判前检查。

请采购单位代表和供应商代表共同检查竞标文件的密封、市场准入证件办理、保证金提交等情况,请监督部门代表进行现场监督,对检查未通过的竞标文件,我们将拒绝并原封退回。

下面由我来宣读谈判程序:

一、谈判仪式结束后,将转入评审阶段。按照竞争性谈判的原则,各供应商的竞标报价、二次报价均不公开。

二、谈判小组首先按照竞争性谈判文件规定,对各竞标文件进行资格审查和符合性审查,未通过审查的竞标文件所对应的项目为无效标,不再参与评审。

三、谈判小组按签到顺序集中各供应商,双方就配置、型号、技术响应、服务等方面进行谈判。

四、谈判结束后,谈判小组将根据核实的最终结果,要求所有供应商在规定时间内以书面形式进行二次或多次报价及说明相关承诺。

五、谈判小组按谈判文件中公开的评分标准进行综合打分,并按得分高低顺序,推荐成交候选供应商,最终形成评审报告。采购中心将于评审结束后宣布评审结果。

接下来由我来宣读竞标人须知:

一、供应商代表必须服从监管人员和现场工作人员的管理,主动遵守各项制度,不得以任何方式与采购人、评委、监督人员及现场工作人员私下接触。

二、谈判时,供应商授权代表须凭专职交易员证等有效证件,在工作人员陪同下,方可进入评标室。

三、接下来将转入谈判评审阶段,届时请各位供应商代表在场内休息等候,不要离开招标投标市场,并保持通信工具畅通。供应商未及时参与谈判或进行多次报价的,视为自动放弃竞标资格。

项目谈判仪式到此结束,谢谢大家!

(宣布评审结果)

经全体谈判小组成员评议,在充分考虑竞标人对谈判文件的响应程度,并按照谈判文件及评标办法的具体要求进行评审后,谈判小组最终形成综合意见:第一名综合得分××,成交价为×××××元;第二名综合得分××,第三名综合得分

××。

无论是大型会议还是小型会议，主持人都应具备专业素质及能力，熟悉流程只是最基本的要求，懂得内涵才是做好会议主持的重点。

本章思考题

1. 新媒体主持人目前都有哪些类型？他们面临的最大挑战是什么？
2. 婚礼主持是一个热门职业，每个城市和乡村的婚礼习俗不同，你做过婚礼主持吗？有什么体会？
3. 会议主持指的是什么？它需要哪些具体的准备工作？
4. 解说类主持的意义是什么？是背诵"解说词"还是"解读"展馆内容？

第七章　肢体语言在交流中的作用

用肢体和面部表情来表达意思的语言就叫肢体语言，肢体语言也叫身体语言。

动作的含义有很多，诸如鼓掌表示兴奋，顿足代表生气，搓手表示焦虑，垂头代表沮丧，摊手表示无奈，捶胸代表痛苦。当事人以诸如此类的肢体活动表达情绪，别人也可由此感知当事人用肢体所传达出的内心世界。

部分肢体语言代表的意义：

眯着眼——不同意、厌恶、发怒或不欣赏；

来回走动——发脾气或受挫、心神不宁；

扭绞双手——紧张、不安或害怕；

向前倾——专注或感兴趣；

懒散地仰躺在椅中——放松或不屑；

抬头挺胸——自信、果断、富有朝气；

坐不安稳——不安、厌烦、想及早离开、紧张、警觉；

正视对方——友善、诚恳、外向、有安全感、自信、笃定等；

避免目光接触——冷漠、逃避、不关心、没有安全感、消极、恐惧、紧张等；

点头——表示同意或明白；

摇头——不同意、震惊或不相信；

晃动拳头——愤怒或富有攻击性；

鼓掌——赞成或高兴；

打哈欠——厌烦、心不在焉或疲劳、困倦；

手指交叉——好运、紧张；

轻拍肩背——鼓励、恭喜或安慰；

搔头——迷惑或不相信；

微笑——同意或满意；

咬嘴唇——紧张、害怕或焦虑；

抖腿——紧张或是一种习惯；

双手放在背后——生闷气、愤怒、不欣赏、不同意；

环抱双臂——局促、手无处安放、不欣赏，或是惬意、潇洒；

眉毛上扬——不相信或惊讶、傲慢。

以上这些常见举止，有积极的一面，也有消极的一面。在公众场合，作为公众人物，其行为举止受到众人关注。在众目睽睽之下，你希望通过肢体语言告诉别人自己是个什么样的人——傲慢的、自卑的、低俗的、虚伪的、愚钝的，还是睿智谦逊的、温文尔雅的、落落大方的、真诚典雅的、风度翩翩的？回答一定是后者。希望大家在练就了口才，具备了流利的口语的同时，也能够拥有恬静大方、温文尔雅的举止。

第一节　穿着打扮

穿着打扮能让人直观地感受到一个人的品位和审美。大到国家元首出访，尤其是元首夫人的服装、配饰，最能体现一个国家的风范。小到一次聚餐，穿着与场合是否合适，发型与服装是否搭配，服装的款式与鞋是否统一……千万不要将其理解成打扮得越刻意越好。一国元首出现在国际公共场合，站在国际的舞台上，他的着装首先要被国际公共交际认可，所以在国际上，男士着装大都以穿西服打领带为首选。西服的款式色彩、领带的花色造型，这些细节是随着个人的不同爱好、不同季节以及随行夫人的服装元素搭配等，有着细小的变化和审美选择，但体现元首的气度和风范这一目的是不可改变的。元首夫人的着装可以表达的元素就丰富多了，首先要能够展现本国的民族特色，其次展现元首夫人的优雅大方，化妆、发饰、耳环、项链、围巾、皮鞋、手包等都要细细考量，元首夫人一出场就是整个国家气质的代表，也是元首审美的最好表达。所以每次国家元首偕夫人出访的画面，人们的目光大部分聚焦在元首夫人身上，这也是新闻记者最爱渲染的话题之一。

在现代人的生活中，聚会、出游、会议、婚庆、毕业、入学等活动十分常见。有时是熟悉的家庭聚会，有时是头次亮相陌生的场合，有时是旧友重聚，场合不同，我们对待穿着打扮的要求也不同。

大多数人都能做到最基本的要求，比如：上班、上学不穿拖鞋。但有时就能看到大学里个别学生为了凸显个性穿拖鞋上课，但这种"酷"和所在的场合不相符。有时还会出现课堂上女同学穿吊带裙上课的情况，穿吊带裙再好看，在课堂上穿也没人会认为她气质"高雅"。所以，在不同的场合，服装得体十分重要。

穿衣打扮还包括对色彩的理解和搭配。同样是主持人，同样是穿西装，有的人将色彩、领带、衬衣搭配得恰到好处，穿出了时代的风格，而有的人就是怎么穿怎么土气，有的人只在红、黑、白三种颜色上变化，显得单一刻板。色彩选择和搭配同样也是一门学问，大家要注重学习这方面的知识。

> ▎课堂练习
>
>   1.学生自带两套服装上课练习时使用，并与大家交流讨论服装、颜色的搭配是否合适。
>
>   2.在购物网站上选择几件自己喜欢的衣服并将其分享给大家，说明选择它们的理由。

第二节　眼神和表情

  我们从一开始安排打造有魅力的声音，展开交流的语言训练、主持训练再到肢体语言的训练等，无非都是在教授如何让"善良和睿智"住进我们的灵魂里。如果一个人的内心有个恶魔，他的眼神和表情不可能坦荡和灿烂；如果一个人的内心有一个温暖的世界，他的眼神和表情就会表现出纯情和善良。大家都说孩子的笑容最可爱，那是因为孩子的心灵洁净；都说微笑最美丽，那是因为微笑最友善。

  有这样一个关于微笑的故事：

  一天，布恩去拜访一位客户，但是很可惜，他们没有达成协议。布恩很苦恼，回来后把事情的经过告诉了经理。经理耐心地听完了布恩的讲述，沉默了一会儿说："你不妨再去一次，但要调整好自己的心态，要时刻记住运用微笑，用你的微笑打动对方，这样他就能看出你的诚意。"

  布恩试着去做了，他表现得很快乐、很真诚，微笑一直洋溢在他的脸上。结果对方也被布恩感染了，他们愉快地签订了协议。

  布恩已经结婚18年了，每天早上起来都要去上班。忙碌的生活让他顾不上自己心爱的太太，他也很少对妻子微笑。布恩决定试一试，看看微笑会给他们的婚姻带来什么不同。

  第二天早上，布恩梳头照镜子时，就对着镜子微笑起来，他脸上的愁容一扫而空。当他坐下开始吃早餐的时候，他微笑着跟太太打招呼，他的太太惊愕不已，非常兴奋。在这两周的时间里,布恩感受到的幸福比过去两年还要多。

现在,布恩上班时,就对大楼门口的电梯管理员微笑;他微笑着跟大楼门口的警卫打招呼;站在交易所时,他对工作人员微笑。布恩很快就发现别人同时也对他微笑。一段时间之后,他发现微笑带给他更多的收入。

布恩现在经常真诚地赞美他人,停止谈论自己的需要和烦恼。他试着从别人的角度看事情。这一切真的改变了他的生活,他收获了更多的快乐和友谊。[①]

既然微笑能给生活带来这么神奇的效果,大家不妨试一试,尤其是那些不爱微笑的人。

> **▌课堂练习**
>
> 1. 学会微笑。大家在生活中尝试着对每一个人微笑,并说:"你好!"然后真心实意地说一句称赞对方的话。
> 2. 训练自信。学生两两一组,互相看着对方的眼睛看谁坚持的时间更长。
> 3. 学习表现不同的面部表情:偶遇多年不见的朋友是什么样的表情?思考、悲伤、愤怒、惊讶、怀疑各是什么表情?

第三节 姿态

姿态包括:站立的姿态、坐下的姿态、手势的姿态、行动的姿态等。

一、站姿

好的站姿能体现出一个人的气场和状态。站立不只是为了美观,对健康也非常重要。站立是人的一种本能。站姿是一个人站立的姿势,是人们平时所采用的一种静态的身体造型,同时又是动态身体造型的基础和起点,最易表现人的姿势特征。

站姿是人最基本的姿势。站立时,身体应与地面垂直,重心放在两个前脚掌上,挺胸、收腹、抬头、双肩放松,双臂自然下垂或在身体前交叉握手(右手轻握左手四指尖),眼睛平视,面带微笑。站立时不要歪脖、斜腰、屈腿,在一些正式场合不宜将手插在裤袋里或交叉在胸前,更不要下意识地做些小动作,这样不但显

---

① 宋建华. 感悟人生经典全集[M]. 北京:中国戏剧出版社,2007:59.

得拘谨，给人缺乏自信之感，而且也有损仪态的庄重。

站立姿势是每个人全部仪态的核心，如果站姿不够标准，其他姿势便谈不上优美。

标准的站姿，从正面看：全身笔直，精神饱满，两眼正视，两肩齐平，两臂自然下垂，两脚跟并拢，两脚尖张开成60°，身体重心落于两腿正中间；从侧面看：两眼平视，下颌微收，挺胸收腹，腰背挺直，双手中指贴裤缝或握手于小腹部（右手轻握左手四指尖），整个身体庄重挺拔。

可以用背靠墙壁练习法训练站姿。靠墙壁站立，找9个与墙壁接触的点位，两个脚后跟、两个小腿肚、臀部（两处最高点）、左右肩膀、后脑勺抵住墙壁，两腿并拢（两脚尖略张开）。

这种站立会使小腿绷紧、两臂上提、脊柱挺立、两肩后倾自然下垂、挺胸含颌、气息下沉小腹微收，头顶会有一种向上长高的感觉。经常做站姿练习能够改变我们站立的姿态。学生也可以结合发声练习一起进行，这样不但不会感到枯燥，而且还有事半功倍的效果。

二、坐姿

好的坐姿能体现出一个人的修养。坐下时，上身要直立，不要佝偻着脊背；不可坐满椅子，只能坐半张椅子；腿不能分开，更不能双腿抖动或跷二郎腿；脚尖处要保持朝下，不能说话时用脚尖指人。

坐也是一种静态造型。端庄优雅地坐，会给人以文雅、稳重、自然大方的美感。正确的坐姿应该是：腰背挺直，肩放松。女性应两膝并拢，男性膝部可分开一些，但不要过大，一般不超过肩宽，双手自然放在膝盖上或椅子扶手上。在正式场合，入座要轻柔和缓，起座要端庄稳重，不可猛起猛坐，导致桌椅乱响，气氛尴尬。不论何种坐姿，上身都要保持端正，如古人所言："坐如钟"。若坚持这一点，那么不管怎样变换身体的姿态，我们都会优美、自然。

我们也可从其他书籍和网络视频中寻找有关坐姿礼仪训练的资料，进行有针对性的参考借鉴，运用到我们的生活和工作中。

三、手势的语言

手的姿势指的是人在运用手臂时所表现出的具体动作与体位，它是人类最早使用的且至今仍被广泛运用的一种交际工具。在一般情况下，手势既有处于动态之中的，也有处于静态之中的。在长期的社会实践过程中，手势被赋予了种种特定的含义，具有丰富的表现力，因此，手势便成了人类表情达意最有力的手段，在肢体语言中占有重要的地位。

1. 握手礼

握手一般在见面或离别时使用。冬季握手时应摘下手套，以示尊重对方。一般应站着握手，除非生病或在特殊场合，以示敬意。

（1）谁先伸手：一般来说，人们和妇女、长者、领导、名人打交道时，为了尊重对方，把是否愿意握手的主动权赋予对方。如果见面时对方不伸手，则应向对方点头或鞠躬以示敬意。对方如果是自己的长辈或贵宾，他们先伸了手，我们则应该快步走近，用双手握住对方的手，以示敬意，并问候对方"您好""见到您很高兴"等。

（2）握手方式：初次见面握手时，我们应伸出右手，掌心向左、虎口向上，以轻触对方为准，时间1—3秒钟，轻轻摇动1—3下。长久握着异性的手不放是不礼貌的。男士与女士握手时间要短一些，力度要轻一些，一般遇到初次见面的女士应握女士的手指。

（3）握手力量轻重：根据双方交往程度而定。和新朋友握手应轻握，但不可绵软无力；和老朋友握手应握重些，表示礼貌、热情。

（4）握手时目光应该注视对方，要避免目光他顾、心不在焉；也不应该目光下垂，那样会显得拘谨。

（5）握手时一定要用右手，用左手与人握手是不合适的。在特殊情况下用左手与人握手应当说明情况或者道歉。

（6）握手时不宜交叉握手。握手要讲究顺序，不要越过正在握的人的手去同另一个人握手。

（7）握手要注意先后。握手应该按照上级在先、长辈在先和女士在先的顺序进行。作为下级、晚辈、客人、男士，应该先行问候，见对方伸出手后，再伸手与他人握手，尤其在上级、长辈面前，下级、晚辈等不可贸然伸手。作为女士，当男士伸出手时，应该落落大方地与对方握手。

2. 拱手礼

行拱手礼时，两者之间应该没有身体接触，保持一定距离，这样不仅散发着典雅的气息，而且比较符合现代卫生的要求。很多礼学专家认为：拱手礼不但是最能体现中国人文精神的见面礼节，而且也是最恰当的一种交往礼仪。出于人们对卫生和避免疾病传播的诉求，拱手礼已经成为当代人交往的一种礼仪。

拱手礼已经有两三千年的历史，从西周起就开始在同辈人见面、交往时被采用了。拱手礼作为我国的传统礼节被沿用至今，多用于祝贺、恭喜、拜年等喜庆场合，一般都伴有"久仰""幸会"等词语。中国人讲究以人和人之间的距离来表现"敬"，不喜欢身体直接接触。

拱手礼男女有别。男子的标准姿势是右手成拳，左手包住，因为右手是攻击手，包住右手以示善意；女子则相反，不抱拳，只压手。如果左右手弄反的话，就会表示出截然相反的意思，例如：哀拳、报丧、求饶。

拱手礼的优点：

从卫生角度，拱手抱拳又亲切又卫生。

从文化角度，握手不是中国特有的文化，而拱手抱拳是中国传统文化的一部分。

从人际角度，拱手礼避免了一些不必要的尴尬，比如男女之间以及关系较疏离的人之间。

从实用角度，当人数太多时，行拱手礼可避免重复握手。

3. 手势幅度大小要恰当

在社交场合，大家应注意手势的幅度。手势的上界一般不应超过对方的视线，下界不低于自己的胸部，左右摇摆的范围不要太宽，应在人的胸前或右方进行。在一般场合，手势动作幅度不宜过大，次数不宜过多，不宜重复。

与人交往时，多用柔和曲线的手势，这样显得自然亲切；少用生硬的直线条手势，以求拉近心理距离。

四、舞台走动的沉着和稳健

走姿是一种动态的美，"行如风"就是用来形容轻快自然的步态。正确的走姿是：轻而稳，胸要挺，头要抬，肩放松，两眼平视，面带微笑，自然摆臂。

在生活中，大多数人不会特意考虑步态礼仪问题，但是当我们在舞台上时就要注意相应的礼仪了。

有的主持人走上舞台，手里没有东西就会紧张；演讲者手里不拿着演讲稿就不知道手该放到哪里；新手还会出现手脚发抖、站立不稳的情况；有的人站在台上就不敢再动，有的人则会不停地走动或者抖腿。那么，在舞台上到底可不可以走动？回答是肯定的。不过，在舞台上的走动要自如、优雅，走动的姿态应该沉着、稳健。

一般在舞台上，主持人从幕后走到话筒前，或者是走到事先安排好的位置，就不需要再走动了。在介绍完嘉宾、示意嘉宾上场后，自己就可以退场了。如果在主持环节中需要主持人与嘉宾互动，那么主持人应该主动走向嘉宾，在距离嘉宾相对近一些的地方再进行交流。这样会让嘉宾增强自信，同时会让观众感到主持人的亲和力。

如果是演讲者在舞台上演讲时，就可以根据内容需要适当走动。比如，在展示大屏幕时，演讲者可以走近大屏幕，用手指引屏幕上的内容进行解读。需要与台下观众交流时，演讲者可以移步到舞台的中央，面向台下观众提问，回答台下观众的问题。舞台行动路线，要求演讲者始终面向观众，背对观众既不礼貌也缺少交流感。无论移动到哪里，演讲者的两腿最好合拢，男士以两脚尖距离 10 厘米—15 厘米为宜，女士可以还原到"丁字步"。

演讲者在上台前要设定好舞台移动的路线。设想一下，如果一位演讲者站在会务安排的位置原地不动地讲 10 分钟，作为听众的你是什么感受？可能会走神，不能专注于他的演讲内容。如果演讲者在指定位置讲第一部分用了 3 分钟，随着内容的推进他走到了舞台的右侧，用大约 2 分钟讲了一个故事，之后他又走到了舞台的左侧，用 2 分钟又讲了一个故事，最后他回到初始位置，用大约 3 分钟总结、概括他的论点，这样的讲解是否会更吸引你呢？

演讲者的舞台移动是有目的性的。移动不是一成不变的，可以是 3 个点之间的移动，也可以是 4 个点之间的移动。只要把各个点都作为演讲者演讲内容的结构层次进行分布，演讲者在演讲的过程中，便可以自然地移动到定点位置。在这样的演讲过程中，演讲者不仅自己放松从容，观众也会随着他的移动，感受到他演讲中的层次。移动不但能吸引观众的注意力，引导观众跟着演讲者的节奏走，而且能够鼓励观众完整地听完演讲。

特别提示：在舞台移动的过程中，步幅不可太大，不可太匆忙，无论演讲者走到哪一个位置，在停下脚步时双腿都应该靠拢，两脚之间的距离不应该超过 15 厘米。

▎课堂练习

1. 站立时，检查自己有没有要改进的地方。
2. 端坐时，检查自己有没有要改进的地方，尤其两腿是否并拢。
3. 舞台行走时，先找几个停步点站立，再继续走动。检查站立时两脚之间的距离。
4. 以上动作训练完成后，进行"站立—坐下—站立—行走"的循环训练，即边说话、边移动、边注意手势表情的训练。

第四节　生活中的礼仪

一、卫生

清洁卫生是仪容美的关键，是礼仪的基本要求。不管一个人的长相多好、服饰多华贵，若蓬头垢面、浑身异味，必然会破坏美感。因此，每个人都应该养成良好的卫生习惯，做好日常个人清洁工作。不要在人前"打扫个人卫生"，比如剔牙齿、掏鼻孔、挖耳朵、修指甲、搓泥垢等。这些行为不仅不雅观，也是不尊重他人的表现，应该尽量避开他人。

二、服饰

服饰反映了一个人的文化素质和审美情趣。一个人的服饰既要自然得体、协调大方，又要遵守某种约定俗成的规范或原则。服装不仅要与自身特点相适应，还必须适应客观环境和具体场合。也就是说，着装打扮要综合考虑时间、地点和目的三大要素，努力在穿着打扮的各方面与三者保持协调。用四个字概括服饰要求就是"求同存异"，在适合自己年龄和场合环境的前提下，穿出自己的风格。

三、说话态度

我们说话的态度要诚恳、亲切，声音大小要适宜，语调要平和沉稳。我们要学会礼貌用语，尊重他人。如日常使用的"请""谢谢""对不起"，第二人称中的"您"等。再如初次见面为"久仰"，很久不见为"久违"，请人批评为"指教"，麻烦别人为"打扰"，求给方便为"借光"，托人办事为"拜托"等。长辈在场时不可直呼"他"，比如，老师在场时，同学之间交流提到老师时不应说"他（她）刚才说，让我们交作业"，这是极不礼貌的，应该说"老师刚才说，让我们交作业"。

我们的仪态举止要文明。谈话的姿态往往反映出一个人的性格、修养和文明素质。所以，交谈时双方要互相正视、互相倾听，不能东张西望、面带倦容或哈欠连天，否则会给人留下心不在焉、傲慢无理、轻视对方等不好的印象。

四、交谈距离

交谈距离体现人与人之间的心理距离,也是我们在交往中应该注意的卫生安全距离。只有把握好距离的分寸,我们才会把握好礼仪的分寸。

先来看两个故事。

距离①

大师询问他的弟子:"为什么在愤怒的时候,我们会呼喊?为什么在烦恼的时候,我们要彼此呼喊?"

一名弟子说:"那是因为我们失去了镇定,所以彼此呼喊。"

"为什么当另一个人在你身旁,你还是选择呼喊呢?难道不能以柔和的语气跟对方说吗?"大师继续问道:

弟子们给出了各种各样的答案,但是没有一个能使大师满意。

最后大师解释道:"当两个人相互愤怒的时候,他们的心相距很远。为了填补这段距离,他们必须呼喊,这样彼此才能听到。他们越是愤怒,心和心的距离就越是遥远,他们只有越发强力地呼喊,彼此才能听到。"

大师寓意深长地说:"当两个人相互爱慕,会发生什么呢?他们不需要彼此呼喊,只要轻声交谈,那是因为心与心的距离变得紧密了。当他们彼此爱得更深,又会发生什么呢?两个人相爱的时候,他们的心靠得很近。他们甚至都不用说话,只需要看着对方就够了。"

这个故事的寓意是:当两人争吵的时候,不要再继续说那些会使彼此的心疏远的话,一旦两人之间的距离开始疏远,可能就无法再找到返回的路。

谈话的礼仪②

有这样一个故事:在谈判结束后的鸡尾酒会上,一位日本谈判代表端着一杯鸡

---

① 哲理故事:距离[EB/OL].(2022-05-22)[2024-06-12].https://wenku.baidu.com/view/ef085c2a68d97f192279168884868762caaebb63.html?_wkts_=1718245941468&bdQuery=%E5%BC%9F%E5%AD%90%E4%BB%AC%E7%BB%99%E5%87%BA%E4%BA%86%E5%90%84%E7%A7%8D%E5%90%84%E6%A0%B7%E7%9A%84%E7%AD%94%E6%A1%88%2C%E4%BD%86%E6%98%AF%E6%B2%A1%E6%9C%89%E4%B8%80%E4%B8%AA%E8%83%BD%E4%BD%BF%E5%A4%A7%E5%B8%88%E6%84%9F%E5%88%B0%E6%BB%A1%E6%84%8F.引用时略有改动。

② 根据《与陌生人搭话不宜话多》改写,原文网址为 https://wenku.baidu.com/view/79b514157cd5360cba1aa8114431b90d6c858928.html?_wkts_=1718246752208&bdQuery=%E6%9C%89%E8%BF%99%E6%A0%B7%E7%9A%84%E4%B8%80%E4%B8%AA%E6%95%85%E4%BA%8B%E3%80%82%E5%9C%A8%E4%B8%80%E6%AC%A1%E8%B0%88%E5%88%A4%E7%BB%93%E6%9D%9F%E5%90%8E%E7%9A%84%E9%B8%A1%E5%B0%BE%E9%85%92%E4%BC%9A%E4%B8%8A%␣A%E3%80%82%E4%B8%80%E4%BD%8D%E6%97%A5%E6%9C%AC%E8%B0%88%E5%88%A4%E4%BB%A3%E8%A1%A8%E7%9D%80%E4%B8%80%E6%9D%AF%E9%B8%A1%E5%B0%BE。

尾酒和一位美国谈判代表闲谈。日本人老喜欢贴近美国人说话，所以身体不自觉地向美国人移动。美国人却不喜欢人家靠近他说话，于是不自觉地往后退。就这样一个往前移，一个往后退，直到美国人靠到了酒桌，弄得两个人都很尴尬。

这个故事说明谈话的距离是很重要的，不同的国家有不同的谈话距离。说话通常是为了与别人沟通和建立某种友好关系，要达到这一目的，首先要注意说话的内容，其次必须注意说话的声音，使对方能够听明白你在说什么。另外还存在一个礼貌的问题。从礼仪上说，说话时与对方离得过远，会使对方误认为你不愿意向他（她）亲近，这显然是失礼的。然而，如果在较近的距离和人交谈，稍有不慎口沫就会飞在别人的脸上，这是最令人讨厌的。有些人有凑近和别人交谈的习惯，也明知别人顾忌自己的口沫飞溅，于是先知趣地用手掩住自己的口。这样做形同交头接耳，样子难看也不够大方，如果是异性还会被人误会。因此，从礼仪角度来讲，双方保持一两个人的距离最为适合，既体现尊重又不失亲切，这在常人的主观感受上也是最舒服的。

第一个故事说的是在交谈中声音的大小可以丈量心理的距离。第二个故事告诉我们，在社交场合中适度的谈话距离能让我们保持温文尔雅，不失仪态。

根据人类学家霍尔的理论，在正常的交往中，人与人之间的交往距离根据亲密程度不同可分为亲密接触（0厘米—45厘米）、私人距离（45厘米—120厘米）、礼貌距离（120厘米—360厘米）和一般距离（360厘米—750厘米）。

交谈的空间距离未必是一个机械的尺度。一般来说，尺度需要在实践中靠感觉来把握。在交谈的过程中，每个人都应有尊重他人空间的意识，注意让自己处于一种可进可退的状态。当发现对方因个体空间被侵犯而做出退避的动作时，就应调整自己的位置，以适应对方所习惯的空间距离。

▋课堂练习

1. 一对一的交流训练。用不同的距离互相交流，体验不同的距离为彼此带来的心理和身体感受。

2. 一对多的交流训练。体验与不同距离的人交流时，身体和声音上的感受差异。

3. 用错误的方式与其他同学交流，并谈谈彼此的感受。

▍课后练习

用下面提供的故事材料进行演讲。要将本章中学习到的站姿、坐姿、行动规范等知识运用到演讲中，演讲完成后评价自己的状态。

【材料1】

晏子使楚

（一）

晏子出使楚国。楚国人因为他身材矮小想侮辱他，就在城门旁边特意开了一个小门，请晏子从小门进去。晏子说："只有出使狗国的人，才从狗洞进去。今天我出使的是楚国，应该不是从此门入城吧。"楚国人只好改道，请晏子从大门进去。晏子拜见楚王。楚王说："齐国恐怕是没有人了吧？"晏子回答说："齐国首都临淄有七千多户人家，人挨着人，肩并着肩，展开衣袖可以遮天蔽日，挥洒汗水就像天下雨一样，怎么能说齐国没有人呢？"楚王说："既然这样，为什么派你这样一个人做使臣呢？"晏子回答说："齐国派遣使臣，各国有各国的出使对象，贤明的人就被派遣出使贤明的国家，无能的人就被派遣出使无能的国家。我是最无能的人，就只好出使楚国了。"

（二）

晏子将要出使楚国，楚王听到这个消息，对手下的人说："晏婴是齐国善于辞令的人，现在他将要来，我想要羞辱他，用什么办法呢？"手下的人回答说："当他来的时候，请允许我们绑着一个人从大王面前走过。大王（就）问：'（他）是干什么的？'（我就）回答说：'（他）是齐国人。'大王（再）问：'犯了什么罪？'（我）回答说：'（他）犯了偷窃罪。'"晏子来到了楚国，楚王请晏子喝酒。他们喝得正高兴的时候，两名公差绑着一个人到楚王面前。楚王问道："被绑着的人是干什么的？"（公差）回答说："（他）是齐国人，犯了偷窃罪。"楚王看着晏子问道："齐国人本来就善于偷东西的吗？"晏子离开席位回答楚王道："我听说这样一件事，橘生长在淮河以南就是橘，生长在淮河以北就叫枳，只有叶子相似，它们的味道却不同。这是什么原因呢？（是因为）水土条件不相同啊！现在这个人生长在齐国（他）不偷东西，一到了楚国就偷起来了，莫非楚国的水土使百姓善于偷盗吗？"楚王笑着说："圣人是不能同他开玩笑的，我反而自讨没趣了。"

【材料2】

卖木梳给和尚

一家大公司扩大经营，招业务主管，报名者云集。招聘主管看见这种情况灵机一动，"相马不如赛马"，决定让应聘者把木梳卖给和尚。以十天为限，卖的多者胜出。绝大多数应聘者感到困惑不解，甚至勃然大怒，说道："出家人要木梳何用？这不是拿人开玩笑吗！"最后只有三个人应试。

十天一到，主管问第一个回来的应试者："卖出多少把木梳？"回答："1把。"应试者历数辛苦，直到找到一个有头癣的小和尚才卖出1把。

第二个应试者回来，主管问："卖出多少把木梳？"回答："10把。"应试者说，他跑到一座著名寺院，找到主持说山风吹乱了香客头发对佛不敬，主持才买了10把给香客用。

第三个应试者回来，主管问："卖出多少把木梳？"回答："1 000把！不够用还要增加。"主管惊讶地问："怎么卖的？"应试者说："我到一个香火很盛的深山宝刹，香客络绎不绝。我找到主持说，来进香的善男信女都有一颗虔诚的心，宝刹应该有回赠品作为纪念。我有一批木梳，主持书法超群，可以刻上'积善梳'三个字做赠品。主持大喜，我带的1 000把全部要了。得到梳子的香客也很高兴，香火更加兴旺，主持还要我再卖给他梳子。"

点评：木梳是用来梳头发的，和尚是没有头发的，把木梳卖给和尚，怎么才能让和尚买木梳？听起来匪夷所思，但在别人认为不可能的地方开发出新的市场，那才是真正的营销高手。不同的思维，将引领不同的做法，导致不同的结果。

【材料3】

遗失的怀表

有个在农场工作的农夫，有一天打扫完马厩后，赫然发现他妻子送他的怀表不见了。这个怀表是他50岁的生日礼物，对他来说十分珍贵，于是他马上又跑回马厩寻找了很长一段时间，几乎把整个马厩都翻遍了还是没有找到，他气馁地走出马厩。这时候，外面正有一群孩童在玩耍，于是他向那群孩童说："假如你们之中有人能在马厩里找出我遗失的怀表，那个人便能得到一块巧克力作为奖励。"孩童们一窝蜂地跑进马厩里寻找怀表。又是一段漫长的时间，当孩童们走出马厩时，都沮丧着脸表示没有找到怀表。此时农夫更加气馁与失望了。就在这个时候，农夫听到了一个声音，"我可以再进去找一次吗？"一个小男孩儿对他说。

　　农夫觉得大家把马厩翻遍了也没找到，怎么可能凭你一个人就找得到呢？看着孩子真诚的大眼睛，农夫犹豫了一下，还是答应了这个小男孩儿。过了一会儿，当那小男孩儿走出马厩时，他手里拿的正是农夫遗失的怀表。农夫很惊讶地问他："你是怎么办到的？"那个小孩回答："我进去之后什么都没做，只是静静地坐在地上，慢慢地我听到了滴答滴答的声音，于是循着声音我找到了怀表。"最后小男孩儿得到了那块巧克力。

　　小男孩儿什么也没做，他关注到了丢失物品的特性，那就是怀表能传递出声音来，所以他静静地听着，用耳朵而不是用眼睛发现了要找的东西。当我们不断地努力工作时，我们是否曾静下心来好好地想一想，我们所努力的方法及方向是否正确呢？

本章思考题

　　1. 如何打扮自己？什么场合适合穿什么样的衣服？尝试着设计一下。

　　2. 站姿很重要吗？站在舞台上你最怕出现的状况是什么？

　　3. 手势在语言交流中的作用是什么？不合适的手势可能会引起误会，你遇到过这种情况吗？

　　4. 你注意过社交场合的交流距离吗？如果掌握不好会有什么样的影响？

第八章　综合练习

春江花月夜
〔唐〕张若虚

春江潮水连海平，海上明月共潮生。
滟滟随波千万里，何处春江无月明。
江流宛转绕芳甸，月照花林皆似霰。
空里流霜不觉飞，汀上白沙看不见。
江天一色无纤尘，皎皎空中孤月轮。
江畔何人初见月？江月何年初照人？
人生代代无穷已，江月年年望相似。
不知江月待何人，但见长江送流水。
白云一片去悠悠，青枫浦上不胜愁。
谁家今夜扁舟子？何处相思明月楼？
可怜楼上月徘徊，应照离人妆镜台。
玉户帘中卷不去，捣衣砧上拂还来。
此时相望不相闻，愿逐月华流照君。
鸿雁长飞光不度，鱼龙潜跃水成文。
昨夜闲潭梦落花，可怜春半不还家。
江水流春去欲尽，江潭落月复西斜。
斜月沉沉藏海雾，碣石潇湘无限路。
不知乘月几人归，落月摇情满江树。

山居秋暝
〔唐〕王　维

空山新雨后，天气晚来秋。

明月松间照,清泉石上流。

竹喧归浣女,莲动下渔舟。

随意春芳歇,王孙自可留。

梦游天姥吟留别
〔唐〕李 白

海客谈瀛洲,烟涛微茫信难求。

越人语天姥,云霞明灭或可睹。

天姥连天向天横,势拔五岳掩赤城。

天台四万八千丈,对此欲倒东南倾。(四万一作:一万)

我欲因之梦吴越,一夜飞渡镜湖月。

湖月照我影,送我至剡溪。

谢公宿处今尚在,渌水荡漾清猿啼。

脚著谢公屐,身登青云梯。

半壁见海日,空中闻天鸡。

千岩万转路不定,迷花倚石忽已暝。

熊咆龙吟殷岩泉,栗深林兮惊层巅。

云青青兮欲雨,水澹澹兮生烟。

列缺霹雳,丘峦崩摧。

洞天石扉,訇然中开。

青冥浩荡不见底,日月照耀金银台。

霓为衣兮风为马,云之君兮纷纷而来下。

虎鼓瑟兮鸾回车,仙之人兮列如麻。

忽魂悸以魄动,恍惊起而长嗟。

惟觉时之枕席,失向来之烟霞。

世间行乐亦如此,古来万事东流水。

别君去兮何时还?且放白鹿青崖间,须行即骑访名山。

安能摧眉折腰事权贵,使我不得开心颜!

琵琶行
〔唐〕白居易

浔阳江头夜送客,枫叶荻花秋瑟瑟。

主人下马客在船,举酒欲饮无管弦。

醉不成欢惨将别,别时茫茫江浸月。

忽闻水上琵琶声，主人忘归客不发。
寻声暗问弹者谁，琵琶声停欲语迟。
移船相近邀相见，添酒回灯重开宴。
千呼万唤始出来，犹抱琵琶半遮面。
转轴拨弦三两声，未成曲调先有情。
弦弦掩抑声声思，似诉平生不得志。
低眉信手续续弹，说尽心中无限事。
轻拢慢捻抹复挑，初为《霓裳》后《六幺》。
大弦嘈嘈如急雨，小弦切切如私语。
嘈嘈切切错杂弹，大珠小珠落玉盘。
间关莺语花底滑，幽咽泉流水下难。
冰泉冷涩弦凝绝，凝绝不通声暂歇。
别有幽愁暗恨生，此时无声胜有声。
银瓶乍破水浆迸，铁骑突出刀枪鸣。
曲终收拨当心画，四弦一声如裂帛。
东船西舫悄无言，唯见江心秋月白。
沉吟放拨插弦中，整顿衣裳起敛容。
自言本是京城女，家在虾蟆陵下住。
十三学得琵琶成，名属教坊第一部。
曲罢曾教善才服，妆成每被秋娘妒。
五陵年少争缠头，一曲红绡不知数。
钿头银篦击节碎，血色罗裙翻酒污。
今年欢笑复明年，秋月春风等闲度。
弟走从军阿姨死，暮去朝来颜色故。
门前冷落鞍马稀，老大嫁作商人妇。
商人重利轻别离，前月浮梁买茶去。
去来江口守空船，绕船月明江水寒。
夜深忽梦少年事，梦啼妆泪红阑干。
我闻琵琶已叹息，又闻此语重唧唧。
同是天涯沦落人，相逢何必曾相识。
我从去年辞帝京，谪居卧病浔阳城。
浔阳地僻无音乐，终岁不闻丝竹声。
住近湓江地低湿，黄芦苦竹绕宅生。

其间旦暮闻何物？杜鹃啼血猿哀鸣。
春江花朝秋月夜，往往取酒还独倾。
岂无山歌与村笛？呕哑嘲哳难为听。
今夜闻君琵琶语，如听仙乐耳暂明。
莫辞更坐弹一曲，为君翻作《琵琶行》。
感我此言良久立，却坐促弦弦转急。
凄凄不似向前声，满座重闻皆掩泣。
座中泣下谁最多？江州司马青衫湿。

定风波
〔宋〕苏　轼

三月七日，沙湖道中遇雨。雨具先去，同行皆狼狈，余独不觉。已而遂晴，故作此。

莫听穿林打叶声，何妨吟啸且徐行。竹杖芒鞋轻胜马。谁怕？一蓑烟雨任平生。

料峭春风吹酒醒，微冷。山头斜照却相迎。回首向来萧瑟处，归去，也无风雨也无晴。

如梦令
〔宋〕李清照

昨夜雨疏风骤，浓睡不消残酒。试问卷帘人，却道海棠依旧。知否，知否？应是绿肥红瘦。

你是人间的四月天
林徽因

我说你是人间的四月天；
笑响点亮了四面风；轻灵
在春的光艳中交舞着变。

你是四月早天里的云烟，
黄昏吹着风的软，星子在
无意中闪，细雨点洒在花前。

那轻，那娉婷，你是，鲜妍
百花的冠冕你戴着，你是

你是人间的四月天

天真，庄严，你是夜夜的月圆。

雪化后那片鹅黄，你像；新鲜
初放芽的绿，你是；柔嫩喜悦
水光浮动着你梦期待中白莲。

你是一树一树的花开，是燕
在梁间呢喃，——你是爱，是暖，
是希望，你是人间的四月天！

望大陆
于右任

葬我于高山之上兮，望我故乡；
故乡不可见兮，永不能忘。

葬我于高山之上兮，望我大陆；
大陆不可见兮，只有痛哭。

天苍苍，野茫茫，
山之上，国有殇。

七律·人民解放军占领南京
毛泽东

钟山风雨起苍黄，百万雄师过大江。
虎踞龙盘今胜昔，天翻地覆慨而慷。
宜将剩勇追穷寇，不可沽名学霸王。
天若有情天亦老，人间正道是沧桑。

春天，遂想起[①]
余光中

春天，遂想起
江南，唐诗里的江南，九岁时
采桑叶于其中，捉蜻蜓于其中
（可以从基隆港回去的）
江南

[①] 余光中.诗歌精读·余光中[M].杭州：浙江人民出版社，2018：6-8.

　　　　小杜的江南
　　　　苏小小的江南
遂想起多莲的湖，多菱的湖
多螃蟹的湖，多湖的江南
吴王和越王的小战场
（那场战争是够美的）
　　　　逃了西施
　　　　失踪了范蠡
失踪在酒旗招展的
（从松山飞三个小时就到的）
乾隆皇帝的江南

春天，遂想起遍地垂柳
　　　的江南，想起
太湖滨一渔港，想起
那么多的表妹，走在柳堤
（我只能娶其中的一朵！）
走过柳堤，那许多的表妹
　　　就那么任伊老了
　　　任伊老了，在江南
　　　（喷射云三小时的江南）
即使见面，她们也不会陪我
陪我去采莲，陪我去采菱
即使见面，见面在江南
　　　在杏花春雨的江南
　　　在江南的杏花村
　　　（借问酒家何处）
　　　何处有我的母亲
复活节，不复活的是我的母亲
一个江南小女孩变成的母亲
清明节，母亲在喊我，在圆通寺
喊我，在海峡这边
喊我，在海峡那边

喊，在江南，在江南
　　多寺的江南，多亭的
　　江南，多风筝的
　　江南啊，钟声里
　　的江南
（站在基隆港，想——
想回也回不去的）
多燕子的江南

起　航[①]
席慕容

我来自一个平凡的世界
却想拥有一段不平凡的人生辉煌

自从我诞生的那一天起
成功的航海图已经在我的内心珍藏
胜利的彼岸是我追求的梦想
成功的目标是我永远的渴望
信念的灯塔在茫茫雾海中闪亮
指引我渡过失意的汪洋
让心灵找到方向

持久的热情奏响命运的乐章
伴随我走出人生的低谷
让青春永远地飞扬
没有比人更高的山峰
我要不断展翅飞翔
没有比脚更长的道路
我要继续超越梦想
活力和激情是我华丽的衣装
信心和勇气让我永放光芒
激发无限的潜力
我会无比的坚强

[①] 邓矿明. 我和我的祖国校园朗诵诗歌：站在国旗下面[M]. 广州：新世纪出版社，2019：114-115.

唤醒心中的巨人

我要做自己的国王
让生命之树常青
将寒冷的冬天阻挡
将希望之火点燃
让鲜花在心中绽放

超越自我
挑战极限
前进的道路会无比的宽广
享受生活
跨越巅峰
让生命之船扬帆起航

南方　北方[①]

田　地

到南方的风中流浪，是我的向往。
养育我的北方，便成了思恋的地方。
我以南方的荔枝，思恋北方的高粱。
我以南方的热烈，思恋北方的苍凉。
学会了南方人说话，像鸟一样地歌唱，
便想听听父老乡亲，马鞭甩出的粗犷。

在没有季节没有寒冷的城市奔走，
更想在下雪的时候，回一趟故乡。
阅过莺飞草长的江南，再读北国的风光。
缺少色彩的故乡啊，让我喜悦也让我忧伤。
尽管北方有我童年的土炕，南方却是我一生奋斗的疆场。
我的青春，已化作南方的山水，
我的爱，已在南方生长。
我的家在南方，北方却住着我的爹娘。
也曾千里万里地回到北方，

---

① 引自 http://www.360doc.com/content/23/0319/15/31655471_1072682227.shtml，根据多个版本进行分节。

可再也回不到出发的那个晚上。

我像一只候鸟，既栖息南方也栖息北方。
心如风筝般地系着思念，也系着梦想
也许我的后人，会像我来南方一样回北方闯荡。

我的灵魂，却只能在南北之间来来往往。
我熟悉而陌生的南方，我亲切而遥远的北方。

热爱生命[①]

汪国真

我不去想是否能够成功

既然选择了远方

便只顾风雨兼程

我不去想是否能赢得爱情

既然钟情于玫瑰

就勇敢地吐露真诚

我不去想身后会不会袭来寒风冷雨

既然目标是地平线

留给世界的只能是背影

我不去想未来是平坦还是泥泞

只要热爱生命

一切都在意料之中

岁 月[②]

三毛

我们三十岁的时候悲伤二十岁已经不再回来。
我们五十岁的年纪怀念三十岁的生日又多么美好。
当我们九十九岁的时候，
想到这一生的岁月如此安然度过，
可能快乐得如同一个没被抓到的贼一般嘿嘿偷笑。

---

① 汪国真.热爱生命[J].追求，1988（2）.
② 三毛.随想[M].长沙：湖南文艺出版社，1993：17-20.

相信生活和时间。
时间冲淡一切苦痛。
生活不一定创造更新的喜悦。

小孩子只想长大,
青年人恨不得赶快长胡子,
中年人染头发,
高年人最不肯记得年纪。

出生是最明确的一场旅行。
死亡难道不是另一场出发?

成长是一种蜕变,
失去了旧的,
必然因为又来了新的,
这就是公平。

孩子和老人,
在心灵的领域里,
比起其他阶段的人来说,
自由得多了。
因为他们相似。

岁月极美,
在于它必然的流逝。
春花、秋月、夏日、冬雪。

我爱你,与你无关

歌 德

我爱你,与你无关
即使是夜晚无尽的思念
也只属于我自己
不会带到天明
也许它只能存在于黑暗

我爱你,与你无关

就算我此刻站在你的身边
依然背着我的双眼
不想让你看见
就让它只隐藏在风后面

我爱你，与你无关
那为什么我记不起你的笑脸
却无限地看见
你的心烦
就在我来到的时候绽放

我爱你，与你无关
思念熬不到天明
所以我选择睡去
在梦中再一次与你相见

我爱你，与你无关
渴望藏不住眼光
于是我躲开
不要你看见我心慌

我爱你，与你无关
真的啊
它只属于我的心
只要你能幸福
我的悲伤
你不需要管

滕王阁序
〔唐〕王 勃

  豫章故郡，洪都新府。星分翼轸，地接衡庐。襟三江而带五湖，控蛮荆而引瓯越。物华天宝，龙光射牛斗之墟；人杰地灵，徐孺下陈蕃之榻。雄州雾列，俊采星驰。台隍枕夷夏之交，宾主尽东南之美。都督阎公之雅望，棨戟遥临；宇文新州之懿范，襜帷暂驻。十旬休假，胜友如云；千里逢迎，高朋满座。腾蛟起凤，孟学士之词宗；紫电青霜，王将军之武库。

家君作宰，路出名区；童子何知，躬逢胜饯。

时维九月，序属三秋。潦水尽而寒潭清，烟光凝而暮山紫。俨骖䯵于上路，访风景于崇阿。临帝子之长洲，得天人之旧馆。层峦耸翠，上出重霄；飞阁流丹，下临无地。鹤汀凫渚，穷岛屿之萦回；桂殿兰宫，即冈峦之体势。

披绣闼，俯雕甍，山原旷其盈视，川泽纡其骇瞩。闾阎扑地，钟鸣鼎食之家；舸舰迷津，青雀黄龙之舳。云销雨霁，彩彻区明。落霞与孤鹜齐飞，秋水共长天一色。渔舟唱晚，响穷彭蠡之滨；雁阵惊寒，声断衡阳之浦。

遥襟甫畅，逸兴遄飞。爽籁发而清风生，纤歌凝而白云遏。睢园绿竹，气凌彭泽之樽；邺水朱华，光照临川之笔。四美具，二难并。穷睇眄于中天，极娱游于暇日。天高地迥，觉宇宙之无穷；兴尽悲来，识盈虚之有数。望长安于日下，目吴会于云间。地势极而南溟深，天柱高而北辰远。关山难越，谁悲失路之人？萍水相逢，尽是他乡之客。怀帝阍而不见，奉宣室以何年？

嗟乎！时运不齐，命途多舛。冯唐易老，李广难封。屈贾谊于长沙，非无圣主；窜梁鸿于海曲，岂乏明时？所赖君子见几，达人知命。老当益壮，宁移白首之心？穷且益坚，不坠青云之志。酌贪泉而觉爽，处涸辙以犹欢。北海虽赊，扶摇可接；东隅已逝，桑榆非晚。孟尝高洁，空余报国之情；阮籍猖狂，岂效穷途之哭！

勃，三尺微命，一介书生。无路请缨，等终军之弱冠；有怀投笔，慕宗悫之长风。舍簪笏于百龄，奉晨昏于万里。非谢家之宝树，接孟氏之芳邻。他日趋庭，叨陪鲤对；今兹捧袂，喜托龙门。杨意不逢，抚凌云而自惜；钟期既遇，奏流水以何惭？

呜呼！胜地不常，盛筵难再。兰亭已矣，梓泽丘墟。临别赠言，幸承恩于伟饯；登高作赋，是所望于群公。敢竭鄙怀，恭疏短引。一言均赋，四韵俱成。请洒潘江，各倾陆海云尔：

滕王高阁临江渚，佩玉鸣鸾罢歌舞。
画栋朝飞南浦云，珠帘暮卷西山雨。
闲云潭影日悠悠，物换星移几度秋。
阁中帝子今何在？槛外长江空自流。

陋室铭
刘禹锡

山不在高，有仙则名。水不在深，有龙则灵。斯是陋室，惟吾德馨。苔痕上阶绿，草色入帘青。谈笑有鸿儒，往来无白丁。可以调素琴，阅金经。无丝竹之乱耳，无案牍之劳形。南阳诸葛庐，西蜀子云亭。孔子云：何陋之有？

陋室铭

岳阳楼记[1]

〔宋〕范仲淹

庆历四年春,滕子京谪守巴陵郡。越明年,政通人和,百废具兴。乃重修岳阳楼,增其旧制,刻唐贤今人诗赋于其上,属予作文以记之。

予观夫巴陵胜状,在洞庭一湖。衔远山,吞长江,浩浩汤汤,横无际涯,朝晖夕阴,气象万千,此则岳阳楼之大观也,前人之述备矣。然则北通巫峡,南极潇湘,迁客骚人,多会于此,览物之情,得无异乎?

若夫淫雨霏霏,连月不开,阴风怒号,浊浪排空,日星隐曜,山岳潜形。商旅不行,樯倾楫摧。薄暮冥冥,虎啸猿啼。登斯楼也,则有去国怀乡,忧谗畏讥,满目萧然,感极而悲者矣。

至若春和景明,波澜不惊,上下天光,一碧万顷。沙鸥翔集,锦鳞游泳,岸芷汀兰,郁郁青青。而或长烟一空,皓月千里,浮光跃金,静影沉璧,渔歌互答,此乐何极!登斯楼也,则有心旷神怡,宠辱皆忘,把酒临风,其喜洋洋者矣!

嗟夫,予尝求古仁人之心,或异二者之为,何哉?不以物喜,不以己悲,居庙堂之高,则忧其民;处江湖之远,则忧其君。是进亦忧,退亦忧。然则何时而乐耶?其必曰"先天下之忧而忧,后天下之乐而乐"欤!噫!微斯人,吾谁与归?

时六年九月十五日。

前赤壁赋[2]

〔宋〕苏 轼

壬戌之秋,七月既望,苏子与客泛舟游于赤壁之下。清风徐来,水波不兴。举酒属客,诵明月之诗,歌窈窕之章。少焉,月出于东山之上,徘徊于斗牛之间。白露横江,水光接天。纵一苇之所如,凌万顷之茫然。浩浩乎如冯虚御风,而不知其所止;飘飘乎如遗世独立,羽化而登仙。

于是饮酒乐甚,扣舷而歌之。歌曰:"桂棹兮兰桨,击空明兮溯流光。渺渺兮予怀,望美人兮天一方。"客有吹洞箫者,倚歌而和之。其声呜呜然,如怨如慕,如泣如诉,余音袅袅,不绝如缕。舞幽壑之潜蛟,泣孤舟之嫠妇。

苏子愀然,正襟危坐而问客曰:"何为其然也?"

客曰:"'月明星稀,乌鹊南飞',此非曹孟德之诗乎?西望夏口,东望武昌,山川相缪,郁乎苍苍,此非孟德之困于周郎者乎?方其破荆州,下江陵,顺流而东

---

[1] 吴楚材,吴调侯.古文观止[M].杭州:浙江文艺出版社,2022:516-517.
[2] 上海辞书出版社文学鉴赏辞典编纂中心.诗词文曲鉴赏·古文[M].上海:上海辞书出版社,2020:207-209.

也,舳舻千里,旌旗蔽空,酾酒临江,横槊赋诗,固一世之雄也,而今安在哉!况吾与子渔樵于江渚之上,侣鱼虾而友麋鹿。驾一叶之扁舟,举匏樽以相属。寄蜉蝣于天地,渺沧海之一粟。哀吾生之须臾,羡长江之无穷。挟飞仙以遨游,抱明月而长终。知不可乎骤得,托遗响于悲风。"

苏子曰:"客亦知夫水与月乎?逝者如斯,而未尝往也;盈虚者如彼,而卒莫消长也。盖将自其变者而观之,而天地曾不能以一瞬;自其不变者而观之,则物与我皆无尽也,而又何羡乎?且夫天地之间,物各有主,苟非吾之所有,虽一毫而莫取。惟江上之清风,与山间之明月,耳得之而为声,目遇之而成色,取之无禁,用之不竭,是造物者之无尽藏也,而吾与子之所共适。"

客喜而笑,洗盏更酌。肴核既尽,杯盘狼藉。相与枕藉乎舟中,不知东方之既白。

与妻书①

林觉民

意映卿卿如晤:吾今以此书与汝永别矣!吾作此书时,尚是世中一人;汝看此书时,吾已成为阴间一鬼。吾作此书,泪珠和笔墨齐下,不能竟书而欲搁笔!又恐汝不察吾衷,谓吾忍舍汝而死,谓吾不知汝之不欲吾死也,故遂忍悲为汝言之。

吾至爱汝,即此爱汝一念,使吾勇于就死也。吾自遇汝以来,常愿天下有情人都成眷属;然遍地腥云,满街狼犬,称心快意,几家能够?司马青衫,吾不能学太上之忘情也。语云:仁者"老吾老,以及人之老;幼吾幼,以及人之幼"。吾充吾爱汝之心,助天下人爱其所爱,所以敢先汝而死,不顾汝也。汝体吾此心,于啼泣之余,亦以天下人为念,当亦乐牺牲吾身与汝身之福利,为天下人谋永福也。汝其勿悲!

汝忆否?四五年前某夕,吾尝语曰:"与使吾先死也,无宁汝先吾而死。"汝初闻言而怒;后经吾婉解,虽不谓吾言为是,而亦无词相答。吾之意盖谓以汝之弱,必不能禁失吾之悲。吾先死留苦与汝,吾心不忍,故宁请汝先死,吾担悲也。嗟夫!谁知吾卒先汝而死乎?吾真真不能忘汝也!回忆后街之屋,入门穿廊,过前后厅,又三四折,有小厅,厅旁一室,为吾与汝双栖之所。初婚三四个月,适冬之望日前后,窗外疏梅筛月影,依稀掩映。吾与汝并肩携手,低低切切,何事不语?何情不诉?及今思之,空余泪痕。又回忆六七年前,吾之逃家复归也,汝泣告我:"望今后有远行,必以告妾,妾愿随君行。"吾亦既许汝矣。前十余日回家,即欲乘便以此行之事语汝,及与汝相对,又不能启口,且以汝之有身也,更恐不胜悲,故惟

---

① 汤克勤.古文鉴赏辞典[M].2版.武汉:崇文书局,2020:502-503.

日日呼酒买醉。嗟夫！当时余心之悲，盖不能以寸管形容之。

吾诚愿与汝相守以死，第以今日事势观之，天灾可以死，盗贼可以死，瓜分之日可以死，奸官污吏虐民可以死，吾辈处今日之中国，国中无地无时不可以死，到那时使吾眼睁睁看汝死，或使汝眼睁睁看吾死，吾能之乎？抑汝能之乎？即可不死，而离散不相见，徒使两地眼成穿而骨化石，试问古来几曾见破镜能重圆？则较死为苦也，将奈之何？今日吾与汝幸双健，天下人之不当死而死，与不愿离而离者，不可数计；钟情如我辈者，能忍之乎？此吾所以敢率性就死不顾汝也。吾今死无余憾，国事成不成，自有同志者在。依新已五岁，转眼成人，汝其善抚之，使之肖我。汝腹中之物，吾疑其女也，女必像汝，吾心甚慰。或又是男，则亦教其以父志为志，则吾死后尚有二意洞在也。幸甚！幸甚！吾家日后当甚贫，贫无所苦，清静过日而已。

吾今与汝无言矣！吾居九泉之下，遥闻汝哭声，当哭相和也。吾平日不信有鬼，今则又望其真有。今人又言心电感应有道，吾亦望其言是实。则吾之死，吾灵尚依依旁汝也，汝不必以无侣悲。

吾平生未尝以吾所志语汝，是吾不是处；然语之，又恐汝日日为吾担忧。吾牺牲百死而不辞，而使汝担忧，的的非吾所忍。吾爱汝至，所以为汝谋者惟恐未尽。汝幸而偶我，又何不幸而生今日中国！吾幸而得汝，又何不幸而生今日之中国！卒不忍独善其身。嗟夫！巾短情长，所未尽者，尚有万千，汝可以模拟得之。吾今不能见汝矣！汝不能舍吾，其时时于梦中得我乎？一恸！辛未三月廿六夜四鼓，意洞手书。

家中诸母皆通文，有不解处，望请其指教，当尽吾意为幸。

一别一辈子（节选）
张爱玲

有些人一直没机会见，等有机会见了，却又犹豫了，相见不如不见。

有些事一别竟是一辈子，一直没机会做，等有机会了，却不想再做了。

有些话埋藏在心中好久，没机会说，等有机会说的时候，却说不出口了。

有些爱一直没机会爱，等有机会了，已经不爱了。

有些人是有很多机会相见的，却总找借口推脱，想见的时候已经没机会了。

有些事是有很多机会去做的，却一天天推迟，想做的时候却发现没机会了。

有些爱给了你很多机会，却不在意、不在乎，想重视的时候已经没机会爱了。

人生有时候，总是很讽刺，一转身可能就是一世。

说好永远的，不知怎么就散了。最后自己想来想去，竟然也搞不清楚当初是什么原因把彼此分开的。然后,你忽然醒悟,感情原来是这么脆弱的,经得起风雨,却经不起平凡;风雨同船,晴天便不胜各自散了。也许只是赌气,也许只是因为小小的事。幻想着和好的甜蜜,或重逢时的拥抱,那个时候会边流泪边捶打对方,还傻笑着。该是多美的画面。

没想到的是,一别竟是一辈子了。

荷塘月色
朱自清

这几天心里颇不宁静。今晚在院子里坐着乘凉,忽然想起日日走过的荷塘,在这满月的光里,总该另有一番样子吧。月亮渐渐地升高了,墙外马路上孩子们的欢笑,已经听不见了;妻在屋里拍着闰儿,迷迷糊糊地哼着眠歌。我悄悄地披了大衫,带上门出去。

沿着荷塘,是一条曲折的小煤屑路。这是一条幽僻的路;白天也少人走,夜晚更加寂寞。荷塘四面,长着许多树,蓊蓊郁郁的。路的一旁,是些杨柳,和一些不知道名字的树。没有月光的晚上,这路上阴森森的,有些怕人。今晚却很好,虽然月光也还是淡淡的。

路上只我一个人,背着手踱着。这一片天地好像是我的;我也像超出了平常的自己,到了另一个世界里。我爱热闹,也爱冷静;爱群居,也爱独处。像今晚上,一个人在这苍茫的月下,什么都可以想,什么都可以不想,便觉是个自由的人。白天里一定要做的事,一定要说的话,现在都可不理。这是独处的妙处,我且受用这无边的荷香月色好了。

曲曲折折的荷塘上面,弥望的是田田的叶子。叶子出水很高,像亭亭的舞女的裙。层层的叶子中间,零星地点缀着些白花,有袅娜地开着的,有羞涩地打着朵儿的;正如一粒粒的明珠,又如碧天里的星星,又如刚出浴的美人。微风过处,送来缕缕清香,仿佛远处高楼上渺茫的歌声似的。这时候叶子与花也有一丝的颤动,像闪电般,霎时传过荷塘的那边去了。叶子本是肩并肩密密地挨着,这便宛然有了一道凝碧的波痕。叶子底下是脉脉的流水,遮住了,不能见一些颜色;而叶子却更见风致了。

月光如流水一般,静静地泻在这一片叶子和花上。薄薄的青雾浮起在荷塘里。叶子和花仿佛在牛乳中洗过一样;又像笼着轻纱的梦。虽然是满月,天上却有一层淡淡的云,所以不能朗照;但我以为这恰是到了好处——酣眠固不可少,小睡也别有风味的。月光是隔了树照过来的,高处丛生的灌木,落下参差的斑驳的黑影,峭楞楞如鬼一般;弯弯的杨柳的稀疏的倩影,却又像是画在荷叶上。塘中的月色并不均匀；但光与影有着和谐的旋律，如梵婀玲上奏着的名曲。

荷塘的四面，远远近近，高高低低都是树，而杨柳最多。这些树将一片荷塘重重围住；只在小路一旁，漏着几段空隙，像是特为月光留下的。树色一例是阴阴的，乍看像一团烟雾；但杨柳的丰姿，便在烟雾里也辨得出。树梢上隐隐约约的是一带远山，只有些大意罢了。树缝里也漏着一两点路灯光，没精打采的，是渴睡人的眼。这时候最热闹的，要数树上的蝉声与水里的蛙声；但热闹是它们的，我什么也没有。

忽然想起采莲的事情来了。采莲是江南的旧俗，似乎很早就有，而六朝时为盛；从诗歌里可以约略知道。采莲的是少年的女子，她们是荡着小船，唱着艳歌去的。采莲人不用说很多，还有看采莲的人。那是一个热闹的季节，也是一个风流的季节。梁元帝《采莲赋》里说得好：

于是妖童媛女，荡舟心许；鹢首徐回，兼传羽杯；櫂将移而藻挂，船欲动而萍开。尔其纤腰束素，迁延顾步；夏始春余，叶嫩花初，恐沾裳而浅笑，畏倾船而敛裾。

可见当时嬉游的光景了。这真是有趣的事，可惜我们现在早已无福消受了。

于是又记起，《西洲曲》里的句子：

采莲南塘秋，莲花过人头；
低头弄莲子，莲子清如水。

今晚若有采莲人，这儿的莲花也算得"过人头"了；只不见一些流水的影子，是不行的。这令我到底惦着江南了。——这样想着，猛一抬头，不觉已是自己的门前；轻轻地推门进去，什么声息也没有，妻已睡熟好久了。

济南的冬天①
老 舍

对于一个在北平住惯的人，像我，冬天要是不刮大风，便是奇迹；济南的冬天是没有风声的。对于一个刚由伦敦回来的，像我，冬天要能看得见日光，便觉得是怪事；济南的冬天是响晴的。自然，在热带的地方，日光是永远那么毒，响亮的天气，反有点叫人害怕。可是，在北中国的冬天，而能有温晴的天气，济南真得算个宝地。

设若单单是有阳光，那也算不了出奇。请闭上眼睛想：一个老城，有山有水，全在天底下晒着阳光，暖和安适地睡着，只等春风来把它们唤醒，这是不是个理想的境界？

---

① 温儒敏.语文：七年级：上册[M].北京：人民教育出版社，2016：6-7.

小山整把济南围了个圈儿，只有北边缺着点口儿。这一圈小山在冬天特别可爱，好像是把济南放在一个小摇篮里，它们全安静不动地低声地说："你们放心吧，这儿准保暖和。"真的，济南的人们在冬天是面上含笑的。他们一看那些小山，心中便觉得有了着落，有了依靠。他们由天上看到山上，便不知不觉地想起："明天也许就是春天了吧？这样的温暖，今天夜里山草也许就绿起来了吧？"就是这点幻想不能一时实现，他们也并不着急，因为有这样慈善的冬天，干啥还希望别的呢！

　　最妙的是下点小雪呀。看吧，山上的矮松越发的青黑，树尖上顶着一髻儿白花，好像日本看护妇。山尖全白了，给蓝天镶上一道银边。山坡上，有的地方雪厚点，有的地方草色还露着，这样，一道儿白，一道儿暗黄，给山们穿上一件带水纹的花衣；看着看着，这件花衣好像被风儿吹动，叫你希望看见一点更美的山的肌肤。等到快日落的时候，微黄的阳光斜射在山腰上，那点薄雪好像忽然害了羞，微微露出点粉色。就是下小雪吧，济南是受不住大雪的，那些小山太秀气！

　　古老的济南，城里那么狭窄，城外又那么宽敞，山坡上卧着些小村庄，小村庄的房顶上卧着点雪，对，这是张小水墨画，也许是唐代的名手画的吧。

　　那水呢，不但不结冰，倒反在绿萍上冒着点热气，水藻真绿，把终年贮蓄的绿色全拿出来了。天儿越晴，水藻越绿，就凭这些绿的精神，水也不忍得冻上，况且那些长枝的垂柳还要在水里照个影儿呢！看吧，由澄清的河水慢慢往上看吧，空中，半空中，天上，自上而下全是那么清亮，那么蓝汪汪的，整个的是块空灵的蓝水晶。这块水晶里，包着红屋顶，黄草山，像地毯上的小团花的灰色树影。这就是冬天的济南。

谁是最可爱的人（节选）[①]

魏　巍

　　在朝鲜的每一天，我都被一些东西感动着；我的思想感情的潮水，在放纵奔流着；我想把一切东西都告诉给我祖国的朋友们。但我最急于告诉你们的，是我思想感情的一段重要经历，这就是：我越来越深刻地感觉到谁是我们最可爱的人！

　　谁是我们最可爱的人呢？我们的战士，我感到他们是最可爱的人。

　　也许还有人心里隐隐约约地说：你说的就是那些"兵"吗？他们看来是很平凡、很简单的哩，既看不出他们有什么高深的知识，又看不出他们有什么丰富的感情。可是，我要说，这是由于他跟我们的战士接触太少，还没有了解我们的战士：他们的品质是那样地纯洁和高尚，他们的意志是那样地坚韧和刚强，他们的气质是那样地淳朴和谦逊，他们的胸怀是那样地美丽和宽广！

---

① 温儒敏.语文：七年级：上册[M].北京：人民教育出版社，2016：36-40.

……

亲爱的朋友们,当你坐上早晨第一列电车驰向工厂的时候,当你扛上犁耙走向田野的时候,当你喝完一杯豆浆提着书包走向学校的时候,当你坐到办公桌前开始这一天工作的时候,当你往孩子口里塞苹果的时候,当你和爱人一起散步的时候……朋友,你是否意识到你是在幸福之中呢?你也许很惊讶地说:"这是很平常的呀!"可是,从朝鲜归来的人,会知道你正生活在幸福中。请你意识到这是一种幸福吧,因为只有你意识到这一点,你才能更深刻地了解我们的战士在朝鲜奋不顾身的原因。朋友!你是这么爱我们的祖国,爱我们的伟大领袖毛主席,你一定会深深地爱我们的战士——他们确实是我们最可爱的人!

最美的遇见[①]

杨 绛

三月,阳光有了暖意,走在春风里,空气中弥漫着淡淡的花草的香气。

花香鸟语,空气清新,湖边的柳条泛着新绿,映着湖面粼粼的波光,灵动而富有诗情画意。

希望的气息,满眼的生机,春天的故事在开始在春风里演绎,浪漫的传说也有了美好的开启。

春光把积攒了一个冬天的热情酝酿成了五颜六色的美丽,催生着希望的萌芽,在阳光下灿烂成童话。

春来了,三月的物语,无声胜有声。迎春的花朵在枝头含苞待放,世界一片新绿,缠绵的春雨,激发着生长的力量,岁月的诗行里,蓬勃出希望的绿洲。

阳光明媚里,风筝身着彩衣,在春风的笑靥里升起,开始追寻着蓝天白云,风和日丽的美丽。

人生也如飞翔的风筝,乘着新的梦想开始扬帆起航,一边向往着广阔的天地,一边回望着故乡的云。

春暖花开,胜日寻芳,无边光景换新装。花红柳绿蜂蝶飞,姹紫嫣红惹人醉,心驰神漾,人面桃花相辉映。

花海中,浪漫的气息弥漫,淡淡的花香,丝丝的甜蜜,浓浓的爱意在芬芳中交织。春天,万物复苏,也是爱得缠绵悱恻。

一年之计在于春,美好的开始,以花为媒,以芬芳为祝福,见证一个浪漫而圆满的结局。柔情的人,不负爱,不负遇见,也不负一份浓浓的深情厚谊。

---

① https://wenku.baidu.com/view/c288cfae350cba1aa8114431b90d6c85ed3a8824.html?_wkts_=1735563444987&needWelcomeRecommand=1.

无限的春光美丽了岁月，惊艳了人的眼眸，温润了颗颗饱满而悸动的灵魂。拥抱春天，祝福自己，把一份期待和美好寄给未来。

　　人生山一程，水一程，总有一程遇见花开，遇见万紫千红一片。红尘四季，美丽的花随处可见，美好的相逢可遇而不可求。

　　最美的遇见是珍惜，珍惜缘分的相聚，不负相逢一笑的惊喜，美丽的遇见既惊艳了时光，又丰盈了岁月。

　　春天是开启未来的门户，从春天出发，用心接受岁月的馈赠，以梦为马，全力以赴，不负春光，不负韶华。

　　梦想很远，未来很长，在追求美好的道路上，希望在明媚里茁壮成长，只要步履不停，有阳光雨露的滋养，梦想总会开花！

刷子李[①]

冯骥才

　　码头上的人，全是硬碰硬。手艺人靠的是手，手上就必得有绝活。有绝活的，吃荤，亮堂，站在大街中央；没能耐的，吃素，发蔫，靠边待着。这一套可不是谁家定的，它地地道道是码头上的一种活法。自来唱大戏的，都讲究闯天津码头。天津人迷戏也懂戏，眼习耳尖，褒贬分明。戏唱得好，下边叫好捧场，像见到皇上，不少名角便打天津唱红唱紫、大红大紫；可要是稀松平常，要哪没哪，戏唱砸了，下边一准起哄喝倒彩，弄不好茶碗扔上去，茶叶沫子沾满戏袍和胡须。天下看戏，哪儿也没天津倒好叫得厉害。您别说不好，这一来也就练出不少能人来。各行各业，全有几个本领齐天的活神仙，刻砖刘、泥人张、风筝魏、机器王、刷子李等等。天津人好把这种人的姓，和他们拿手擅长的行当连在一起称呼。叫长了，名字反没人知道。只有这一个绰号，在码头上响当当和当当响。

　　刷子李是河北大街一家营造厂的师傅。专干粉刷一行，别的不干。他要是给您刷好一间屋子，屋里任嘛甭放，单坐着，就赛升天一般美。最让人叫绝的是，他刷浆时必穿一身黑，干完活，身上绝没有一个白点。别不信！他还给自己立下一个规矩，只要身上有白点，白刷不要钱。倘若没这本事，他不早饿成干儿了？

　　但这是传说，人信也不会全信。行外的没见过的不信，行内的生气愣说不信。

　　一年的一天，刷子李收个徒弟叫曹小三。当徒弟的开头都是端茶、点烟，跟在屁股后边提东西。曹小三当然早就听说过师傅那手绝活，一直半信半疑，这回非要亲眼瞧瞧。

　　那天，头一次跟师傅出去干活，到英租界镇南道给李善人新造的洋房刷浆。到

[①] 冯骥才.好嘴杨巴[M].长沙：湖南文艺出版社，2020：8-10.

了那儿，刷子李跟管事的人一谈，才知道师傅派头十足。照他的规矩一天只刷一间屋子。这洋楼大小九间屋，得刷九天。干活前，他把随身带的一个四四方方的小包袱打开，果然一身黑衣黑裤，一双黑布鞋。穿上这身黑，就赛跟地上一桶白浆较上了劲。

一间屋子，一个屋顶四面墙，先刷屋顶后刷墙。顶子尤其难刷，蘸了稀溜溜粉浆的板刷往上一举，谁能一滴不掉？一掉准掉在身上。可刷子李一举刷子，就赛没有蘸浆。但刷子划过屋顶，立时匀匀实实一道白，白得透亮，白得清爽。有人说这蘸浆的手法有高招，有人说这调浆的配料有秘方。曹小三哪里看得出来？只见师傅的手臂悠然摆来，悠然摆去，好赛伴着鼓点，和着琴音，每一摆刷，那长长的带浆的毛刷便在墙面"啪"的清脆一响，极是好听。啪啪声里，一道道浆，衔接得天衣无缝，刷过去的墙面，真好比平平整整打开一面雪白的屏障。可是曹小三最关心的还是刷子李身上到底有没有白点。

刷子李干活还有个规矩。每刷完一面墙，必得在凳子上坐一大会儿，抽一袋烟，喝一碗茶，再刷下一面墙。此刻，曹小三借着给师傅倒水点烟的机会，拿目光仔细搜索刷子李的全身。每一面墙刷完，他搜索一遍，居然连一个芝麻大小的粉点也没发现。他真觉得这身黑色的衣服有种神圣不可侵犯的威严。

可是，当刷子李刷完最后一面墙，坐下来，曹小三给他点烟时，竟然瞧见刷子李裤子上出现一个白点，黄豆大小。黑中白，比白中黑更扎眼。完了！师傅露馅儿了，他不是神仙，往日传说中那如山般的形象轰然倒去。但他怕师父难堪，不敢说，也不敢看，可忍不住还要扫一眼。

这时候，刷子李忽然朝他说话：

"小三，你瞧见我裤子上的白点了吧。你以为师傅的能耐有假，名气有诈，是吧。傻小子，你再细瞧瞧吧——"

说着，刷子李手指捏着裤子轻轻往上一提，那白点即刻没了，再一松手，白点又出现，奇了！曹小三凑上脸用神再瞧，那白点原是一个小洞！刚才抽烟时不小心烧的。里边的白衬裤打小洞透出来，看上去就跟粉浆落上去的白点一模一样！

刷子李看着曹小三发怔发傻的模样，笑道：

"你以为人家的名气全是虚的？那你是在骗自己。好好学本事吧！"

曹小三学徒头一天，见到听到学到的，恐怕别人一辈子也未准明白呢！

神雕侠侣·老叫花大战老毒物（节选）[1]

金庸

洪七公一见，脸色大变，本来瘫痪在地，难以动弹，此时不知如何忽生神力，

---

[1] 金庸. 神雕侠侣[M]. 广州：广州出版社，2013：393-394.

一跃而起，大叫："老毒物，欧阳锋！老叫花今日服了你啦。"说着扑上前去，紧紧抱住了他。

杨过大惊，只道他要伤害义父，急忙拉他背心，可是他抱得甚紧，竟然拉之不动。只听洪七公哈哈大笑，叫道："老毒物欧阳锋，亏你想得出这一着绝招，当真了得！好欧阳锋，好欧阳锋。"

欧阳锋数日恶斗，一宵苦思，已是神衰力竭，听他连叫三声"欧阳锋"，突然间回光返照，心中陡然如一片明镜，数十年来往事历历，尽数如在目前，也是哈哈大笑，叫道："我是欧阳锋！我是欧阳锋！我是欧阳锋！你是老叫花洪七公！"

两个白发老头抱在一起，哈哈大笑。笑了一会，声音越来越低，突然间笑声顿歇，两人一动也不动了。

杨过大惊，连叫："爸爸，老前辈！"竟无一人答应。他伸手去拉洪七公的手臂，一拉而倒，竟已死去。杨过惊骇不已，俯身看欧阳锋时，也已没了气息。二人笑声虽歇，脸上却犹带笑容，山谷间兀自隐隐传来二人大笑的回声。

北丐西毒数十年来反复恶斗，互不相让，岂知竟同时在华山绝顶归天。两人毕生怨愤纠结，临死之际却相抱大笑，数十年的深仇大恨，一笑而罢！

杨过霎时间又惊又悲，没了主意，心想洪七公曾假死三日三夜，莫非二老又是假死？但瞧这情形却实在不像，心想："或许他们死了一会，又会复活。两位老人家武功这样高，不会就死的。或许他们又在比赛，瞧谁假死得久些。"

他在两人尸身旁直守了七日七夜，每过一日，指望便少了一分，但见两尸脸上变色，才知当真死去，当下大哭一场，在洞侧并排挖了两个坑，将两位武林奇人葬了。洪七公的酒葫芦以及两人用以比武的棍棒也都一起埋入。只见二老当日恶斗时在雪中踏出的足印都已结成了坚冰，足印犹在，躯体却已没入黄土。杨过踏在足印之中，回思当日情景，不禁又伤心起来。又想如二老这般惊世骇俗的武功，到头来却要我这不齿于人的小子掩埋，什么荣名，什么威风，也不过是大梦一场罢了。

他在二老墓前恭恭敬敬地磕了八个头，心想："义父虽然了得，终究是逊于洪老前辈一等，那打狗棒法使出之时，义父苦思半晌方能拆解，若是当真对敌，哪容他有细细凝思琢磨的余裕？"叹息了一阵，觅路往山下而去。

这番下山，仍是信步而行，也不辨东西南北，心想大地茫茫，就只我孤身一人，任得我四海飘零，待得寿数尽了，随处躺下也就死了。在这华山顶上不满一月，他却似已度过了好几年一般。上山时自伤遭人轻贱，满腔怨愤。下山时却觉世事只如浮云，别人看重也好，轻视也好，于我又有什么干系。小小年纪，竟然愤世嫉俗，玩世不恭起来。

时 间[1]

张晓风

一锅米饭,放到第二天,水汽就会干一些,放到第三天,味道恐怕就有问题,第四天,我们几乎可以发现,它已经变坏了,再放下去,眼看就要发霉了。

是什么原因使那锅米饭变馊变坏?是时间。

可是,在浙江绍兴,年轻的父母生下女儿,他们就在地窖里埋下一坛坛米做的酒,十七八年后,女儿长大了,这些酒就成为嫁女儿婚礼上的佳酿,它有一个美丽惹人遐思的名字,叫"女儿红"。

是什么使那些平凡的米变成芬芳甘醇的酒?也是时间。

到底,时间是善良的还是邪恶的魔术师呢?不是,时间只是一种简单的乘法,另把原来的数值倍增而已。开始变坏的米饭,每一天都在不断变得更腐臭。而开始变醇的美酒,每一分钟,都在继续增加它的芬芳。

在人世间,我们也曾经看到过天真的少年一旦开始堕落,便不免愈陷愈深,终于变得满脸风尘,面目可憎。但是相反,时间却把温和的笑痕、体谅的延伸、成熟的风采、智慧的神韵添加在那些追寻善良的人身上。

同样是煮熟的米,坏饭与美酒的差别在哪里呢?就在那一点点酒曲。

同样是父母所生的,谁堕落如禽兽,而谁又能提升成完美的人呢?是内心深处紧紧环抱不放的求真求善求美的渴望。

时间将怎样对待你我?这就要看我们自己是以什么态度来期许我们自己了。

阳光的味道[2]

林清玄

尘世的喧嚣,让我们遗忘了阳光的味道,味道是一样的纯净着,一样的微小,一丝丝,入心、入肺。甘甜、芬芳、怡人。阳光的味道很干净和唯美,像川端的小说,透明、简洁、历练。行走在世上,许多靶子等待我们绷紧的箭矢去努力地命中。心里装满太多的世故与烦忧,幸福的位置,也就变得小了,或者卑微到忽略不计。

很向往年关过后的冬日,抱着一本书躺在黄河大堤南的草丛中晒太阳的时光。一大片一大片衰败的堤草向云海深处铺展延伸。有几个牧羊人躺在草丛中,他们丝毫不觉得冷。我便停止了脚步,眷恋着这片草,还有草上特定的阳光。这就是冬天的太阳,静悄悄地释放着能量。

---

[1] 张晓风. 细细的潮音[M]. 杭州:浙江文艺出版社,2020:15-16.
[2] 林清玄. 林清玄散文精选 清梦独行[M]. 武汉:华中科技大学出版社,2018:13-15.

我选了一片草色稠密的空地躺了下来。从黄河边吹过的风夹杂着些许凉意，我抱着膝抬起头让脸感受阳光，紧闭着的眼前一片红色。渐渐我感受到了暖暖的光，不是隐隐的烫，是静静的暖。静静的，温柔的，使我沉浮的心也静了下来。

等待返青的草丛中慢慢流溢着阳光味，香香的，暖暖的，轻轻的，柔柔的，从我的发梢、肩膀、衣服，从我目光所触的护堤杨树上浓厚着、流逸着。我的心域泛起春天般明媚、柔和的气息。温润、甜美。小时候，就是这样静静地追随着这片阳光，嗅着他们身上阳光的味道，温暖着幸福着。

冬天的太阳这么美好，阳光下的一切都那么金灿灿的、暖烘烘的，更懒洋洋的。我终于卸下了尘土般的疲惫，让自己也变得懒洋洋的。和这水涟一起发呆，发笑。

临近中午了，我突然发现阳光变得耀眼，也变烫了。中午的阳光愈发的暖和，泛白的草尖上闪烁着金灿灿的光芒，空气里回旋着温热的气息。阳光的味道最浓烈处就是这村庄的味道，村庄的味道，乡情的味道，给予你身躯和血脉相牵的亲人的味道。

驱走一切发呆以外的多余的动作，竟然这么美妙，这么简单。就是晒晒冬天的太阳，只是这么简单。自然地翻几页书，或慵懒得像只蜷曲的猫儿，原来有时候异于人类的动物更会享受生活。忙碌的我们还是给自己些时间享受纯本的生活吧，也许会领悟到另一种幸福。

尽管冬日的阳光也只有短短的一个季节，也许你应该感恩于它对你的磨练，也许你应该感激它让你发觉了自己原来还有脆弱的一面。阳光的味道，磨练的味道，人生的味道。春天的阳光会融化你冷漠的心灵，夏天的阳光考验你执着的深度，秋天的阳光透射生命的颜色，冬日的阳光告知还要从头再来。

在岁月面前，我无法在成功的喜悦中徜徉，却对失败的痛楚耿耿于怀。我看不见梨花黄昏后的一树辉煌与美丽灿烂，却看见残景雨凄凉；我看不见晨曦清风醉，却看见梦里落叶飞。人生的秋天本是褪色的季节，心里眼里保持着原状原色的东西又能有多少呢？后来，我终于学会了在每一个有阳光灿烂的日子里体味阳光的味道，我终于知道那种味道其实是一种自强、淡泊、宽容的心情。

我喜欢阳光的味道，我喜欢爱与被爱，因为阳光的味道和爱一样透明！

今夜，让我静静地想你[①]

采菊东篱

今夜，我怅坐一隅静静地想你，想知道你在做什么，想知道你有没有在想我；

[①]《白桦林》编辑部.青春·励志·美丽[M].海口：南海出版公司，2005：131-132.

今夜，让我静静地想你

想知道当你凝视远方的时候，你的眼前是否划过我的身影；想知道当你走进甜美的梦乡，是否看到我在梦的路口等你。

我喜欢静静地坐在这里想你。虽然我不知道这样静静地想一个人，对方是否能真切地感受到。如果你常常会有一种莫名的心动，你是否知道这是因为我在远方静静地想你？

就这么静静地想你，静静地在心底呼唤着你。我真的很想在这宁静的夜空里呼唤你。尽管我知道，漆黑的夜无法将我的心声传得很远。但我总觉得，无论多远，你一定能够听到。

就这么静静地想你，在这个平淡的夜晚。因为想起了你，这个夜晚变得美丽而忧郁。我想你，想为你点亮一盏橘色的灯，静静守候着你疲惫的归来；想为你递上一杯温热的香茗，缓缓驱散你脸上的倦容；想用我温柔纤细的手指，轻轻抚平你眼角的皱纹；想用我轻柔温情的呢喃，抚慰你驿动不安的心灵。然后静静地看着你……我祈求，祈求这一刻的宁静、永恒。

我喜欢这样想你，让自己的心有了柔柔的疼痛和幸福的甜蜜。不经意间，我会静静地想你的名字，想你的身影，想你爽朗的笑声，想与你相拥在雨中漫步，想与你在幽幽月华下携手相依，然后一起慢慢老去。

如果可以，我情愿是一只鸟儿，可以飞越万水千山，停在你窗前的树梢。你窗前独立的老树是寂寞的，夜空中沉默的那轮皎月也是寂寞的。但我不会寂寞，因为我离你是那么近，我喜欢你窗前散发的淡淡的灯光，温馨而祥和，我可以真实地感受你的气息。但我不会鸣叫，不会打扰你的清静。我只是轻轻地梳理自己被风吹乱的羽翼，整理自己疲惫的心。然后，默默地站在你的窗前，静静地想你。

也许我在等待，等待你给我一个奇迹。但我还是有一点儿害怕，害怕这只是一个遥不可及的梦。我知道，我不能渴求很多，我只希望我能够一直这样——静静地想你，很多时候，就这样静静地想一个人，其实也是一种幸福、一种期冀。

佛说：前世的五百次回眸，才换来今生的擦肩而过。我会用一万次回眸换取与你的一次相遇，再用我如莲的心，在某个遥远的角落静静地想你。

窗外，月光如水，我的小屋里，早已心事堆积。品一口香茗，让淡淡的夜曲如流苏般弥漫。放飞心绪，今夜，让我静静地想你。

通往一家人去的路（节选）[①]

李 娟

天天出去玩，奔跑一阵，停下来回头张望一阵。世界为什么这么大？站在山顶

[①] 李娟. 我的阿勒泰[M]. 广州：广东花城出版社，2021：220-222.

上往下看,整条河谷开阔通达,河流一束一束地闪着光,在河谷最深处密集地流淌。草原是绿的,沼泽是更绿一些的绿,高处的森林则是蓝一样的绿。我爱绿色。为什么我就不能是绿色的呢?我有浅色的皮肤和黑色的头发,我穿着鲜艳的衣服。当我呈现在世界上时,为什么却不能像绿那样……不能像绿那样绿呢?我会跑,会跳,会唱出歌来,会流出眼泪,可我就是不能比绿更自由一些,不能去向比绿所能去向的更远的地方。又抬头看天空,世界为什么这么大!我在这个世界上,明明是踩在大地上的,却又像是双脚离地,悬浮在这世界的正中。

我在山顶上慢慢地走,高处总是风很大,吹得浑身空空荡荡。世界这么大……但有时又会想到一些大于世界的事情,便忍不住落泪。

羊群早已经过沙依横布拉克,去向后山边境一带了。只有很少的毡房子留在了沙依横布拉克,深藏在远远近近的河谷里,一个比一个孤独。毡房里面更为孤独宁静地生活着老人、妇女和孩子。我们店里的生意也一天淡似一天,只等着九月初迎接羊群和牧人们从后山返回。

牧草渐渐跳出了青紫的颜色,那是草穗在渐渐地成熟。一天沉似一天的草原,孕育着无穷无尽的种子,开始启程去向第二年。我们也即将启程离开这里。我站在高高的山顶上,迫近一朵白云,对更远的地方望了又望。回过头来看到我们即将沿之离去的道路陷落在草野之中,空空荡荡,像干涸的河床一样饥渴。越过这条路看向更远些的地方,是另一条更为孤独的路,痕迹浅淡,时而通畅,时而消失,蜿蜒着通向一处只有一家人住着的地方。那一家人的毡房和四周的栏杆像是下一分钟就会消失似的静止在路的尽头。

还不了沂蒙情(节选)[①]

李存葆　王光明

在山东省沂南县马牧池乡东辛庄的一座平常院落里,有三间百年老屋,老屋里住着有功于革命的于大娘婆媳俩。

1939年6月,日寇野蛮扫荡沂蒙山区。中共山东分局和八路军一纵机关首长徐向前、朱瑞、黎玉等率部来沂南开发根据地,住进了东辛庄一带。于大娘的家成了分局和纵队首长办公、食宿的地方。

1941年冬,日寇纠集5万重兵对沂蒙山实行铁壁合围。分局、纵队机关火速从东辛庄一带转移,但于大娘家作为"堡垒户",始终没中断与部队的联系。

一天下午,邻村一青年用独轮车推着一个伤员进了家,那青年泪汪汪地说:"这

[①]《读者文摘》编辑部.读者:合订本:1992.1-12:总第126-137期:珍藏版[M].兰州:甘肃人民出版社,1992:8-9。引用时做了删减。

伤员看来不行了。报社的同志说，等他咽了气，就找个地方埋了吧。"

于大娘小心翼翼地将他的衣服扒下，头皮一下子麻了：伤号的前胸后背，上肢下肢，全被烙铁烙焦了，烙焦的皮一片一片往下掉，散发出阵阵恶臭。于大娘救护过不少伤号，像这么重的却是头遭见。她用手捂了捂伤员的嘴，鼻孔里还有一丝气儿。于大娘心中升起一线希望，她像奶孩子一样把伤号轻轻揽在怀里，忙让大闺女冲了碗红糖水，又叫老伴用火镰慢慢撬开伤号的牙，然后将糖水缓缓溜进伤号的嘴里，溜进一匙，于大娘轻轻晃晃伤号的头，再溜进一匙又晃晃，只见伤号气越喘越粗，眼睛也微微睁开了……这时，大女儿疑惑地说："娘——，俺看这伤号是小毕，毕铁华！"

于大娘的眼泪像断了线的珠子掉下来：小毕是大众日报社发行科的，曾在东辛庄住过，得闲时，常帮于大娘家推磨挑水……

为给毕铁华治伤，于大娘四处打听民间验方，上山采来各种草药。听说獾油拌头发灰能治烙伤，她便跑到南山央求一猎人打了只獾熬成油，又剪下自己的发髻、闺女的大辫子烧成灰，用浸了獾油的棉花蘸着老酒，一遍一遍地给铁华搽伤口。搽了几天见效不快。于大娘又听说，刚生下的小老鼠浸在芝麻油里制成"老鼠油"，是治烧伤的特效药，便赶忙带着老伴、闺女到处挖鼠洞，刨了一整天，才挖了十几只光腚小老鼠。回来制成"老鼠油"一搽，效果果然好，搽敷了没几天，铁华的伤口就结了痂。怕伤口感染，于大娘便让闺女用艾蒿煮水，每天给铁华擦一次身子。开初，铁华不好意思，于大娘火了："想不到你还是老封建，咱们是谁跟谁呀！"

两个月过去了，毕铁华就要重返前线了，行前，他扑通跪在大娘脚下："娘啊，俺再生的亲娘啊！走遍天涯海角俺也忘不了您……"

……

1966年深冬的一天，从广州来的两位搞外调的同志闯进了这孤寂的小院，开口便问于大娘认识不认识毕铁华。于大娘干涸的眼里立刻露出一丝光亮："怎么？他还活着？派你们来看俺？"

两位外调人员摆摆手，告诉于大娘：毕铁华是广州珠江海运局党委书记，现已被造反派隔离审查，造反派说他被日寇抓住后叛党投敌，而毕铁华却说你于大娘最了解这段历史……于大娘听罢，眼睛里的那丝光亮霎时黯淡了……

见于大娘阴沉不语，外调人员说："老大娘，毕铁华是黑是白，全仗您老作证了……"

一听这话，于大娘仿佛觉得亲生儿子正被刀剐凌迟："那好，俺就拉拉那骨节事儿……"

老人动了感情，把毕铁华被捕、斗争、营救、养伤的过程讲得有根有蔓，还不时撩起衣襟擦着眼窝儿，外调人员边听边唏嘘嗟叹。他们记录下大娘的讲述，打开印泥盒让大娘摁个手印。大娘伸出那风干的手指，在打补丁的裤上蹭了蹭，然后在印泥盒里用劲一按，在外调材料上重重印下了自己的指纹。老人抬起头："还往哪里摁，俺再摁！"

可敬的沂蒙母亲呵，你默默做着你认为应该做的一切，脑子里似乎从未转过"报答"的念头。这伟大的爱，来自母亲那崇高的天性，是山泉出自大山的自然涌流！

1982年春，满头银发的毕铁华涉过清清的汶河，踏上了通往东辛庄的小道。近乡情怯，心难自已，晋见娘亲，往事如烟……还是当年的汶河，还是当年的小路，只是路显得细了，河变得瘦了……一别40载，今日才来拜见老娘，他有着噬脐莫及之愧疚，也有着百口难辩之心酸……

毕铁华在百年老屋的院门前驻足：那东屋呢？那南屋呢？那探出墙头的一排香椿树呢？……他不敢再向前迈一步。良久，他才跨进院门，往昔那脚轻手健的亲娘在哪里啊？泪眼中他见一形槁容枯的老人，坐在门槛上择野菜，昔年那熟悉的圆脸盘已皱缩得只剩下个轮廓……毕铁华扑上去，扑通跪在地上："娘——你不孝的儿……来看您啦！……"

"谁，你是……"于大娘愣住了。

于二嫂闻声从屋里走出来，惊愕地端详了一会儿："你，你是毕铁华！"

"谁？铁华，铁华！"大娘伸出双手抖抖地欲接近毕铁华的脸庞，又止住了，"不像，不像……"说着，一只手伸过来想抚摸铁华的肩头。

毕铁华赶忙解开衣扣，大娘掀开他的衣襟用手一摸，前胸后背全是伤疤："是铁华，是铁华呀……"

"娘啊——"毕铁华长喊一声，一头扑在老人怀中，与老人紧紧抱在一起……

收住重逢的泪水，毕铁华走进老屋里，他真不敢相信自己的眼睛：炕上的破席遮不住坯块，一床破被团不成个儿，炕西侧是一架40年前的旧纺车，车上还挂着没有纺完的线穗子，锅台上一个泥盆里盛着几个菜团子……

招待毕铁华的饭是白面馍馍、菠菜熬豆腐，这在东辛庄是最奢侈的招待。豆腐是于大娘的孙子到集上用瓜干换的，面是村支书从各户家凑来的……

毕铁华回到县里，忙给大娘婆媳买来被褥、衣服，临走，又放下300元钱。打那，毕铁华年年都在农历五月初七于大娘生日这天从广州赶来给老人做寿。每次来，他总忘不了给老娘带一袋大米、一袋面粉、一桶花生油、一桶香油。他对老娘想的是那样周到细密：见娘行动不便，他买来了龙头拐杖；听说二嫂冬天给娘暖被窝，他买来一把铜烫壶……

……

1986年农历五月初七,是于大娘九秩晋八大寿。那天,这座农家院落里又溢满了当年的荣耀和欢乐:来自北京、上海、广州、济南的老将军、老书记、老顾问和地县乡三级政府的负责同志,一起举杯向沂蒙母亲祝寿。寿礼贺匾摆满了百年老屋,山东妇联的同志还给于大娘婆媳送来两架尼龙蚊帐,一台14英寸黑白电视机……

1989年1月3日,于大娘在101岁时,告别老屋,尽其天年。下葬这天,天气晴和,在这人瑞的坟头上空,有一片轻盈柔美的白云,由东向西,徐徐舒卷,飘然而去……

老人与海(节选)
海明威

女: 那老人再一次扛起他的桨朝海边走去,这时候远处的地平线刚刚出现白色。借着微弱的天光,老人理了理他的鱼钩、鱼叉和那张绕在桅杆上的旧帆。

男: 已经第85天了,一条鱼也没有打到啊!我好像已经老了,开始背运。可我的胳膊倒还是有着劲儿啊!

女: 淡淡的太阳从海上升起,将他憔悴的身影和他的船冷冷地印在海上,他感到背后有海风吹来。他慢慢地升起那张补过几次的旧帆,那帆看上去就像是一面永远不失败的旗帜。

男: 太阳升起来了,太阳刺痛了我的眼睛。这耀眼的阳光,已经把我的眼睛刺痛了一辈子了。我感到有点老了,有点力不从心了。可年轻的时候,我是个好水手。

女: 船划得久了,汗珠从脊背上一滴滴流淌下来。老人想:

男: 我可以任船漂流,打个盹儿,或者系个绳扣儿,把鱼绳拴在脚趾上。

女: 他没有那样做。他相信,那条大鱼就藏在附近的什么地方。不知过了多久,老人发现,那绿色鱼竿急速地向水底沉去。他拉了拉鱼绳,感到了沉重的分量。

男: 我钩住的是条什么样的鱼?它几岁了?我还从来没有见过鱼有这么大的劲儿呢,它只要一跳,或者往前一蹿,也许就会要了我的命。

女: 老人全身心地等待着他和这条大鱼的最后搏斗。他想,他这辈子不会再遇到这么大的鱼了,他要最后再赢一次。太阳落下去了,夜晚来临,老人感到寒冷。那条鱼拖着老人的船在海上游了一夜。老人没想到,等待一场搏斗需要这么长时间。第二天,当太阳再一次升起,老人又冷又饿,疲惫不堪。又一个白天过去了,那鱼仍拖着他的小船，只是越游越慢。

男：我已经感到了你的力量，让我们面对面地斗一斗吧！我和你谁也没有帮手，这很公平！来吧，让我看看你是谁？我知道你是谁，用你的大尾巴来拍碎我的船，用你那坚硬的长吻来刺穿我的身体吧，我早已经做好了准备，我不会后悔死在一条金枪鱼的手里。

女：当夜晚再一次降临，老人筋疲力尽。

男：它不会有那么大，不会的。

女：它就是那么大，大得出乎老人的意料。老人看见鱼的大尾巴从水里露出来，满身紫色条纹，它伸展着巨大的胸鳍，围着小船打转转。老人看见了它的眼睛。

男：我只有一次机会，这是生死搏斗，不是我叉死它，就是它撕碎我。

女：老人觉得自己快要撑不住了，他用绵软的双手努力握紧他的鱼叉，将鱼叉举过头顶，他将鱼叉举到了不可能再高的高度。

男：来吧，冲着这儿来吧，做一次临死前最后的决斗！我老了，没什么力气了，我跟你磨了三天，我等了你一辈子了。嗨，老兄，我还从来没有见过比你更大、更美、更沉着的鱼呢。来吧，让我们看一看究竟谁杀死谁？！

女：那条鱼挣扎着向老人的小船冲过来，它游得那么快，那么有力，坚硬的长吻，就像一把利剑。老人拼尽他最后的生命，将鱼叉扎入了大鱼胸鳍后面的鱼腰里，那鳍挺在空中高过老人的胸膛，老人扎中了大鱼的心脏。大鱼生机勃勃地做了最后一次挣扎，它跳出水面，跃向空中，把它的长、它的宽、它的威力和它全部的美都展现了出来。尔后，轰隆一声落入水中。

女：老人赢了，他战胜了自己，战胜了那条鱼，那条他一生都没有见过的美丽的大鱼。他没有发现，一群无所畏惧的鲨鱼正嗅着血迹，朝这里涌来。

男：你们这群厚颜无耻的强盗，真会选择时机。但我不怕你们，我不怕你们！人，并不是生来要给打败的，你可以消灭他，可就是打不败他，你们打不败他！

女：成群结队的鲨鱼向船边的大鱼发起了猛攻。那撕咬鱼肉的声音，使老人再一次站立起来。他重新举起鱼叉，悲壮地站在船头，他决心捍卫他的战利品，就像捍卫他的荣誉！当老人终于回到出海时的那个港口，天空第三次黑暗下来，他的船边只剩下大鱼粗长的白色脊骨，夜晚的潮水遥望着那条美丽、硕大的尾巴。老人无力上岸回到他的小屋，就在船上躺下了，头枕着那张补过几次的旧帆。

男：人，并不是生来要给打败的，你可以消灭他，可就是打不败他，打不败他……

女：老人睡着了，他梦见了年轻时候的非洲，他梦见了狮子。

哈姆雷特的一段独白

莎士比亚

活着,还是不活,这是个问题。究竟哪样更高贵,去忍受那狂暴的命运无情的摧残,还是挺身去反抗那无边的烦恼,把它扫个干净?去死,去睡——就结束了?如果睡眠能结束我们心灵的创伤和肉体所承受的千百种痛苦,那真是求之不得的天大的好事。去死,去睡;去睡,也许会做梦。唉,这就麻烦了,即使摆脱了这尘世,可是在这死的睡眠里又会做什么梦呢?真得想一想。就这点顾虑使人受着终身的折磨,谁甘心忍受那鞭打和嘲弄,受人压迫,受尽侮辱和轻视,忍受那失恋的痛苦、法庭的拖延、衙门的横征暴敛,默默无闻的劳碌却只换来多少凌辱,但他自己只要一把尖刀就能够解脱了。谁也不甘心,呻吟、流汗,拖着这残生,可是对死后又感觉到恐惧,又从来没有任何人从死亡的国土里回来,因此动摇了,宁愿忍受着目前的苦难,而不愿投奔向另一种苦难。

父亲的祝福[①]

史密斯·弗莱德

艾弗斯就要大学毕业了,他在一个车展上看到了一辆漂亮的跑车。他非常希望能拥有这辆车。

艾弗斯的父亲是一个大老板,他知道这辆跑车对于父亲而言是微不足道的,他就向父亲表达了自己的这个愿望。他相信父亲一定会满足他,因为他是父亲无比疼爱的儿子。

经过了一个月的等待,艾弗斯终于大学毕业了。当他回到家后,父亲把他叫到了书房,他把一个包装精美的礼品盒递到艾弗斯的手上。艾弗斯原以为父亲肯定会送给他那辆跑车,结果却只是一个小小的礼品盒,艾弗斯有些失望地打开了盒子,里面是一本用皮革装订的《圣经》。

艾弗斯非常失望,他觉得父亲根本就不爱他,连一辆跑车也不愿意送给他。他生气地冲着父亲喊:"你这么有钱,却只买一本《圣经》送给我当毕业礼物吗?"然后,艾弗斯摔下这本《圣经》,冲出了房子,离开了父亲和自己的家。

从那以后,艾弗斯再也没有回去过。一转眼,十多年过去了,在这些年里面,他经过自己的打拼,已经事业有成,而且还拥有了一个很温馨的家庭。看着自己活蹦乱跳的儿子,他想起了自己的父亲。父亲应该已经很老了,艾弗斯觉得应该回去看看他了。

[①] 弗莱德.父亲的祝福[J].小读者之友,2019(10).

几天后,艾弗斯带着妻子和孩子回到了家,但这时他的父亲已经去世了。艾弗斯走进父亲的书房,他再次看到了那个礼品盒,里面装着一本《圣经》。"这是父亲送给我的毕业礼物。"艾弗斯在这一刻觉得这个礼物其实无比珍贵,他流着泪水取出《圣经》随意地翻看起来,突然,一把钥匙从书里掉落了出来,钥匙扣上还挂着一张标签,上面写着汽车经销商的名字,标签反面写着的则是艾弗斯在十多年前的大学毕业的日期,旁边还写着一句:款已付清。

艾弗斯终于意识到,其实父亲早就已经把他最想要的礼物送给他了,而自己仅仅是因为一个表面的包装,就错过了这份礼物,错过了父亲的祝福。

无论是礼物还是祝福,很多时候都不能只看表面,而需要用心去品味和感受。

真正的价值

有一位老父亲,在他 90 岁生日时对儿子说:"这是你祖父送给我的纪念手表,已将近 200 年的历史了。在我传给你之前,你可以先帮我去第三街的手表店,告诉他我要卖掉这手表,问问看这只手表能值多少钱。"

儿子走了回来,然后很不屑地告诉父亲说:"制表师傅说了,因为这表太老旧了,只能值 5 美元当纪念手表吧!"

父亲再说:"你再去第六街的咖啡店问问看。"儿子又走了回来,然后笑着说:"咖啡店愿意花 20 美元买下它当店内的饰品。"

父亲又说:"你可以去佳德古董商行问问看。"后来儿子沿街跑回来,喘着气惊讶地说:"爸爸,古董商愿意用 12 万美元买下这只手表,他们愿意亲自找您来谈,任何时候都可以。"

父亲又一次说:"你再去博物馆找馆长问问看,说我想出售这只手表。"这次,儿子面无血色惊吓地走了回来,非常结巴地对老父亲说:"博物馆……博物馆……他们……他们愿意以 180 万美元买下这只手表,只要您同意,他们随时可以再谈。"

老父亲说:"我想让你知道,只有在正确的地方,才会产生出正确的价值。"

人生也要以正确的方式,珍视自己的价值,不要把自己放在错误的地方,否则你将一文不值。要知道你的价值在哪里,不要让自己停留在不适合的地方。

父母心[①]

川端康成

轮船从神户港开往北海道,当驶出濑户内海到了志摩海面时,聚集在甲板上的

---

① 余致力. 诺贝尔文学奖获奖作家微型小说精品 [M]. 南昌:百花州文艺出版社,2016:104-105.

人群中,有位衣着华丽、引人注目、年近四十的高贵夫人。有一个老女佣和一个侍女陪伴在她身边。

离贵夫人不远,有个四十岁左右的穷人,他也引人注意,他带着三个孩子,最大的七八岁。孩子们看上去个个聪明可爱,可是每个孩子的衣裳都污迹斑斑。

不知为什么,高贵夫人总看着这父子们。后来,她在老女佣耳边嘀咕了一阵,女佣就走到那个穷人身旁搭讪起来:

"孩子多,真快乐啊!"

"哪里的话,老实说,我还有一个吃奶的孩子。穷人孩子多了更苦。不怕您笑话,我们夫妻已没法子养育这四个孩子了!但又舍不得抛弃他们。这不,现在就是为了孩子们,一家六口去北海道找工作啊。"

"我倒有件事和你商量,我家主人是北海道函馆的大富翁,年过四十,可是没有孩子。夫人让我跟你商量,是否能从你的孩子当中领养一个做她家的后嗣?如果行,会给你们一笔钱作酬谢。"

"那可是求之不得啊!可我还是和孩子的母亲商量商量再决定。"

傍晚,轮船驶进相模滩时,那个男人和妻子带着大儿子来到夫人的舱房。

"请您收下这小家伙吧。"

夫妻俩收下了钱,流着眼泪离开了夫人舱房。

第二天清晨,当船驶过房总半岛,父亲拉着五岁的二儿子出现在贵夫人的舱房。

"昨晚,我们仔细地考虑了好久,不管家里多穷,我们也该留着大儿子继承家业,把长子送人,不管怎么说是不合适的。如果允许,我们想用二儿子换回大儿子!"

"完全可以。"贵夫人愉快地回答。

这天傍晚,母亲又领着三岁的女儿到了贵夫人舱内,很难为情地说:

"按理说我们不该再给您添麻烦了。我二儿子的长相、嗓音极像死去的婆婆。把他送给您,总觉得像是抛弃了婆婆似的,实在太对不起我丈夫了。再说,孩子五岁了,也开始记事了。他已经懂得是我们抛弃他的。这太可怜了。如果您允许,我想用女儿换回他。"

贵夫人一听是想用女孩换回男孩,稍有点不高兴,但看见母亲难过的样子,也只好同意了。

第三天上午,轮船快接近北海道的时候,夫妻俩又出现在贵夫人的卧舱里,什么话还没说就放声大哭。

"你们怎么了？"贵夫人问了好几遍。

父亲抽泣地说："对不起。昨晚我们一夜没合眼，女儿太小了，真舍不得她。把不懂事的孩子送给别人，我们做父母的心太残酷了。我们愿意把钱还给您，请您把孩子还给我们。与其把孩子送给别人，还不如全家一起挨饿……"

贵夫人听着流下同情的泪："都是我不好。我虽没有孩子，可理解做父母的心。我真羡慕你们。孩子应该还给你们，可这钱要请你们收下，是对你们父母心的酬谢，做你们在北海道做工的本钱吧！"

《舌尖上的中国》第一季第一集《自然的馈赠》（节选）

中国拥有世界上最富戏剧性的自然景观，高原、山林、湖泊、海岸线。这种地理跨度有助于物种的形成和保存，任何一个国家都没有这样多潜在的食物原材料。为了得到这份自然的馈赠，人们采集、捡拾、挖掘、捕捞。穿越四季，本集将展现美味背后人和自然的故事。

香格里拉，松树和栎树自然杂交林中，卓玛寻找着一种精灵般的食物——松茸。松茸保鲜期只有短短的两天，商人们以最快的速度对松茸进行精致的加工，这样一只松茸24小时之后就会出现在东京的市场中。

松茸产地的凌晨3点，单珍卓玛和妈妈坐着爸爸开的摩托车出发。穿过村庄，母女俩要步行走进30公里之外的原始森林。雨让各种野生菌疯长，但每一个藏民都有识别松茸的慧眼。松茸出土后，卓玛立刻用地上的松针把菌坑掩盖好，只有这样，菌丝才可以不被破坏。为了延续自然的馈赠，藏民们小心翼翼地遵守着山林的规矩。

《航拍中国》第一季解说词（节选）

沿着渭河，我们可以看见秦帝国的成长轨迹，封土堆下，是秦始皇和他的永恒世界。飞越直道与长城，发现秦王朝的精心布局，唐代创造了另一个巅峰。从乾陵到西安，看一座城市如何造就一个超级天下。

泾河与渭河在这里交汇，并且诞生了一个成语"泾渭分明"。泾河的清与浊，常常随着季节发生交替变化。夏天的丰水期，两条河含沙量都很高，界限不明晰。到了冬季枯水期，泾河的含沙量，会猛降到雨季的千分之一左右。这时候，就会呈现"泾渭分明"的标志性景象。

渭河，接纳了它最大的支流泾河之后，缓缓东去，前往它的终点——黄河。

陕西人把渭河视作母亲河，不仅因为它是黄河最大的支流，更在于它携带的大量泥沙，用几千万年的时间，冲积出了一片3.6万平方公里的平原。

（视频参考：https://tv.cctv.com/2017/03/03/VIDETl62j1kDB2XjvYJJEbSD170303.shtml?spm=C55924871139.PKgX4CXWWE68.0.0）